U0937679

现代服务管理研究丛书

本书的出版得到了广东财经大学院士专家工作站现代服务管理学科点建设资金资助

LYUYOU DUJIA

RUHE TIAOSHI SHENGHUO YALI

BING ZENGJIN ZHENGTI JIANKANG

旅游度假

如何调适生活压力并增进整体健康

刘少和 ◎著

中国财经出版传媒集团

前言

第二次世界大战结束后，特别是20世纪60年代以来，随着市场化、全球化、工业化、城市化发展，人们的自由时间与可支配收入不断增加，大众旅游休闲迅速兴起，使旅游休闲业成为世界上最为庞大的产业之一。但如何理解这一社会化旅游休闲活动？如何预测这一规模化旅游休闲产业？不同组织关注的焦点不一，不同学者的看法也不同。

过去尽管有学者从休闲放松、社会补偿等视角实证研究了旅游度假的内在动力，但依然没有全面、深刻地揭示旅游度假的本质。本书通过文献梳理、经验总结、哲学思辨、质性研究、实证研究，揭示了旅游度假休闲调适内涵的四维度结构——身心舒缓式休闲、人际互动式休闲、心灵或精神体悟式休闲、情绪改善式休闲。本书在构建旅游度假休闲调适与生活压力、整体健康关系模型的基础上，发现旅游度假行为逻辑首先源于近现代社会的产业雇佣制度与城市环境压抑，是对工作压力、家庭与社会义务压力、城市环境压抑的一种逃避和逃离，属于一种休闲（压力、亚健康）调适乃至治疗。人们从旅游休闲行为发生学角度去理解旅游度假的本质，体现了生理心理调适的观点，但从积极心理学角度看，旅游度假还涉及社会互动、精神成长、情绪改善的社会、精神、情感动力，进而引导人们从增进整体健康角度去理解旅游度假的本质。本书最终发现，旅游度假不过是人们对生活压力特别是环境压抑的一种间歇性整合调适乃至治疗，以及对整体健康的系统增进而已。这为认识旅游度假本质——生活压力调适乃至治疗、整体健康增进奠定了基础，从而为旅游度假胜地的大健康产业发展提供了理论基础，有利于旅游度假康养业的可持续发展。

尽管2019年底发生的新冠肺炎疫情扰乱了中国及其他国家的旅游业，但新冠肺炎疫情作为急性压力源，以及其持续性导致的慢性压力源，不仅增加了人们释放压力的需要，也使人们的整体健康意识大大增强，从而为近距离社区、城区、郊区、乡村、乡野的休闲游憩、休闲旅游，特别是环城市（群）度假休闲游憩发展以及度假胜地大健康产业发展带来了机遇，进而为旅游休闲助推乡村振兴、城乡融合提供了条件。可见，只要世界不被隔离，经济保持稳定发展，社会不断文明进步，旅游休闲业就不会衰落。

笔者在写作过程中，力求全面梳理有关概念（或变量）文献、理论，深入访谈调研，获取一手资料、数据，构建自洽理论模型，以便通过解释旅游度假行为逻辑而深度理解旅游休闲行为逻辑，但不免挂一漏万，期望读者不吝赐教。

刘少和

于广东财经大学岭南旅游研究院翛然轩

2020年10月15日

目　录 / *Contents*

第1章

绪　论

1.1　研究背景

1.1.1　中国文化情境及转型社会背景下城市居民的生活环境压力

自从美国哈佛大学心理学家坎农（Cannon，1914）首次将物理学“压力”概念引进心理学领域，提出“或战斗、或逃离”反应（fight-or-flight response）来描述人类面对外部环境威胁时生理被唤醒的动力机制以来，“压力”便开始成为人们自觉的科学意识。“压力”一词成为表述人类生存状态的流行语则始于20世纪50年代加拿大著名的生理学家——汉斯·塞利（Hans Selye，1956）的《生活中的压力》（*The Stress of Life*）一书，其详细阐释了人在慢性压力下的生理反应，以及压力与疾病的关系。其实，“压力”作为一个描述生理、心理被唤醒的词语，可以追溯到个体童年和人类早期，被认为是一种适应性的“生存机制”，是与人类个体、社会发展相伴始终的。只不过在个体的童年时代、人类的早期社会没有形成压力认知而已。正如人到青年、壮年、中年才感到“压力山大”一样，人类社会在进入现代工业社会、城市社会、全球化竞争社会，特别是第二次世界大战后的高科技时代，原来传统的生活在“田园牧歌”式农业社会时代的人们感觉到生活方式、社会环境发生了天翻地覆的变化，包括日益激烈的市场竞争、专业细分的工作模式、推陈出新的科技工具、应接不暇的信息爆炸、拥挤不堪的城市空间、冷漠功利的人际关系等。这些非自然、不健康的工作、生活方式及居住空间，使“生活压力”扑面而来，成为与“全球变暖”“手机”一样的热词。

实际上，近代以来人类每一次技术革命或产业革命释放了人的潜能，解放了人的束缚，但也给人类带来了更深层次的压力，特别是精神压力。例如，以蒸汽机为标志的第一次技术革命解放了人的体能，但使人们懂得人不可能跟机器来比力气大小，从而使人类面临着机器力量的压力；以电力为标志的第二次技术革命解放了人的速度，但使得人们明白人不可能跟机器比谁跑得远、跑得快，从而使人类面临着距离、速度、耐力的压力；以互联网为标志的第三次技术革命解放了人的大脑，但使人们清楚人不可能与机器比储存容量、计算速度，从而使人类面临着信息超载、计算速度的压力；当下人工智能的迅猛发展，又使人类面临着智能机器人的压力。号称“文明”“进步”的生存发展方式却变成了亚健康、疾病的罪魁祸首，威胁着全世界无数人的生命健康、人格独立、人生自由。美国已有研究指出，现代社会70%~80%的疾病都与压力有关，其中最为人们所熟知的有冠心病、癌症、感冒、偏头痛、高血压、溃疡、失眠，以及有些妇女的不孕症等（Seaward，2006）。在我国，随着工业化、城市化、全球化、老龄化、移民化发展，慢性压力、慢性病也与日俱增。慢性压力通过神经系统作用于心血管系统、内分泌系统、消化吸收系统，进而削弱免疫系统，加速疾病发展，已是人所共知。

过去，中国作为世界四大文明古国之一，通过朝贡体制享受着“四夷来朝”的荣耀，百姓过着“日出而作，日落而息”的悠然自得的农业田园生活。但自近代工业革命以来，中国逐渐落后于西方，特别在鸦片战争后，中国社会发生了“数千年未有之变局”，自古“用夏变夷”一去不复返，在丛林时代似乎“落后就要挨打”成为中华民族的命运，面对西洋和东洋列强，中国人一直处于一种紧张、焦虑的心态。自此，救亡图存、赶超西方成为一代代仁人志士的奋斗目标，为有志赶超西方的仁人志士带来了一种只争朝夕的历史紧迫感。从清末洋务运动、戊戌变法、辛亥革命，到中华民族的统一运动、抗日战争，以及中华人民共和国的“赶英超美”运动、改革开放以来的GDP竞争，无不是因为中西方的巨大差距带来的挑战与威胁所致。2010 年我国经济超越日本成为世界第二大经济体，但在经济总量、质量上与美国还存在巨大差距。在人均指标上中国与欧美国家差距甚大，面临从发展中国家步入发达国家及避免陷入“中等收入陷阱”的挑战，依然处于现代化或社会转型的焦虑之中。群体焦虑强化了个体焦虑，皆困惑于自身处境，如何自由独立于社会。可见，在国家、民族生存发展压力下国民的生存发展压力之大。

欧美老牌资本主义国家享受着自 15 世纪殖民掠夺以来 500 多年的历史积累，其中资本主义生产方式确立以前的原始积累长达 300 多年；而中国资本积累特别是私人资本积累才刚刚开始，欧美发达国家 300 多年的发展，中国要在 30 多年内消化。膨胀的欲望带来的是急剧增加的压力。实现中华民族的伟大复兴，就是中华民族近代最伟大的梦想。种种集体的荣誉，乃至和平崛起、民族复兴，以及产业集聚、消费市场所带来的城市人群聚集，无疑加大了个体压力，降低了个体快乐，造成了个体角色与集体角色的冲突失衡，这种压力越来越大，对国民身心健康产生了不良影响。

改革开放后，全球化、工业化、城市化浪潮席卷而来。从产业集聚到人口集聚再到城市聚集趋势日益明显，大大加速了我国现代化或社会转型的过程。国民特别是城市居民生活节奏不断加快，生活压力也空前增大，构成了中国文化情境及社会转型背景下的国民特别是城市居民的生活压力特征。除单个突发刺激事件对人们造成的急性压力外，还存在社会环境，包括宏观环境，如城市自然环境质量、社会“潜规则”、社会安全及福利保障、社会等级、市场竞争、经济状况、人际关系、文化冲突、威权压制；微观环境，如工作单位、家族家庭、邻里社区的压力，乃至个人健康的压力。各方面的压力笼罩在人们身上，整个社会处于“亚健康”状态中。当下，被人们谈及最多的一个词，就是“焦虑”。除对宏观环境的忧虑外，还呈现出“财富焦虑、择偶焦虑、择业焦虑、社交焦虑、信息焦虑、学习焦虑”等各种各样的焦虑状态，引致亚健康。

根据 2002 年中国亚健康学术成果研究会提供的统计资料显示，我国约有七成人呈现亚健康状态，占全国总人口的 60%～70%。其中，中年人是亚健康的高发人群，如中年知识分子、领导干部、企业家等，而且青少年亚健康问题也令人担忧，老年人亚健康问题复杂多变，特殊职业人群亚健康问题突出（张秀花、栗滢波和鲍作臣，2007）。经济发达地区的亚健康人口在总人口中所占的比例明显高于其他地区，其中北京为75.31%、上海为73.49%、广东为73.41%（王育学，2005）。单就精神病人而言，2017年中国疾病预防控制中心精神卫生中心的数据显示，全国各类精神疾病患者达1亿人以上，重度患者超1600万人。2009年，世界知名办公方案提供商——雷格斯（Regus）调查显示，中国是目前世界上压力最大的国家。在全球80个国家和地区的1.6万名职场人士中，认为压力高于上年的，中国内地占75%，香港地区占55%，分列第一和第四位，都大大超出全球48%的平均值。而上海、北京分别以80%、67%排在城市的前列。其中“工作”“个人经济状况”“来自老板的压力”排在压力表上前三位，但三者背后无非就是个“钱”（欲望）字。尽管雷格斯报告未必完全科学严谨，却反映了我国转型社会的基本现实，并开始在中国掀起了一股“压力反思热”。① 2017年3月21日世界睡眠日前夕，《2017年中国网民失眠地图》在北京发布，这份失眠行为网络大调查历时一个月，共收集了来自中国32个省（自治区、直辖市）的362个城市的8567份有效问卷，就大众对失眠经历、危害认知，以及对治疗的态度进行了调研。结果显示，近80%参与者曾有失眠经历，其中上海、广州比例最高，长沙、北京、深圳紧随其后，有失眠经历的人群中因压力而入睡困难是最主要的失眠表现。②

“压力”作为个体对压力源（即威胁人类并使其应对能力承受重负的事件和环境）的反应（Santrock，2006），实际上是对突发刺激事件与持续刺激事件（即压抑环境或情境）的一种刺激—反应状态。压力既能带来积极影响，也能带来消极影响，从而可以分为正性压力、中性压力和负性压力三类。其中负性压力分为急性压力和慢性压力，前者通常由称作急性压

---

① 调查显示中国上班族压力全球第一 京沪居前列［EB/OL］. 人民网. 2012-10-17.

② 中国网民失眠地图：上海失眠比率最高，北京排第四［EB/OL］. 中国新闻网. 2017-03-16.

力源的突发事件引起，如不经意闯红灯被交警查获罚款扣分、工作失误被领导批评扣薪等；后者通常是称作慢性压力源的持续性长期微观生活困扰和宏观社会事件（即环境或情境）的产物，如繁重的工作任务、快节奏的生活、功利的人际关系、错乱的文化价值、拥挤不堪的城市环境等。负性压力作用于有机体的神经系统、心脑血管系统、内分泌系统、消化系统等，从而削弱免疫系统，进而对身心健康产生影响，成为现代社会疾病与亚健康的主要元凶。

实际上，转移注意力、转换活动、改换环境、改变活法，哪怕是暂时的，也是最好的解压方法。依据压力事件下"或战斗、或逃离"的反应理论，以及压抑环境或情境下"爆发释放、或逃避逃离（如旅游，若长期则为"候鸟式生活"、移民）、或假装正常"的反应理论，除出现情绪、行为失控等社会冲突外，也会出现诸如疯狂"血拼"购物、沉迷网络，以及旅游休闲等逃离行为，即下班后赶快逃离单位，周末休息赶快逃离社区，节假日赶快逃离城市，出现城市"压力锅"效应（见图1-1），从而造成了休闲供给、旅游供给的紧张，也给经济运行带来压力。例如，中国国庆"黄金周"在外国人眼中是这样的："13亿人在同一时间进入假期，8600万人挤上高速公路。"据中国相关部门统计，这7天内，还有760万人次乘飞机出游，6095万人次坐火车远行；4.25亿人次涌进全国大大小小的旅游景点，7700万人次迈出国门；1800亿元花在国内旅游市场，800亿美元豪掷到其他国家……有调查显示，八成人将长途旅游作为减压的首选方式。对于"在路上"的中国人来说，旅游意味着"逃离"——逃离"朝九晚五"的工作，逃离家庭、单位"两点一线"的生活轨迹。[①] 可见，在无法战胜转型社会带来的压力的情况下，间歇性休闲特别是异地旅游度假休闲已经成为国人特别是城市居民的减压出口，体现了旅游休闲作为现代社会人们的基本健康生活方式的新趋势。

① 中国人压力全球No.1［N］. 现代快报，2012-10-18.

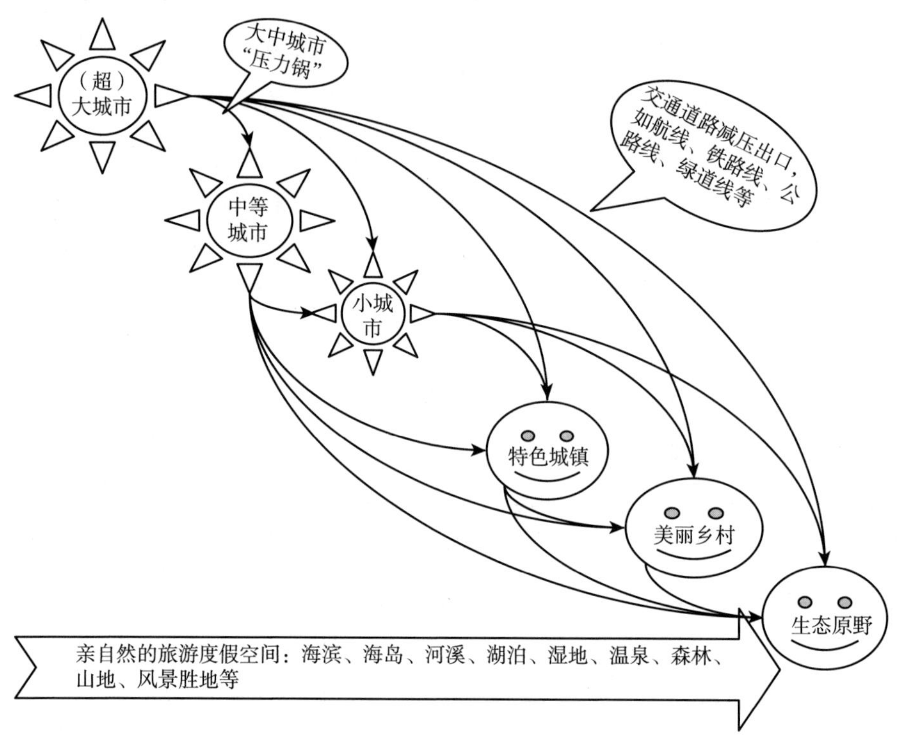

图1－1　城市“压力锅”效应及城市居民旅游度假休闲减压趋势

总之，改革开放以来中国的社会转型带来的压力构成了社会组织及国民个体的宏观压力环境，同时社会组织又构成了国民个体的微观压力环境，这对组织健康发展、个体健康成长产生了巨大影响，需要科学认识压力、调动内外资源应对压力（见表1－1）。如果国家、社会、组织、个人缺乏行之有效的措施调适人们的压力冲突，那么也无法实现社会的稳定、和谐。因此，需要社会各界共同关注国民特别是城市居民的压力及其休闲调适问题。压力与休息、休闲恰似一对孪生姐妹。在现代城市社会，日常定居环境作为环境压力源的存在，使缓解压力离不开异地旅游休闲，特别是旅游度假休闲，因此以旅游度假游客群体为研究对象，解剖旅游度假与减压抗压、休闲放松的关系不仅具有科学理论意义，也具有产业实践价值。

表1-1　组织压力与个体压力应对比较

主体	外部威胁	外部挑战	内部资源	外部资源	应对	
组织	竞争威胁（T）	市场机会（O）	优势（S）劣势（W）	优势（S）劣势（W）	ST组合	SO组合
个体	负性压力	正性压力	强弱	多寡	强壮体格+外向/坚毅/乐观的人格抗压	社会资源支持（含休闲、旅游、度假）减压

1.1.2　关注现代社会城市居民特别是中等收入阶层的旅游度假或度假旅游

作为一种对人体系统调适的生理、心理、社会活动，休息、休闲与生俱来，但通过休假来休息、休闲却是人类社会化的产物，如民间民俗节日、官方纪念节日、官方休假制度。在前工业社会，劳动阶层主要通过农业节日以及农闲季节的休息、休闲来实现对体力的调适；统治阶层对官吏也有休假规定，如两汉“五日一休沐”，唐宋“十日一休沐”（旬假制），以及西方“七天一礼拜”的星期制，无非是回家洗浴、休息放松、探亲团圆，以及宗教礼拜而已。虽然有闲阶层也有近似外出旅游度假之举，如我国历代帝王将相、文人雅士在各类避暑山庄与乡间别墅的闲适生活，西方古罗马贵族在温泉胜地的洗浴疗养，这些与近现代产业革命后的旅游度假成为中产阶级乃至劳动大众的生活方式不可同日而语，不过是旅游度假的雏形而已。

现代工厂雇用制带来了休假制特别是带薪休假制，成为旅游度假发展壮大的前提。在近现代产业革命后，随着城市工厂制的确立，彻底改变了人类社会的产业结构、经济结构，以及生产方式、生活方式，从而也改变了人的自然性、完整性，休闲、旅游成为有闲阶层、中产阶层及劳动阶层的体力、脑力再生产的基本方式，成为人们的基本权利与需求之一。通过近现代工人权利运动的持续努力，每日8小时工作制（美国，1886）、每周40小时工作制（美国，1933），以及每年带薪休假制（法国，1936）开始在各国确立。中国自改革开放特别是20世纪90年代以来，实行“每周一天半休息制”（1992）、“每周双休制”（1995），乃至夏季“每周两天半休息制”（2015），特别是“每年带薪休假制”（2008），这为本地日常休闲游憩、异地短期或长期旅游度假以调适身心健康创造了制度条件。可见，“旅游度假”[①] 率先成为近现代西方工业国家的主流调节方式。可以说，西方旅游度假肇始于古罗马的温泉洗浴疗养，发展于英国海滨洗浴疗养，发达于欧美海滨度假，特别是低纬度热带、亚热带海滨度假，进化出多样的旅游度假形式，如滨海度假、海岛度假、海洋邮轮度假、湖泊度假、湿地度假、山地度假、休闲城市度假、特色小镇度假、美丽乡村度假等。这一西方“舶来品”，在中国生根发芽是近代的事情，发展壮大于改革开放后。晚清民国时期，西方休闲方式传到中国，以北戴河为代表的海滨旅游度假区出现；另外，山地避暑型和温泉疗养型的旅游度假区（村）也开始兴起，如江西庐山和广州从化。这实际上是传承了古代中国有闲阶层在避暑山庄与乡间别墅以养生养老为目的的一种闲适生活传统。此后，随着我国政治动荡，旅游度假发展也一路波折，直到20世纪90年代以后才随着社会转型而不断发展壮大。

纵观历史，可以发现以近现代产业革命为界，度假旅游发展主要经历了前工业社会的上层小众，以及工业社会、后工业社会的中下层大众两大阶段。西方度假旅游始于公元初，作为少数上层统治阶级消磨闲暇时间的一种需要（周建明，2003），早期可以追溯到古罗马时期有闲阶层的温泉洗浴疗养，距离伦敦不远的巴斯市就因温泉吸引了众多的罗马人度假，后来英国贵族继承了这一传统。随着18世纪中叶开始的工业革命所创造的城市新贵——资产阶级与商人加入温泉洗浴疗养行列，促使贵族向滨海度假地转移，从而开启了英国滨海度假、海水洗浴疗养时代，如伦敦南部的布莱顿。随着19世纪中叶英国工业革命的完成，现代生产生活方式与古老传统逐步脱离，工作与休闲逐渐分开，工业化、城市化快速发展，城市环境问题日益突出，使休闲特别是外出旅游休闲不仅成

---

① 旅游度假：广义言之，以旅游方式度过假期，相当于“休闲旅游”即排除事务性目的之外的旅游活动；狭义言之，区别于单纯观光旅游、专题专项旅游等休闲旅游中的一种——综合性度假旅游，即在一个地方停留时间较长，进行各种休闲游憩活动，包括观光旅游、专题专项旅游等。本书中“旅游度假”乃狭义，即“度假旅游”。

为上层有闲阶层，也成为中产阶层乃至工人阶级身心恢复、发展的调适方式。休闲、旅游、度假日益大众化发展，不仅温泉、海滨，而且山地、湖泊也成为冬季避寒、夏季避暑的休闲度假胜地，如比利时的斯巴、德国的巴登等地的温泉度假，波罗的海、大西洋沿岸、地中海等地的海滨度假，瑞士的山地度假、湖泊度假等。随着19世纪中叶开始的以电气化为标志的第二次工业革命，以及20世纪中叶开始的以信息技术等为标志的第三次科技革命的完成，交通、信息技术等带来的便捷舒适的交通工具（如轮船、火车、汽车、飞机）、信息通信（如电报、电话、互联网、移动互联网）逐渐将旅游度假者带往全球各个角落。伴随交通、经济的全球化，开启了旅游度假的全球化时代，远程度假、四季度假、大众度假成为可能，各种风景胜地、环境胜地发展为度假胜地，特别是低纬度热带、亚热带海滨海岛地区乃至海洋成为度假者的休闲乐园、开发商的投资沃土，如地中海沿岸、东南亚海滨、太平洋诸岛、澳大利亚海滨、加勒比海湾等地区。此外，湖泊、温泉、湿地、河溪、山地、休闲城市、特色小镇、美丽乡村等也逐步成为旅游度假地，政府、公司大力鼓励旅游度假发展，前者旨在通过休假制度以消费拉动经济增长，后者旨在通过奖励旅游以休闲减压提高生产效率。从20世纪60年代开始旅游度假成为欧美个人、家庭的一种生活方式，社会的一种生活风尚。例如，20世纪70年代后期，大多数欧共体国家有一半及以上的人每年至少离家休假1次；20世纪末，度假旅游成为各类旅游产品的主导产品，1994年以度假旅游为主要目的的旅游者中，英国占59%，法国占57%，西班牙占55%，德国占75%（骆文滔，1997）。可见，从全球来看，度假旅游大众化、全球化趋势明显，度假旅游已成为现代城市社会人们生活不可或缺的一部分。度假胜地已成为人们摆脱日常工作、生活压力以休闲放松、休养康复、享受生活乃至健康成长的理想场所，度假产业将成为旅游发达国家或地区的支柱产业，度假权利将成为实现个人健康幸福、组织健康运营、社会健康和谐的有力保障。

如果将古代园林看成我国旅游度假区雏形的话，那么我国利用温泉资源、生态环境发展旅游度假区的时间也很久远，如秦之“骊山汤”、唐之“华清池”、明清之北方皇家园林（如承德避暑山庄、北京颐和园），以及江南、岭南之私家园林（如苏州、扬州、无锡的江南园林；广州、佛山、东莞的岭南园林）。但与前工业社会欧洲作为一个阶层的普遍行为特征不同，我国只局限于帝王将相、皇亲国戚和社会名流。我国近现代社会度假旅游发展主要受到西方度假旅游的影响，晚清民国时期，北戴河海滨度假、庐山山地度假、从化温泉度假等度假业态逐渐兴起；新中国成立后，温泉、海滨、山地福利性度假疗养休养一统天下，直到改革开放后珠三角等地兴起了以经济效益为目标的第一批旅游度假区（村），休闲康体项目迅速增多。20 世纪 90 年代以前，我国度假旅游发展处于雏形时期；90 年代以后，随着我国工业化、城市化发展，大众化休闲度假旅游时代来临。通过我国休假制度的不断完善、各级旅游度假区标准的制定实施、各级经济社会发展规划对“旅游度假区”建设的高度重视，我国度假旅游发展迎来了黄金时代，滨海度假、海岛度假、海洋邮轮度假、湖泊度假、温泉度假、湿地度假、河溪度假、山地度假、休闲城市度假、特色小镇度假、美丽乡村度假，以及其他主题度假（如高尔夫度假、滑雪度假、主题公园度假）等在内的丰富多彩的旅游度假产品与服务，不仅有适合长假（如国庆节、春节、带薪休假、寒暑假）远距离的度假胜地，如风景名胜度假地、海滨海岛度假地，也发展起了适合短假（如周末、小黄金周）近距离的度假地，如环城市（群）度假游憩带，其中以环大中城市（群）最为明显，像环渤海、长三角、珠三角城市群，度假地成为城市居民减压放松的出口，也使度假旅游占据我国旅游业的“半壁江山”，成为一些地方旅游业乃至经济产业转型升级发展的基本方向之一。

据国家旅游局数据中心发布的《2015 年中国旅游业统计公报》显示，2015 年共有 41.2 亿人次国内或出境游，相当于全国人口一年旅游近 3 次；尽管“一日游”居多，但“过夜游”特别是度假游也不少。伴随中国大陆人均 GDP 突破国际上公认的度假旅游门槛值——3000 美元（见表 1－2），特别是伴随中产阶层或中等收入阶层的持续扩大，度假旅游越来越成为国民特别是城市居民的减压休闲选择与健康生活方式，通过间歇性旅游度假休闲调适而使身心从失衡走向平衡，达致健康幸福。

表1-2　　部分省（区、市）人均GDP超过3000美元的年份与数值

年份	省份	数值（美元）
2003	天津	3126
2003	北京	3074
2007	山东	3646
2005	江苏	3038
2005	浙江	3400
2006	广东	3509
2007	成都	3634

资料来源：依据各省（区、市）统计局资料整理。

我国政府对旅游休闲发展的经验不足，学界、业界对国民旅游休闲权利与整体健康需求认知滞后，因此改革开放以来我国度假旅游发展走过一段曲折历程。从20世纪80年代起步，到90年代跌宕起伏，再到21世纪10年代的提质增效，产业实践一直走在理论研究的前列，在探索中发展，在发展中探索。一是长期受我国传统观光旅游的影响，对改革开放特别是20世纪90年代以来工业化（产业革命）、城市化（社会转型）进程之于度假旅游发展的影响认识不足，直到我国旅游业发展了十多年后，才被国家旅游管理决策部门的研究者们发现中西方在主打旅游产品上存在显著差异——中国以周游式观光旅游为主，西方国家以一地停留式度假旅游为主（魏小安和冯宗苏，1991；肖潜辉，1991；孙尚清，1992），将两种旅游并列起来研究忽略了度假旅游的综合性特征。二是长期受旅游创汇导向影响，重视入境旅游市场，忽略国内旅游市场，以致在1992年由国务院颁布，面向国际旅游市场的12个国家级旅游度假区建设，除海南的亚龙湾以其得天独厚的度假资源及运作体制取得显著成绩外，其他长期处于探索阶段。与此同时，随着休假制度特别是1999年“黄金周”长假制度，以及2008年带薪年休假制度的实施，使我国城市居民对短程旅游度假休闲产生了浓厚兴趣，有力刺激了大中城市（群）郊区及其周围地区度假旅游业态的迅速发展，形成1—3—5小时“环城市游憩带”（吴必虎，2001），特别是“环城市度假游憩带”（魏小安，2001），占据度假旅游业态超过1/3。

三是长期受旅游GDP增长影响，加上度假旅游较观光旅游具有回头客多、停留时间长、消费高的特征，度假旅游遂被各级政府视为旅游业转型升级的发展方向而一哄而上，忽略度假旅游资源及其环境要求，造成资源浪费。四是2003年“非典”疫情使人们对生命健康有了全新的认识，但学界、业界对旅游度假之于整体健康的调适作用仍然认识不足，旅游度假区几乎成为“住宿+娱乐、游乐”的乐园，忽略户外游憩、保健疗养、体育运动、研学教育、心灵修炼等项目，从而违背了旅游度假源于身心调适的本质，甚至出现旅游度假异化。

从中西方横向比较来看，与欧美国家度假旅游发展相比，尽管我国度假旅游自20世纪90年代以来完成了雏形发展，但仍处于社会转型初级发展阶段，休闲、旅游、度假正成为国民新的生活方式，并将成为新的经济增长点。传统以看风景、求知拓新为目的的周游式观光旅游已经越来越难以适应市场消费多元化的需要，基于旅居度假平台，包含了观光、休闲、专题专项旅游等在内的一地停留式，以休闲放松、整体健康为目的的综合性度假旅游正成为市场趋势，将成为主流旅游方式，这是影响社会主流旅游方式的关键因素，即“我国经济、社会、文化等方面发生转型变革的结果”（徐菊凤，2008）。这种新兴的健康生活方式又将会进一步促进基于旅居度假平台的产业、城镇发展，从而进一步加剧经济社会变革，加速我国后工业社会、后现代社会——休闲社会的到来。

“逃逸”是旅游度假者离开常住地的动机之一，旅游是一种一时解脱的方式（董培海、李伟，2013）。这是一个公认的观点，鲜有学者质疑。但从社会演变趋势来看，度假旅游不仅是人们对日常惯常环境特别是城市日常惯常环境的休闲逃逸，也是在非惯常环境乃至超惯常环境下的休闲思考；不仅是人们的劳动力再生产，也是一种生活价值、人生意义的追寻；不仅是身心的恢复维持，也是人生的自由独立、身心的全面发展。一句话，旅游度假是国民的基本人权、基本需求之一。《黄帝内经》云，“上医治未病，中医治欲病、下医治已病”，旅游度假实际上是在环境或情境转换基础上通过睡眠休息、营养调理、游憩活动、角色转换、人际互动等方式进行情境、认知、情绪、心灵、行为、角色、社会调适等（即整合调适）来实现“预防疾病”，达到维持、增进乃至恢复健康的目的。

1.1.3　研究旅游度假情境下城市居民生活环境压力的休闲调适

“哪里存在压力，哪里就需要休息休闲”，休息休闲是对压力的有效释放。压力与休息休闲恰如一对孪生冤家，与生俱来、与社会俱来，劳动或工作、生存或生活、生理或心理，以及个人或组织都离不开休闲活动的调适。早在采集、渔猎时代，乃至后来的农业社会等前工业社会阶段，尽管缺乏现代意义上有意识、有选择性地休闲，劳动与休闲区分也并不明显，但夹杂在劳动以及在宗教民俗节日中的休息、休闲仍然具有恢复体力、宣泄情感、调整关系、自我表现等调适功能，特别是对人们体力的间歇性调适。人类学家斯普顿和考恩斯（Stumpf and Cozens，1974）在研究毛利文化的报告中说，毛利族人在任何层面的经济生活中，都伴随着消遣娱乐的成分。“不管他们是捕鱼、捉鸟、耕田或是盖房子、造独木舟，在所有这些场合中，都能找到可以被认为是娱乐性活动的痕迹”，这些娱乐性的活动如唱歌、高声谈笑等在很多非洲部落集体劳动中也可以看到。这种主要对体力的间歇性调适以实现劳动力再生产的休息、休闲一直伴随着劳动阶层，直到近现代第一次、第二次工业革命后工厂制的出现使人们的生产生活方式彻底改变而产生独立的旅游休闲活动为止，特别是二战后第三次工业革命促使“大众休闲、大众旅游”的兴起。

建立在奴隶制上的古希腊、古罗马有闲阶层都非常重视休闲发展，但古希腊更强调学习与创造性休闲，如亚里士多德认为休闲是人生的目的，柏拉图强调休闲才是一切事物的中心，看重休闲对人类精神的调适；古罗马更强调休闲的公共社交和消费享受，看重休闲对社会关系和身体的调适，具有一种实用形态。中世纪作为休闲的黑暗期（dark-age），封建领主与骑士阶层等有闲阶层尽管重视身体的训练和内心的修炼，但总体而言是把世俗休闲看作神圣劳动的补充，乃至宗教改革把劳动当作人类生活的最高境界，休闲被看作罪恶，只有礼拜日的宗教活动才是对单调劳动和生活的调适。这种“工作伦理”一直延续到20世纪，从而造成了对人性的压抑，并促进了文艺复兴和思想启蒙运动。随着近现代工业革命，城市工厂制生产方式的确立，人们生产生活方式逐步转型。超长的劳动时间和过度的劳动强度引发了争取缩短劳动时间的工人运动，最终导致标准工作日形成，不仅资本家有闲阶层需要脑力调适，工人阶级也需要体力调适以维持再生产。狄更斯（Dickens，1864）等人认识到，休闲时间是工人们能够恢复体力、调整心态以便重新投入工作的唯一途径。工业革命所导致的产业结构、生产方式、生活方式的巨大变化，使人丧失了作为人的自然性、完整性，引发了人的压力，从而促使人们从休闲中寻找人生意义、生活价值。科技革命对休闲设施设备的创新创造，如公园、电视、电影等，促进了 20 世纪初期大众娱乐、大众休闲，以及 20 世纪中期大众旅游的到来，旅游休闲不仅成为各阶层劳动力再生产的手段，甚至成为一些人们的生活目的，即从“休闲为了劳动或工作”到“劳动或工作为了休闲”，“工作伦理”让位于“休闲伦理”。

中国传统休闲活动以及对休闲的理解并不亚于西方。从“朝吟风雅颂，暮唱赋比兴。秋看鱼虫乐，春观草木情”（选自《诗经》）中可见休闲活动、休闲思想在人们生活中占有重要位置。但在漫长的专制主义、官僚系统治下的农业社会，百姓只有在民俗节日和农闲季节才拥有休闲时间以调适身心。有闲阶层主要包括帝王将相、官吏、文人、地主、商贾阶层，拥有私家苑囿、园林以供休闲，来摆脱公务私务压力，并追求人生享乐。我国休闲文化一开始深受《周易》、老庄哲学对闲适生活和精神自由追求的影响，“不事王侯，高尚其事”（选自《周易》蛊卦）成为后来道家隐逸文化观念的先河。随着两汉后佛教文化传入，逐步形成儒家“治世”（改变自己如何适应社会，实现人人和谐）与道教“治生”（改变自己如何适应自然，实现天人和谐）、佛教“治心”（改变自我适应本我、达到超我，实现身心和谐）三种思想并立的局面，成为中国传统休闲文化的哲学基础，魏晋六朝的隐逸文化、唐宋兼收并蓄的休闲文化、明清丰富多彩的市井文化、近现代物欲主义下的闲适文化，无不反映人们特别是文人在漫长专制主义、近现代物欲主义情境下的避世以求身心调适的现实，以致晋代陶渊明的“世外桃源”理想不仅成为古人也成为今人的共同梦想。

20 世纪 90 年代以来，随着工业化、城市化发展，我国进入前所未有的社会转型时期，城市工厂制不仅改变了传统生产方式，也改变了人们的生活方式。特别是周末双休制、带薪休假制，以及各种民俗节假、国家纪念节假制的确立，从传统乡村农业社会劳动—休闲不分到现代城市社会工作—休闲分明，每天8小时工作、每周40小时工作，以及每年正常工作时间之外的闲暇时间成为身心调适、恢复体力精力的闲暇时间，从而宣告中国大众休闲时代来临。伴随中国大中城市化过度发展，转换环境或情境以缓解压力的异地旅游特别是度假旅游也成为流行时尚，成为城市居民特别是有房有车一族身心调适的基本生活方式。

可见，人类社会的历史正如个人历史一样也是一部压力与休息休闲共存的历史，只不过在不同的人生阶段、社会阶段压力及其休息休闲调适存在程度差异而已。就人生阶段而言，第一阶段（出生—就职）休闲主要是对学习压力的调适；第二阶段（就职—退休）休闲主要是对工作压力的调适；第三阶段（退休—死亡）休闲主要是对空寂无聊压力的调适。就社会阶段而言，在采集渔猎社会、农业社会等前工业社会，休闲主要是对体力的调适；在现代城市工商社会，休闲主要是对脑力的调适。

现代城市工商社会不仅有来自工作的压力，更有来自家庭义务、社会义务的压力，以及环境压抑。在我国传统文化情境以及现代转型社会背景下，来自宏观环境，如城市自然环境、科技发展、信息爆炸、经济状况、社会保障、人际关系、法治状况、信仰信念；微观环境，如工作、家庭、健康等多方面的压力将国民压得喘不过气来，休闲减压成为解决疾病、亚健康和劳力再生产的必要方式。基于本地惯常环境或情境的户外休闲游憩与基于异地非惯常环境或情境的旅游度假休闲之于减压各有所长，人们各有所需，但后者对整体健康作用特别是心理健康作用也许更为有效。

实质上，正如斯特拉普等（Strapp et al.，1988）所言，度假旅游乃“利用假日外出进行令身体与精神放松的康体休闲方式”，其本质在于以健康为目的的身心放松。度假起源于人们对健康的追求，包括温泉度假与温泉洗浴疗养、海滨度假与海水洗浴治病、海岛度假与避世自由、邮轮度假与休闲娱乐、湖泊度假与休养生息、山地度假与健身养生、森林度假与吸氧疗养、小镇乡村度假与修身养性，等等。可以说度假旅游地已经成为现代社会中与定居社会相对而言的旅居社会，前者是为了日常工作、生活而耗费体力、脑力；后者是通过休闲生活而恢复发展体力、脑力，并使单调乏味的生活呈现意义。

由于压力不仅是单个突发事件所致，而且也是持续性事件即环境或情境所致，因此涉及休闲时间、休闲空间、休闲活动、休闲心态等不同方面的休闲在不同环境或情境下对整体健康的效果也不一样。在定居地特别是城市定居，包括在单位、社区、城区、郊区的休闲显然没有脱离日常惯常环境（张凌云，2009）或情境，而度假旅居地作为一个非惯常环境（张凌云，2009）或情境，乃至宛如“世外桃源、人间天堂”般的超常环境或情境，包括原生态自然、大美风景、地方人文、友好土著、诗意园林等，显然更有利于整体健康。如果说城市定居生活世界是“苟且”，那么度假旅居世界则是“诗和远方”，就像一个人在关注“柴米油盐酱醋茶”外，间或还需要“仰望星空”使人生呈现意义一样。现代城市社会居民压力的出口无法在城市环境或情境下完全释放，需要走出城市奔向远方特别是乡村、原野来转移注意力、清空自己、吸纳新鲜事物、分享收获，才可以使包括身体、心智、心情、心灵、行为在内的全身心得到放松、发展、成熟。

尽管无论古罗马温泉度假还是我国古代的山庄度假，以及近代的滨海度假，都是有闲阶层的生活调适和享受，进入现代社会后度假又与房产、车子一样成为中产阶级的象征。在我国，随着环城市度假游憩带深度发展，周末环城市度假特别是乡村度假将逐渐成为短期、近距离度假主流产品，与滨海度假、风景胜地度假等长假、远距离度假产品并驾齐驱，成为城市居民日常工作、生活压力的周期性调适场所。尽管主要位于中低端，但对城市居民身心健康的影响，以及度假大众化发展意义巨大，因此研究异地度假旅游情境下城市居民生活环境压力的休闲调适具有重要的现实意义。

1.2 研究问题

1.2.1 市民生活压力与旅游度假如何关联

在中国文化情境及转型社会背景下，城市居民生活环境压力与休闲游憩特别是异地旅游度假如何发生关联？如何针对城市居民中等收入阶层开发生活环境压力量表？在欧美发达国家，为了解不同人群的生活压力，已基于压力源开发出针对不同人群的压力知觉量表，更有学者从压力体验视角将个体所面对的压力事件、压力环境所产生的心理体验做整体性的叙述，依据压力体验三维度——紧张疲惫感、焦虑失控感、压抑失望感开发出“一般压力知觉量表”（Cohen，Kamarck and Mermelstein，1983）来测量压力知觉，使受试者的对象更为广泛、普适。在中国文化情境及转型社会背景下，城市居民特别是中等收入阶层生活环境压力源及其压力知觉显然存在国家、民族、时代的特征，如中国文化的群体性、转型社会的情境性对个体产生的压力，因此需要在社会再适应量表、一般压力知觉量表的基础上，针对阶层群体、时代特征、民族文化进行本土化完善以准确测量当下以中产阶层或中等收入阶层为代表的度假游客的生活环境压力。

从人类社会和个体发展历程来看，压力与休息、休闲相伴而生。面对现代社会特别是转型社会的突发性事件，以及持续性事件（环境）所形成的急性、慢性压力源，人们能做出的反应无非是两个方面：一是面对突发事件，马上产生“战斗或逃离反应”；二是面对难以对抗的环境威胁，则产生“暂时压抑或暂时逃离（如异地旅游，若长期则属于迁徙、移民了）反应”（Cannon，1914）。实际上，如果人们不能通过自身努力消除压力源，那么只能暂时逃离压力源，即逃离工作、逃离家庭、逃离城市，离开惯常环境走向非惯常环境乃至超惯常环境以寻求身心平衡，旅游度假成为理想选择。

本书立足于中国传统文化情境与转型社会背景，选择城市居民“压力山大”一族——中产阶层或中等收入阶层度假游客为代表来开发生活环境压力量表，并以中产阶级或中等收入阶层的生活特征来探讨现代城市社会人们的生活环境压力如何引起休闲包括旅游度假休闲，以及又如何通过休闲包括旅游度假休闲作用于整体健康，从而揭示休闲包括旅游度假休闲对压力的调适机制。

1.2.2 度假休闲调适包括哪些维度

度假休闲调适主要包括哪些层次或维度？与生活定居情境比较，度假旅居情境下的休闲调适具有什么显著特征？放松身心、改善情绪、和谐人际，乃至发现人生意义、生活价值，也就是缓解、减少、消除游客压力，恢复、维持、增进游客健康是促进度假旅游企业、度假旅游地可持续发展的基本策略。人们的压力休闲调适可以在城市日常惯常环境或情境下展开，如工作单位中、居住社区中，乃至城区、郊区游憩中，但在非惯常乃至超惯常的度假旅游环境或情境中，休闲调适的内容、方式、效果也会有所不同。因此，以度假环境或情境为背景，旅游度假对中产阶层或中等收入阶层的生活压力调适作用研究是必要的，毕竟“度假旅游”主要作为压力推动的结果，一直被看作“利用假日外出进行令身体与精神放松的康体休闲方式”（Strapp，1988），是健康养生旅游的代表。

休闲调适策略作为一种有效的舒解压力的调适方式，不同压力的游客，如果在经济条件和闲暇时间许可范围内的话，不仅会选择不同的休闲环境或情境，而且会选择不同的休闲活动形态，以应对压力来恢复、维持、增进健康。度假旅游之所以成为中产阶层或中等收入阶层的生活象征，不仅因为中产阶层或中等收入阶层具有经济条件与闲暇时间，而且度假旅游环境或情境及其中的休息休闲活动能为其更好地舒解压力，并恢复、维持、增进整体健康提供帮助。国外一般把休闲调适策略分为三个方面：舒缓身心式休闲、友伴式休闲、改善情绪式休闲（Yoshi Iwasaki，Roger C. Mannell，2000）。但从心理学的调适或治疗观点来看，调适或治疗不仅是对环境的适应，也需要了解自己、了解他人、了解世界，促进自我独立自由成长。休闲调适策略的结构维度就明显缺失了反映游客价值意义的精神层面内容，也与一般摆脱压力体验的要求（即摆脱紧张疲惫感、焦虑失控感、压抑失望感），以及整体健康需求（生理、心智、心情、心灵、行为健康）不一致，而在度假环境或情境下游客是否还有更深更高层次的休闲调适策略要求，比如现代整体医学所关注的心灵或精神层面的健康，也就是说从日常工作、生活中的“苟且”到度假旅游中的“诗与远方”，体悟不一样的生活、不一样的自己、不一样的他者、不一样的世界，特别是在河之源、山之巅、海之岛对“世外桃源”“人间天堂”“香格里拉”“乌托邦”“理想国”般的度假胜地追寻。在身心舒缓平和的基础上，更有利于增强自我控制感、提升未来希望感，也就是度假旅游不仅有休闲放松的动机，还有更进一步的积极追寻人生意义、生活价值的目的。休闲度假旅游既有健忘者的轻松洒脱、流浪者的自然随意，也有探险者的兴趣发现、朝圣者的理想追寻，而这是日常惯常环境或情境下休闲游憩所缺失的。因此，需要依据度假环境或情境针对中产阶级或中等收入阶层度假游客的压力体验及其调适需要，对休闲调适策略量表作出进一步的补充完善。

1.2.3 度假休闲对生活压力调适及整体健康增进会产生何种影响

度假休闲体验对游客生活环境压力调适、整体健康增进会产生什么样的影响？度假休闲调适存在什么样的心理作用机制？旅游度假是人们对现代城市社会生活环境的一种新适应吗？现代整体医学吸取了我国中医学与西方系统论思想，崇尚身体、心理（心智、心情、心灵）行为的整合、平衡、互动、和谐，强调整体大于部分，以促进内心世界的平和。医学模式也从过去单一的生物医学模式转变为现代生物—心理—社会医学模式，从多角度、多层面及互动联系的观点来认识健康、亚健康与疾病。1989 年世界卫生组织也对健康概念做了新的补充，指出健康应该包括躯体健康、心理健康、社会适应性良好和道德良好。可见，现代社会中健康的内涵是多层面、多维度的，与此相应的休闲调适也是多层面、多维度的。美国学者布勒把现代社会危害健康和导致疾病的因素分为生物遗传、生活环境、行为与生活方式、健康与医疗服务四大类（Blurm，1976），旅游度假休闲调适主要是基于非惯常乃至超惯常环境或情境状态来促进游客认知、情绪、行为，乃至价值观的改变以达到健康，使日常惯常环境或情境下的身心失衡暂时得到平衡，从而恢复、维持、增进整体健康，重新投入日常工作和生活。通过如此不断地从失衡到平衡再到新失衡、新平衡的螺旋上升式循环过程，旅游度假休闲实际上起到了对人们生活环境压力的间歇性整合调适作用，是对现代城市社会生活环境的补充调剂。

但旅游度假休闲调适的各个层面或维度之于整体健康的各个层面或维度究竟是什么关系？人们生活环境的压力如何通过度假休闲调适而得到缓

解、减少乃至消除，进而恢复、维持、增进整体健康？等等。有关这些问题的探讨，不仅有利于构建生活环境压力、休闲调适策略、整体健康之间的关系，进一步揭示人们生活环境压力的休闲调适机理，深入认识度假旅游的解压动机与自由目的，以及健康养生的本质，也有利于指导度假旅游胜地、度假旅游企业的健康经营管理，乃至国家、地区度假旅游的可持续发展。

1.3 研究目的

从人类社会的现代化转型来看，人类生存发展所面临的压力并没有因社会文明进步而减轻，反而因欲望膨胀而不堪重负。“哪里有压力，哪里就需要休闲”。无疑，休闲包括旅游度假是周期性调适压力的有效方式之一，也使旅游度假成为现代社会的主流旅游方式，旅游度假地的发展与管理对于国民健康变得不可或缺，旅游度假者生活压力的休闲调适对于旅游度假地、旅游度假企业可持续发展至关重要。对于旅游度假地公共服务者、市场经营者而言，培养与鼓励游客的积极休闲行为以减压来恢复、维持、增进健康，是一项重要战略和政策。

本书之所以选择旅游度假对游客生活环境压力的休闲调适作用为研究对象，主要原因如下：一是旅游度假环境或情境不同于日常惯常环境或情境，具有生态自然、诗意园林、地方人文、休闲放松、人际互动等特征，其休闲调适活动更受情境影响；二是我国度假游客主要属于中产阶级或中等收入阶层一族，年龄在青年、壮年、中年，生活压力最大，但同时也具有能负担得起度假旅游消费的经济实力；三是以中产阶级或中等收入阶层为主的度假游客文化素质较高，能够理解并配合深度访谈、问卷调查，使问卷质量、访谈质量比较真实可靠；四是旅游度假地政府、开发商、运营商更为在意度假游客的体验满意度、重游率，而旅游度假地对游客生活压力或亚健康的调适效果无疑可以预测游客行为，有利于旅游度假地管理改进，旅游度假企业经营改善。

本书借鉴心理学、社会心理学理论，关注我国中产阶级或中等收入阶层游客的生活压力体验及其休闲调适体悟以及整体健康感受，在旅游度假领域引入“休闲调适”概念。首先，在量表方面，基于中国文化情境与转型社会背景下城市居民特别是中产阶级或中等收入阶层生活环境压力，立足“情境：刺激—机体—反应”理论、心理冲突与平衡理论、心理或休闲压力调适理论、现代整体医学理论，以及中国休闲度假旅游发展实践，开发中国文化情境及转型社会背景下城市居民生活环境压力量表，以及度假旅居情境下的休闲调适策略量表，明确生活环境压力、休闲调适策略的结构维度。其次，在概念及其关系方面，在旅游度假领域引入心理学、社会心理学、医学的“压力知觉”“休闲调适”“整体健康”等概念，并探讨三者之间的相互关系，探索旅游度假的减压机制。最后，在维度层面，基于度假旅居情境进一步完善休闲调适的结构维度，探索城市居民生活环境压力经度假休闲调适达到整体健康的过程，探讨生活环境压力经休闲调适策略整合后各维度对整体健康的影响程度。

1.4　研究意义

1.4.1　理论意义

（1）从休闲行为发生学视角理解休闲游憩、休闲旅游、休闲度假、旅游度假，不仅可以丰富压力理论，而且可以丰富旅游度假推力理论。

生活（环境）压力知觉是社会心理学的一个概念，进入现代社会后一直到20世纪初期才被学界关注，并日益受到人们重视。心理学界、社会学界、医学界有关研究表明，过去造成人类死亡的主要原因是一些传染性的急性疾病，如肺结核、伤寒、脑炎等，而这在今天大多数已可以通过疫苗和药物手段得到有效控制。现代社会造成人类死亡的主要原因是一些生活与行为方式疾病，主要依靠认知、情绪、行为习惯、价值观改变来预防和矫治。以前只认为压力与疾病之间有关联，现在看来压力可能通过破坏干扰人体神经系统，进而作用于消化系统、内分泌系统、心脑血管系统，从而降低免疫系统功能而致病。可见，压力仿佛催化剂，会削弱生理系统功能，加速疾病发展，已是人所共知。本书以我国文化情境及转型社会背景下城市居民特别是中等收入阶层为对象的生活环境压力研究及其量表完善为主，构建起生活环境压力→压力压抑反应→（度假）休闲行为（压力压抑解放）→整体健康的科学逻辑，从而进一步丰富压力理论（如压力源、压力知觉、压力反应、压力应对），以及休闲游憩特别是度假休闲动力理论。

（2）从广义心理调适学视角来理解休闲调适、度假休闲调适，不仅有利于丰富心理（压力、健康）调适理论，还有助于完善休闲（压力、健康）调适理论。

休闲（压力、健康）调适作为广义心理调适的一部分，主要属于社会心理学概念，从旅游地、旅游度假地又衍生出旅游休闲调适、度假旅游休闲调适等概念，成为现代社会对城市居民特别是中等收入阶层生活压力调适的有效方式。实际上，与人生历程、人类社会中压力相伴而来的休息休闲，一直发挥着人类身心健康恢复、维持、增进即劳动力再生产的作用，但对休闲调适作用的社会关注、政策关注一直到近代产业革命，工厂制逐步确立，使人类劳作与休闲截然分开后才开始，而对休闲调适作用的研究兴趣一直到二战后“大众旅游”“大众休闲”兴起才开始，理论研究严重滞后于社会实践。度假旅游作为产业革命后现代社会的主流旅游方式，一直被看作“利用假日外出进行令身体与精神放松的康体休闲方式”（Strapp，1988）。但在非惯常乃至超惯常环境或情境下的度假休闲调适与日常惯常环境或情境下的休闲调适仍存在差异，如在休闲内涵、休闲方式、休闲效果等方面，仍然缺乏深入研究。本书对度假旅游环境或情境下休闲调适内涵的探讨及量表开发不仅有利于进一步丰富心理（压力、健康）调适理论，更有助于完善休闲（压力、健康）调适理论。

（3）从整体健康医学理解休闲调适、度假休闲调适，不仅有利于丰富整体健康医学理论，更有利于完善旅游度假推力理论。

亚健康、健康作为医学、健康学概念，被引入旅游度假的研究领域，可以揭示旅游度假的动机、目的及本质。从现代生物—心理—社会整体医学、整体健康理论，以及中国传统身心平衡哲学思想来看，度假旅游实际上可以从全方位、多层面实现对整体健康的休闲调适，如身体、心智或智能、心情或情绪、心灵或精神、社会行为等方面，从而达到人与自身、人与外界（社会、自然）的平衡。因此，本书从整体健康角度对度假休闲调适进行探讨，进一步丰富整体健康医学理论和旅游度假推力理论。

（4）从休闲学、旅游学视角来看，本书对中国特色的旅游度假推力—拉力的揭示，有利于度假旅游学在基于休闲（压力、健康）调适基础上展开学科建设。

度假游客生活环境压力经休闲调适而达到整体健康的作用机制是深度解读度假旅游需要、动机及本质的新视角，特别是休闲调适不仅在于舒缓身心、改善情绪的休闲减压动机，还包括人际互动、精神体悟等增进整体健康的社会目的、精神目的，从而丰富度假旅游“推力”理论。已有学者指出度假旅游不同于观光旅游，前者动机是“推力”作用的结果，很大部分出自人们内在需求，包括生理与心理的放松、康复，活动目的是为了健康养生；后者动机是“拉力”作用的结果，是旅游地所具有的新、奇、特、异等方面的吸引动力，活动目的是为了获得知识、增长见识（Pearce，1995）。当然，度假旅游发展也越来越综合，融入观光、专题专项等多种旅游形式，特别是我国度假旅游与传统风景观光旅游、现代生态旅游与产业旅游等多种旅游形式紧密联系在一起。

从摆脱压力维度——紧张疲惫感、焦虑失控感、压抑失望感来看，已有研究明显偏重度假旅游休闲放松的减压动机，而忽略度假旅游独立自由的成长成熟动机，即关注消极适应面而忽视积极调整面。本书所构建的实证模型揭示了生活环境压力、度假休闲调适、整体健康之间的相关关系，特别是因果关系，深度解读度假旅游“推力”动力本质上不仅是度假游客本能被动的“舒缓身心、改善情绪”等休闲放松需要或动机，也包括度假游客内在主动的“社会交往、精神感悟”等独立自由需要或动机。特别是中国人旅游度假深受传统观光旅游影响，使自然生态、大美风景、在地人文、产业旅游体验也成为度假旅游的基本内容，从而反映了度假旅游的综合性功能，有利于人们整体健康增进。

1.4.2　实践意义

（1）对于城市居民特别是中等收入阶层度假游客生活环境压力及其感

知研究，有利于国民特别是城市居民对生活（环境）压力的科学认知与调适应对。在中国文化情境和转型社会背景下，面临来自个体、组织、社会中的种种压力冲突，国民特别是城市居民需要以科学态度和方法检讨自身所面对的压力源、压力认知、压力反应，以及压力调适应对，以缓解、消除内心的紧张、焦虑、压抑，从平衡、平和个人身心做起，促进家庭、组织、社会冲突的消解，实现家庭、组织、社会关系的和谐。

（2）提升国家、组织、个人对于休假、度假作为现代社会一种缓解身心压力、增进整体健康、劳动力再生产、基本人权、基本需求的认识，从而做出科学合理的休假、度假政策安排。例如，依据个体所处压力状态、生理节律、心理节律，以及自然规律节律与社会习俗节律（天、周、月、季、年）来安排周期性的休假休息休闲、度假休息休闲，最终在实现国民整体健康、提升生活质量、提高快乐幸福感的同时，促进组织健康运营、社会和谐发展。

（3）研究度假休闲调适对整体健康的作用，对于度假旅游地、度假旅游企业发展具有重要指导意义，即从度假旅游的休闲放松促进减压需要或动机、独立自由促进成长目的或目标出发，促使度假旅游地政府、度假旅游企业从整体健康体验入手来展开公共运营管理、市场经营管理。一是从生活美学、物感美学出发，重视度假旅游地的“非惯常”乃至“超惯常”环境建设或情境营造，形成整体健康体验的度假旅游环境或情境。二是依据度假旅游资源环境特征和目标客源整体健康需求，重视有利于身体、心智或智能、心情或情绪、心灵或精神、社会行为健康的休闲项目、产品、服务、商品开发，以及基于度假旅居平台的大健康产业融合创新集聚发展。如基于生理调适的体育运动、医疗保健、户外游憩、营养美食、中医调理；基于心智调适的文化体验、知识学习、户外拓展；基于情绪调适的风景观光、生态体验、文化娱乐、机械游乐；基于精神或心灵调适的禅定灵修、在地体验、亲近自然、神灵启悟；基于社会行为调适的人际互动（游客、服务者、居民）等，从而使度假旅游地成为整体健康体验的天堂、乐园。

（4）此外，尽管此研究所使用的休闲调适策略量表以度假旅游情境为基础而开发，生活环境压力量表以转型社会背景为基础、城市居民中产阶层为对象而开发，但具有一定普遍适用性，经过适当调整，前者可以同样适用于其他休闲旅游包括观光旅游、各种专题专项旅游的休闲调适感受测量，后者可以适用于其他各类人群的生活环境压力测试。

1.5　研究方法

从“学问”到“问学”转变，这是应用型学科研究的基本价值取向，即所研究的问题不仅出于兴趣爱好、自由探讨，还应该具有理论、实践价值，有助于理解自我与世界，并对社会文明进步产生影响。这一问题研究是否可靠则取决于方法论选择，需要针对研究问题选择研究方法，确定技术路线。针对度假游客生活环境压力如何经旅游度假休闲调适而达到缓解、减轻甚至消除压力，恢复、维持、增进整体健康的问题研究需要结合质性和量化研究来完成。因此，本书资料与数据获取方法主要是针对目标对象的深度访谈与案例地区的量表问卷；资料与数据的分析方法主要采用比较分析、因子分析、结构方程相关的统计分析（如 SPSS、AMOS 软件）；理论模型建构方法主要是从质性研究的比较归纳到实证研究的演绎推理，以及部分哲学思辨（见图 1－2）。

（1）文献研究法。本书的文献检索主要来自 EBSCO、ScienceDirect、Web of Science、Taylor & Fracis Group、Emerald、ProQuest，以及中国知网等数据库。通过文献检索，获得与研究选题特别是与变量有关的国内外学术研究成果，尤其是论文与专著研究成果来掌握最新的研究动态。文献研究贯穿整个研究过程，其中主要表现在以下几个方面。一是对国内外压力、压力知觉，调适、休闲调适，健康、整体健康，以及旅游度假或度假旅游相关研究文献进行了梳理和评价，了解研究现状及研究不足。二是对本书的理论基础，包括“情境：刺激—机体—反应理论”、心理冲突与失衡理论、心理或休闲压力调适理论、整体健康理论进行了分析，构建出本书的概念模型，并梳理概念及其维度变量间的相关关系，为后续研究提供理论基础。三是对现有文献的研究方法进行整理，为本书提供方法上的借鉴指导。四是在结论与讨论部分，对于研究结果的解释，再一次回到有关文献中展开对话与哲学思辨，突出本书的贡献与创新。

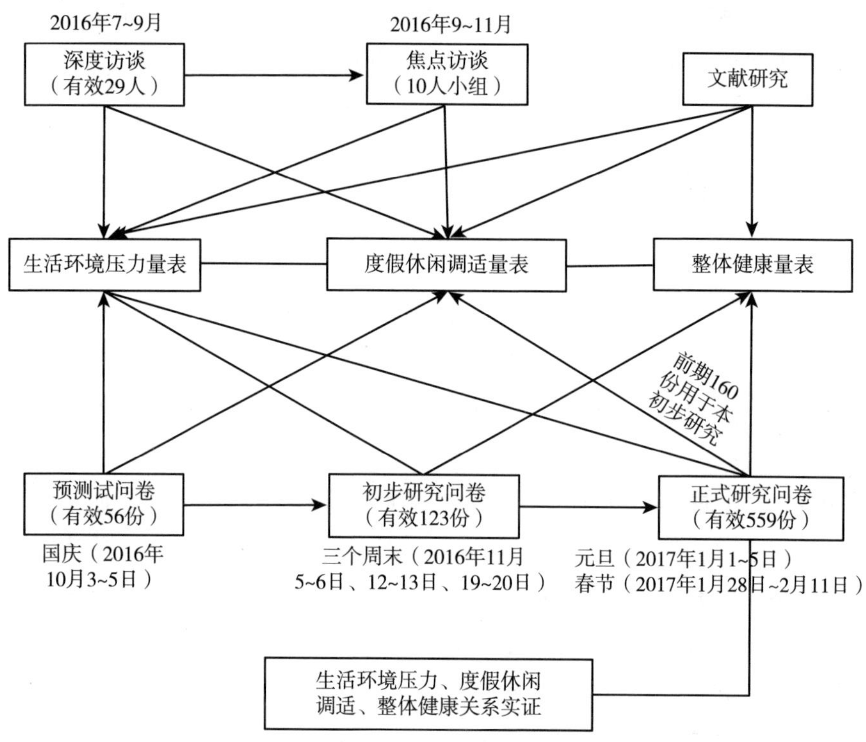

图 1－2　研究问题与研究方法的对应

（2）深度访谈法。深度访谈法主要用于生活环境压力量表和休闲调适策略量表的开发。立足于中国文化情境和转型社会背景，以城市居民中产或中等收入阶层度假旅游爱好者为目标对象，针对生活环境压力知觉及休闲调适策略的内涵、结构维度及测量题项，以确定在文献研究之外，生活环境压力知觉量表是否有单独存在中国文化情境和转型社会背景下的测量项目（即维度与题项），休闲调适策略量表是否有单独存在度假旅游这种非惯常乃至超惯常环境或情境下的测量项目。访谈时间在 2016 年 7 ~ 9 月进行，每个访谈者接受约为 1 个小时的非结构式访谈（见附录 1）。为全面了解度假旅游对生活压力的休闲调适作用，共设计 6 个问题，前 4 个有关生活压力和休闲调适问题是访谈重点。研究者依据访谈提纲对受访者进行提问，包括面对面访谈、通过 QQ 和微信的访谈，必要时可进行追问以获得更为详细的答案，但要保持绝对中立，不能诱导对方获得访问者想要的答案。

（3）焦点访谈法。焦点小组访谈主要用于生活环境压力知觉量表和休闲调适策略量表的开发。在文献分析和深度访谈得到测量项目的基础上，本书分别组织了由数人参加的焦点访谈小组。第一轮是本单位人员（即旅游学院、旅游研究院旅游管理研究生和部分老师），针对预测试问卷设计；第二轮是具有度假旅游经验的旅游者（即2016年10月3～5日于广州从化凯景大酒店与自驾游家庭度假旅游者讨论），针对初步调研问卷设计；第三轮是旅游管理博士老师，针对正式调研问卷设计。焦点小组访谈主要用来评价、确认、优化经过文献分析和深度访谈生成的测量项目，包括调研内容如何简捷有效、题项如何准确通俗表述、问卷如何结构化等，以便更能被游客所理解，更愿意去填写。

（4）问卷调查法。由于本次问卷调查需要在实地度假休闲体验之后展开，难以通过分层抽样获取中等收入群体数据，只有通过在度假地对度假游客进行随机问卷调查的方法获取数据，调研过程总共分三次多个度假旅游地展开（见图1－3）。

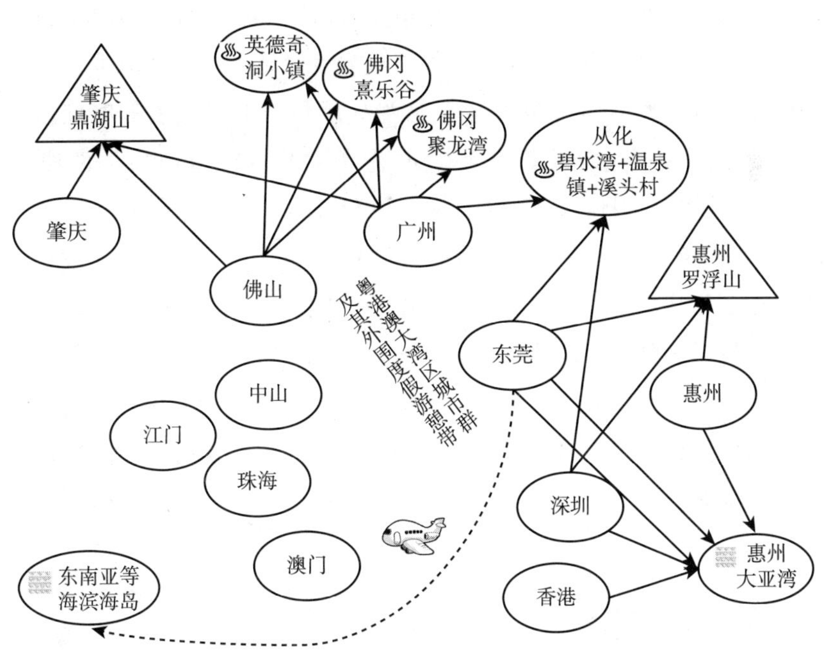

图1－3　调查问卷取样地点示意

第一次为小规模预测试调查，目标是检测量表内容有效性。调研问卷在广州的“休闲后花园”——从化的温泉风景区、碧水湾温泉度假区、溪头生态古村乡村旅游区三地展开，时间为2016年10月3~5日，共发放问卷60份，有效问卷56份，有效率93%。收集数据用于检测生活环境压力感知与度假休闲调适策略量表内容的有效性，并详细了解问卷设计质量问题。第二次为小规模初步研究调查问卷，目标在于检测量表信度，进行探索性因子分析。主要针对深圳、东莞、广州、佛山周末度假游客集中地——惠州罗浮山、肇庆鼎湖山这两个以健康养生旅游著称的旅游度假地展开调研，时间为2016年11月的3个周末（即5~6日，12~13日，19~20日）。共计发放问卷140份，有效问卷123份，有效率88%。收集数据主要用于生活环境压力知觉量表的初步研究（探索性因子分析）、整体健康量表的检验。第三次为大规模正式研究调查问卷，目标在于实证检验概念模型与研究假设。调研目标对象主要瞄准珠三角城市特别是国内快节奏生活的一、二线城市——广州、深圳、东莞的休闲度假游客，调研度假地类型以传统温泉、滨海度假为主，包括环城市度假游憩带的近程度假旅游地（如温泉度假地、滨海度假地）和出国海外远程度假旅游地（如海滨、海岛），调研时间选择一年一度任务完成后最为休闲放松的休假度假时间段——2017年元旦“小黄金周”、春节“黄金周”及元宵节前后的两段时间（2017年1月1~5日，1月28日~2月11日）。本次调研共计发放问卷670份，回收630份，其中有效问卷559份，有效率88.73%。所收集的数据主要用于生活环境压力知觉量表、度假休闲调适策略量表、整体健康量表的验证性因子分析，以及概念模型与研究假设的检验。另外，前期在从化碧水湾温泉旅游度假区、大亚湾艾美度假酒店收集的160份有效数据还用于度假休闲调适量表的探索性因子分析，也可以说是度假休闲调适量表的初步研究调查问卷。

1.6 技术路线

本书的技术路线如图1-4所示。

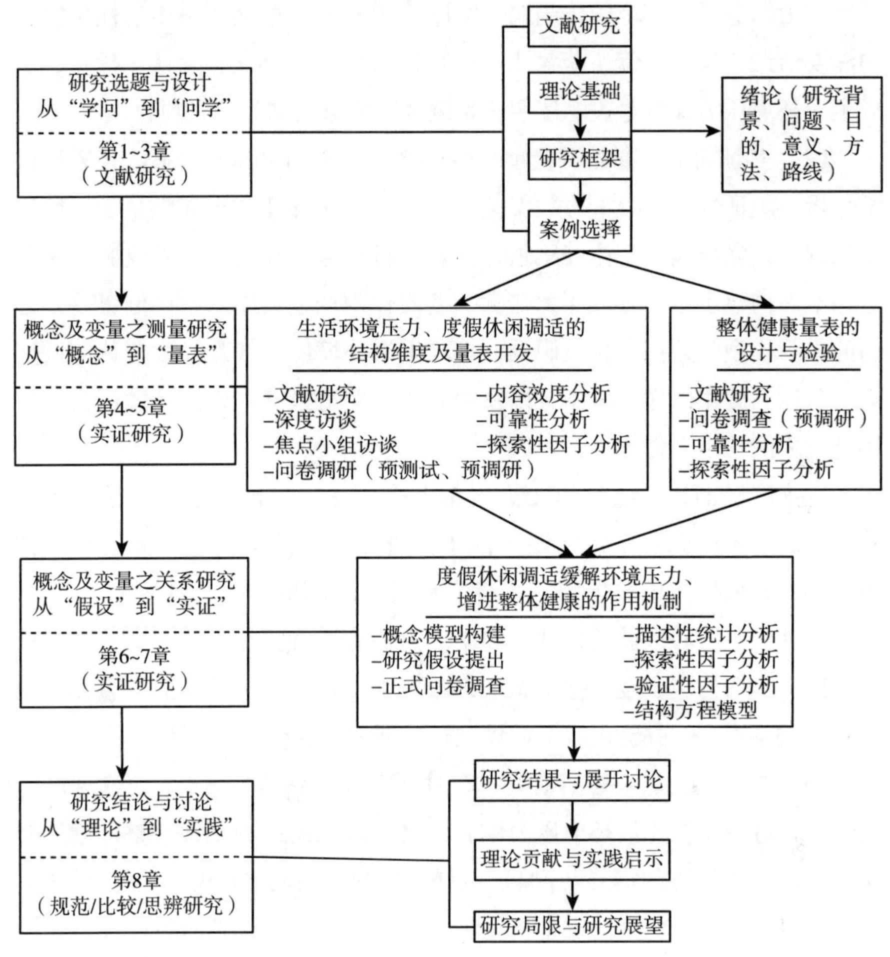

图1-4　技术路线

(1) 定性研究。定性研究主要包括文献研究、理论分析、研究框架（或概念模型）和案例地区研究，以及生活环境压力知觉量表、度假休闲调适策略量表的定性研究。文献研究是国内外对压力知觉、休闲调适、整体健康，以及度假旅游相关研究文献的梳理与评价。理论分析主要是对社会心理学中心理或休闲压力调适理论框架的分析，这为概念模型构建提供了理论基础；在理论分析的基础上，构建本书的概念框架与研究假设。案例地介绍是对正式问卷地的度假旅游资源环境及其目标客源的总结、评价，评判该案例地是否适合本书的研究情境以及是否具有代表性。在生活环境压力知觉量表、度假休闲调适策略量表开发的前期，采用定性研究中的深度访谈、焦点小组访谈对测量项目进行评价、补充、确认、优化，生成生活环境压力知觉量表、度假休闲调适策略量表初始测量项目。

（2）实证研究。初始测量项目生成之后，采用可靠性分析、探索性因子分析、验证性因子分析等数据分析方法对生活环境压力知觉量表、度假休闲调适策略量表、整体健康感知量表进行检验。在量表开发检验的基础上，本书构建了生活环境压力知觉、度假休闲调适策略、整体健康感知之间的关系模型，并提出相关假设，检验生活环境压力知觉经度假休闲调适而缓解达到健康的作用机制，以及度假休闲调适策略在生活环境压力与整体健康之间的中介作用。

在维度层面，生活环境压力包括两个因子：焦虑疲惫感、忧虑失望感；度假休闲调适策略包括四个因子：身心舒缓式休闲、人际互动式休闲、心灵或精神体悟式休闲、情绪改善式休闲；整体健康包括三个因子：一般生理健康、心理健康、社会健康。为了验证度假休闲调适对整体健康的作用，本书构建了度假休闲调适策略各维度与生活环境压力、整体健康之间的关系模型，并提出有关假设进行验证。

（3）规范、比较、思辨研究。在总结实证研究的基础上，再次回顾有关文献，进一步从生活环境压力体验、心理或休闲压力调适、整体健康视角出发就度假旅游的需要与动机、目的与目标，以及本质展开思辨讨论。并基于概念模型与研究假设丰富压力反应理论、休闲调适理论、度假旅游推力理论，提炼理论贡献与创新之处，还进一步在规范研究的基础上，提出产业实践启示，以及研究局限与未来展望。

文献综述

2.1 度假旅游或旅游度假

2.1.1 度假旅游、观光旅游及旅游环境、旅游情境的概念

“度假旅游”或“旅游度假”作为舶来品，尽管在晚清民国之际就作为西方的休闲生活方式传到了中国，如以北戴河为代表的海滨旅游度假区，以江西庐山、广州从化为代表的山地避暑型和温泉疗养型旅游度假区（村）等。对于中国人而言，无论是远距离度假（如出省出国海滨度假、海岛度假、海洋邮轮度假及山地度假等），还是近距离度假（如环城市游憩带休闲度假），都是在20世纪90年代才开始兴起的旅游方式。

在现代社会，度假与外出旅游密不可分，度假就是度假旅游（或旅游度假）。实质上，这是现代社会工厂雇用制下为了雇员体力、脑力再生产而出现的，尤其是带薪休假（见图2-1）。英语中涉及“度假”的单词主要有三个，分别是“vacation”、“holiday”和“resort”，其中前两个是从需求侧出发的表达，表示度假者或度假行为，后一个是从供给侧出发的表达，一般表示度假行为的发生地及其度假接待设施，可以翻译成“度假胜地、度假区、度假城、度假村、度假中心、度假酒店”等。

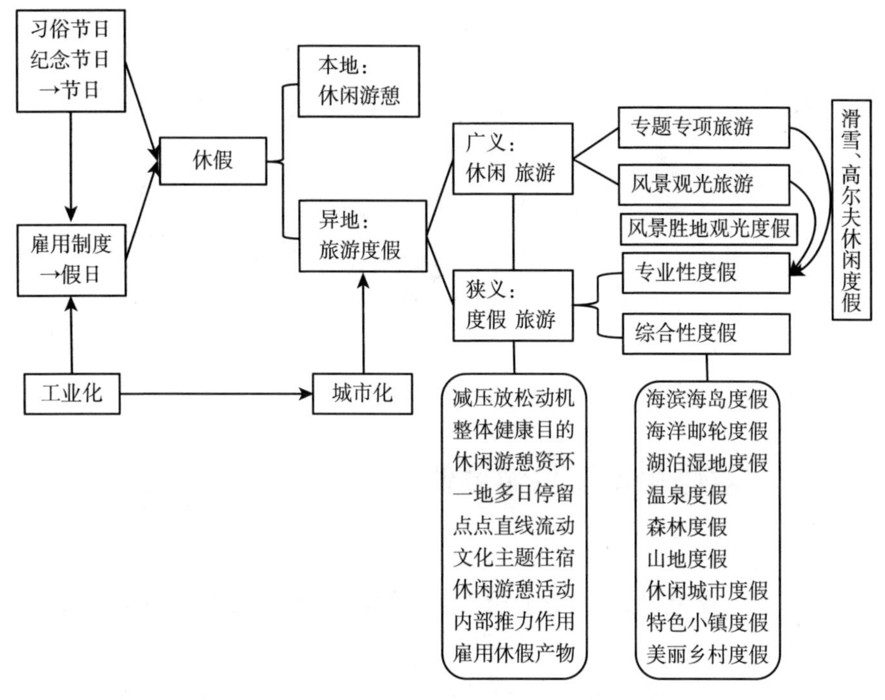

图 2-1　休闲度假—旅游度假的关系

度假旅游与休闲游憩、休闲旅游密不可分。随着近现代工厂雇用制生产方式在西方的确立，休闲游憩被作为劳动者体力、脑力再生产方式而得到普遍认同，从而引发了业界、学界、政界对休闲游憩发展的关注。中国是在 20 世纪 90 年代以后，休闲游憩才开始作为一种社会现象被关注和研究，比旅游观光晚了近 20 年。旅游观光是改革开放以后国民走出家乡、走出国门求知求新、开阔视野的需要；休闲游憩则是 90 年代以后市场化、全球化、工业化、城市化、现代化进程中适应身心休闲放松的需要，并与我国“每周一天半休息制”（1992）、“每周双休制”（1995）、“黄金周制”（1999），特别是“带薪年休假制”（2008）实行，以及 20 世纪 90 年代以来旅游度假区的发展密切相关，而将休闲与旅游结合起来思考，更是 1999 年国家实行五一、国庆“黄金周”长假制度后的事情。尽管我国学术界对“休闲旅游”一词的准确理解仍无一致意见，如将休闲旅游等同于“所有旅游”（侯满平，2007）；将休闲旅游看成以休闲为目的而与传统“观光旅游”有所不同的新型旅游方式（马惠娣，2002）。西方学术界公认休闲旅游是与商务/公务旅游（公务旅游）、探亲访友/宗教朝圣旅游（私务旅游）并列的三大类旅游方式之一，包括了3S（sea、sand、sun）度假旅游、观光旅游，以及远足徒步等专题专项旅游（佩吉和康奈尔，2004）。国际旅游组织的统计分类也按此原则进行，国际学术界研究旅游者行为时，也以休闲旅游者为对象。尽管改革开放以来我国传统的观光旅游由于过分重视景区点游览而被走马观花式、赶集赶场式、工业流水线式“多点短时逗留”安排，几乎丧失了闲暇时间的随性休闲，但这并不排除观光旅游因风景审美、求知求新所带来的精神愉悦，其实只是“身累心不累”而已。鉴于80年代传统观光旅游工业流水线式的发展，于是倡导以身心休闲放松为目的的“一地多日停留”度假旅游被提上日程，进而引发了学界关于观光旅游与度假旅游差异的辨析讨论，并促进了业界各级各类旅游度假胜地、度假区、度假城、度假村、度假酒店的开发建设、规范管理。

其实，作为西方传统主流旅游方式的度假旅游（Swarbrooke，2004）主要是工业化、城市化的产物，是出于近现代工厂雇用制下劳动者体力、脑力特别是中产阶级脑力再生产而进行的休闲调适的需要，目的在于恢复、维持、促进身心健康，提升劳动生产率。以身心休闲放松为目的，依托休闲游憩资源环境及其度假接待设施而开展休闲游憩活动的度假旅游乃是基于“度假旅居平台”的一种综合性或专业性的旅游休闲方式，其中不仅包含有休闲体验旅游，也包含有观光旅游、专题专项旅游等形式，如综合性的海滨/海岛/海洋邮轮度假、湖泊度假、湿地度假、温泉度假、森林度假、山地度假、休闲城市度假、特色小镇度假、美丽乡村度假等，以及专业性的观光度假（风景胜地）、滑雪度假、高尔夫度假等，从而构成“休闲—休闲旅游—休闲度假旅游”概念的种属体系（见图2-2）。

由于度假旅游主要是近现代工业化、城市化的产物，中国人传统习惯的旅游方式，是到著名的风景胜地、古迹胜地进行游览观光，这与西方人在休假期选择一个气候条件、生态环境俱佳的地方，享受一段美好的时光，体验不一样的生活，让身心得到放松，活力得到再现的“度假旅游”不一样，从而引发了20世纪90年代以来的学界对度假旅游与观光旅游差异的辨析。肖潜辉（1991）对我国周游式观光旅游产品与国际

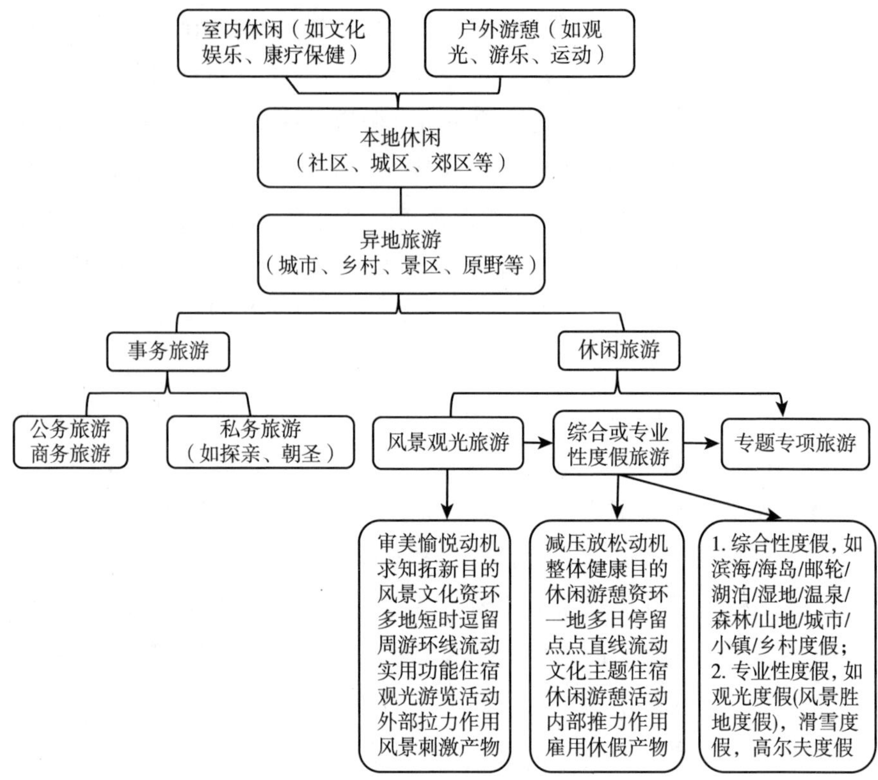

图 2－2　休闲—休闲旅游—休闲度假旅游的关系

上非观光的度假旅游产品进行了差异比较，尽管其中因为实践要求（如旅游者对单一观光旅游产品不满、官方强调旅游产品从观光向度假转型升级）使中国学者对二者差异的关注度较高，却只从外部特征进行了思辨比较，而西方学者则通过实证研究深入旅游者内心需要、动机层面进行了比较研究（见表 2－1）。

表 2－1　　国内外对度假旅游与观光旅游差异的比较研究

学者	差异点	联系点	方法
邓恩、罗斯和艾泽欧－阿荷拉（Dunn Ross and E. Iso-Ahola，1991）；皮尔斯（Pearce，1995）	二者动机不同。度假动机是推力作用的结果，多出自人的内在需求，包括生理与心理的放松、康复，活动目的是为了康体休闲；观光动机是拉力作用的结果，受旅游地新、奇、独、特、异吸引力拉动形成，活动目的是为了获得知识、增长见识		实证

续表

学者	差异点	联系点	方法
斯图尔特（Stewart，1993）	将英国出国度假者分为四个层面：第一层面，纯观光型旅游者，主要是富裕程度较低和缺少旅游经验的人，主要动机是好奇；第二层面，追求理想经历的旅游者，更为富裕与自信，倾向于地域文化差异更明显的度假地；第三层面，开阔眼界的旅游者，更富有旅游经验，倾向于自我为导向的、范围更广的旅游者；第四层面，完全沉浸的旅游者，几乎超越旅游的层次，完全融入目的地的语言、文化、传统和生活方式中	低层次的广义旅游度假（即休闲旅游）为纯观光旅游	实证
斯沃布鲁克（Swarbrooke，2004）	观光旅游是人们欣赏自然风景的旅游方式，自古就有，在19世纪达到高峰，那时的英美国家的湖泊、山地、海滨是主要旅游吸引地		思辨比较
肖潜辉（1991，1992，1993）	我国以周游式观光旅游产品为主，国际上以非观光度假旅游产品为主。度假以休息为主要目的，观光主要为了欣赏和体验异域风物；度假停留地点少、时间长，观光停留地点多、单点停留时间短	度假旅游包含观光游览内容	思辨比较
吕宛青（1998）	与传统观光旅游相比，度假旅游更强调安全宁静的优美环境，丰富多彩的生活，能增进身心健康的休息和高质量的服务，以达到消闲健身目的，使身心得到愉快享受		思辨比较
刘家明（1999）	活动方式不同（观光以看景为主，度假以住宿和康体休闲活动为主），出行线路不同（度假短线多，观光长线多），活动规律不同（度假直达目的地并一地停留，观光多点停留），需求资源不同（度假要求气候好、环境优美，观光对此无高要求），依托市场不同（度假多家庭，观光多个人及旅游团）		思辨比较
吴必虎（2001）	观光旅游是一种最为常见的旅游产品，是人类为满足好奇心而产生的初级旅游产品；度假旅游是利用假期在一地相对较少流动性地进行休养娱乐的旅游方式		思辨比较
王菘和韩振华（2004）	观光型旅游追求的是不同于日常生活的刺激，度假型旅游注重的是有别于日常生活的放松；前者需要体验，后者需要健康		思辨比较

续表

学者	差异点	联系点	方法
王莹（2006）	休闲度假旅游有别于传统的观光旅游，它们之间的差异不仅体现在消费目的、消费行为、消费档次、消费形式上，进而也反映在对旅游地产品、服务体系与服务质量需求的区别上		思辨比较
刘少和等（2009）	二者存在旅游市场、旅游动机、旅游目的、旅游资源、旅游环境、旅游接待设施、休闲活动内容、出行时间、出行距离、活动规律、服务特征、核心企业、文化传统等方面的差异	基本旅游产品形式；离不开“食/住/行”基本旅游服务；“旅行/旅游/休闲”并行不悖	思辨比较
谢春山等（2015）	“审美求知”与“消遣康乐”的目标追求差异；“仅此一次”与“故地重游”的重游次数差异；“走马观花”与“驻足品味”的时间停留差异；“高峰集聚”与“均衡分布”的客流分布差异；“委托代理”与“自主选择”的购买方式差异	外在形式有差异，内在本质无差别；彼此相互融合，但不能相互替代；各自独立发展，长期和谐共存	思辨比较

资料来源：作者据相关文献资料整理。

尽管度假旅游活动中可以有观光游览活动，甚至专业性的观光度假，而且观光旅游也可以安排得比较休闲，但二者还是存在着本质差异，并突出表现在内在动机和目的，以及外在旅游吸引物方面（见表2－2）。可见，与主要作为近现代工业化、城市化，特别是工厂雇用制产物的度假旅游不同，观光旅游则主要为人类早期在迁徙、旅行过程中对沿途自然风景、地方文化的审美求知意识的觉醒，以及后来拓新扩权意识（如古代中国“天下意识”、近代西方“殖民意识”下的领土扩张与话语扩展）萌发的产物，是基于审美愉悦动机、求知拓新目的，主要以自然风景、地方文化（如历史古迹、民俗风情、现代风貌）为欣赏对象的旅游休闲形式。

表2－2　度假旅游与观光旅游差异的比较

序号	比较项目	度假旅游	观光旅游
1	需要、动机	减压放松	审美愉悦
2	目的、目标	身心灵全人健康、整体健康	求知拓新
3	吸引物	休闲游憩资源，避暑、避寒气候条件，自然生态环境	风景名胜、地方文化
4	时间特征	一地多日停留	多地短时停留

续表

序号	比较项目	度假旅游	观光旅游
5	空间特征	点一点直线式	周游环线式
6	配套设施	文化主题式住宿设施 + 食、行、游、购、娱、教、养	实用功能式住宿设施 + 食、行、游、购、娱、教
7	活动项目	相对丰富，包括室内休闲、户外游憩，但专业性度假除外，如观光度假、滑雪度假、高尔夫度假等	相对单一，主要是游览观光
8	服务特征	个性化、一站式	标准化、多点式
9	发生背景	西方工业化、城市化的产物	古人审美求知觉醒的产物
10	动力机制	主要是内部推力作用	主要是外部拉力作用

资料来源：刘少和、吴建华和桂拉旦（2009），有修改。

无论是观光旅游还是度假旅游，游客旅游休闲活动都离不开旅游环境、旅游情境的影响。尽管国内有学者针对本地休闲活动与异地旅游活动环境差异展开了初步研究，提出了“惯常环境”“非惯常环境”概念（张凌云，2009），以及“旅游情境（如旅游氛围情境、旅游行为情境）”“旅游场”概念（谢彦君，2005），国外也有学者提出与“旅游情境”相似的“旅游想象”（Chronis，2012）和“旅游地方”（Urry，1995）等概念，但对旅游行为选择、旅游体验质量产生深刻影响的旅游环境、旅游情境概念理解还有待进一步加深。

由于环境总是相对于某个主体而言，主体不同，环境的大小、内容等也就不同，故旅游环境的定义也因中心事物的不同而不同。以旅游者为中心的角度，旅游环境是以旅游者为中心，使旅游活动得以存在、进行和发展的各种旅游地的自然、社会、人文等外部条件的总和；以旅游资源为中心的角度，旅游环境是指以旅游资源为中心，围绕在旅游资源周围的其他自然生态、社会人文各种因素的总和。而情境则是主体对其环境的感知，即知觉环境，旅游情境亦然。

其实，“情境”一词最早出现在我国的美学与西方的社会学中，尽管不同学科对其有着不同的理解，但总体而言都强调人与环境的互动感知，即知觉情境，只不过侧重点不同而已。美学“情境”与“情景”相通，是情景互动的产物，强调人们喜乐哀愁的情绪情感等心境。心理学“情境”

是人与环境互动的产物，强调进入个体意识范围内的环境；社会学“情境”是人与社会环境互动的产物，强调情境的社会性，主要涉及真实的社会环境、想象的意境、暗含的符号语境三类；人类学“情境”是人与文化环境互动的产物，强调情境的文化性。可见，旅游情境也是旅游者与旅游环境（即自然环境、社会环境、文化环境）互动的产物，是旅游者在与客源地“惯常环境”比较的基础上，与旅游地“非惯常环境”互动感知而形成的经验世界，即“知觉情境”，构成旅游体验质量的基础（见图 2－3）。

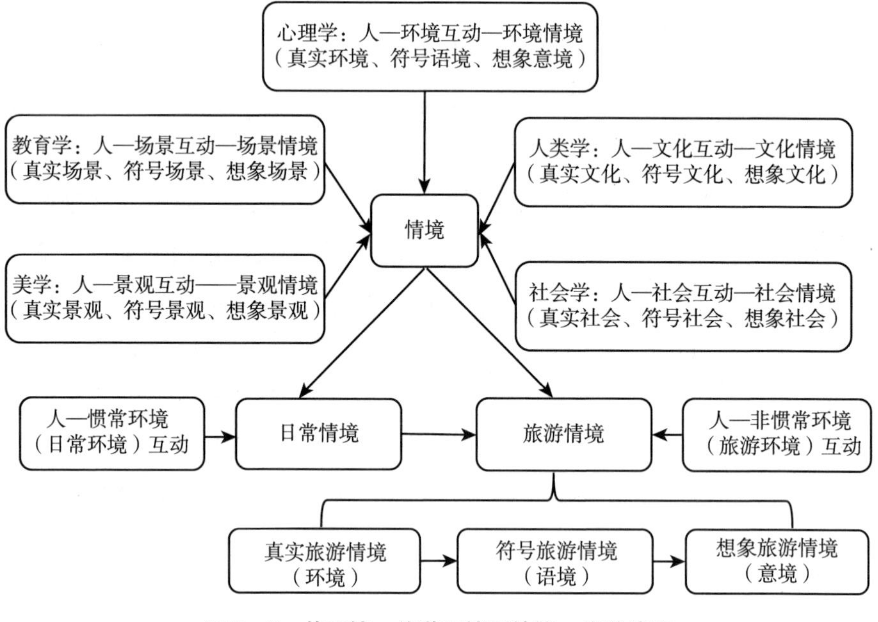

图 2－3　从环境—旅游环境到情境—旅游情境

其实，“情境”之于“环境”，正如“地方或场所”之于“空间”、“节日与假日”之于“时间”、“族群或社团”之于“人际”、“物品”之于“物质”、“活动”之于“项目”一样，前者是人们经过感知评价后，赋予了实用价值——满足人的生理、心智、社会需要的实用功能（实际使用价值），象征意义——满足人之心灵或精神需要的意义功能（身份象征价值），并在此基础上产生了满足人之情感需要的情感偏好，特别是情感依恋；而后者却没有，“度假情境”之于“度假环境”也是这样（见图 2－4）。正如人文地理学家周尚意（2011）所言，一个以欧几里得距离度量出来的“空间”，被人们赋予功能、意义、情感之后，就成为“地方”。

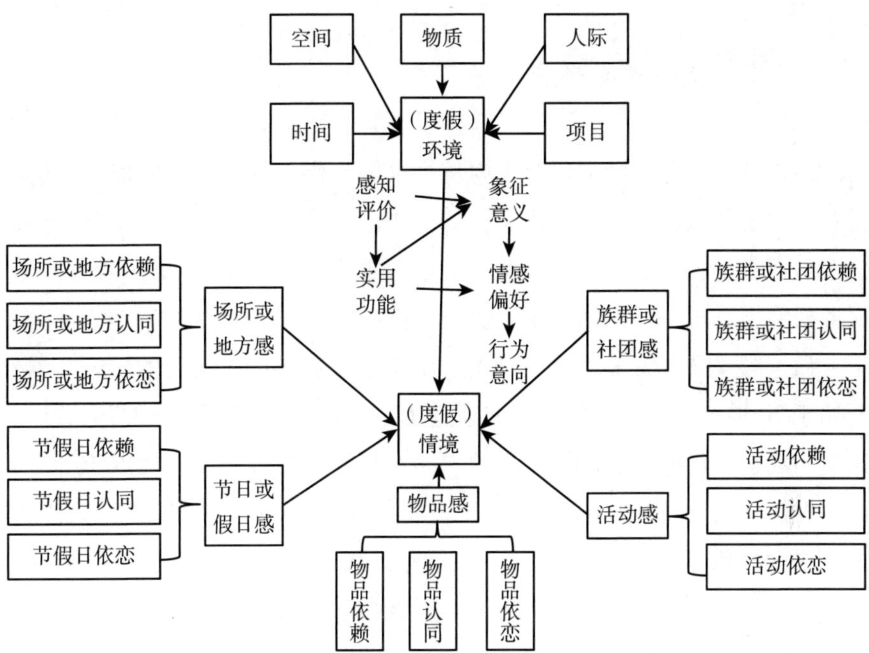

图2－4　从旅游环境到旅游情境的过程及构成

可见，度假休闲调适对整体健康的作用离不开对构成度假旅游各个方面的感知评价、功能依赖（即满足人之生理、心智、社会需要）、身份认同（即满足人之心灵或精神需要），以及情感依恋（即满足人之情绪情感需要），如图2－5所示。

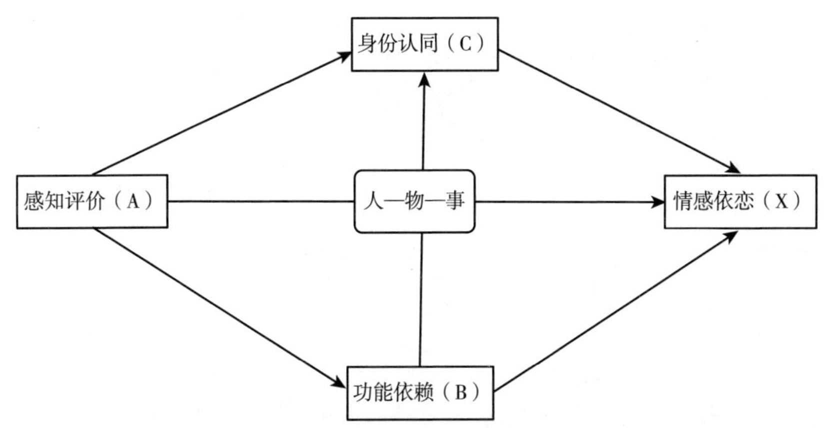

图2－5　度假地人—物—事的感知评价、功能依赖、身份认同、情感依恋之间的关系

2.1.2 度假旅游研究进展

国内外对度假旅游的研究主要从需求侧与供给侧两个方向展开，前者旨在探讨度假旅游需要、动机、目的，并进一步归纳度假旅游（行为）概念；后者集中在旅游度假区特别是海滨海岛旅游度假区及度假酒店产品、服务研究上，进一步归纳旅游度假产品特征。

（1）度假旅游动机与目的研究：关于度假旅游动机与目的研究，国外开始于20世纪七八十年代，主要通过实证研究来探讨度假旅游行为背后的需要和动机，进而提炼度假旅游的内涵及特征，相对偏重度假旅游行为的内生性、本质性特征；国内开始于20世纪90年代，主要通过思辨、比较来探讨度假旅游行为背后的目的、目标，从而得出度假旅游的内涵及特征，比较偏重度假旅游行为的外部性、经济性特征（见表2－3）。度假旅游作为行为结果，既有需要因素，也有目的因素，但国内外在度假旅游行为研究及其内涵、特征提炼中缺乏对需要与目的有效整合。

表2－3　国内外有关度假旅游动机与目的的观点

文献	度假旅游需要与目的表述	侧重点	方法
埃索－阿荷拉（Iso-Ahola，1982）	出自逃离个人环境与人际关系问题的愿望，另外源自得到一定心理或内在的回报，包括个人的与人际交往的回报	逃离、补偿动机	实证
利珀（Leiper，1985）	主观上希望得到三方面的满足：休息（从身心疲劳中恢复过来）、放松（减轻紧张感）、娱乐（摆脱单调沉闷的日常生活方式）	休息、放松、娱乐动机	实证
斯传普（Strapp，1988）	利用假日外出进行令精神和身体放松的康体休闲方式	减压放松动机	实证
皮尔斯（Pearce，1995）	度假旅游动机多出自人的内在需求，包括生理与心理的放松、康复，活动目的是为了康体休闲	放松动机，康体目的	实证
霍洛韦（Holloway，1997）	度假旅游的一般动机是健康与减轻压力，其他动机属于特殊动机	一般动机（减压、健康）与特殊动机	实证
斯沃布鲁克（Swarbrooke，1999）	度假旅游是一种享乐旅游，想获得身心的愉悦与社会交往的旅游方式。它是现代人的发明，也来源于古代罗马。经典代表是“3S”旅游	愉悦、交往动机	实证

续表

文献	度假旅游需要与目的表述	侧重点	方法
肖潜辉（1993）	利用假期旨在消遣和疗养的旅游方式	消遣和疗养目的	思辨
吕宛青（1998）	以消遣、健身、疗养及短期居住度假为目的的旅游，是随着带薪假期的增多而出现的	消遣、健身、疗养及短期居住度假目的	思辨
刘家明（1999）	逗留时间较长，回头率高，对环境、娱乐活动、康体设施及服务要求高，日程安排较为宽松，选择自由度大。早期有保健治疗目的，后来兼有社交目的	保健、社交目的	思辨
吴必虎（2001）	利用假期在一地相对较少流动性的进行休养和娱乐的旅游方式	休养和娱乐目的	思辨
周建明（2003）	以度假（消磨闲暇、健身康体）为主要目的，具有明确目的地（良好的度假环境）的旅游活动	消磨闲暇、健身康体目的	思辨
王莼、韩振华（2004）	观光旅游是一种离开居住地，追求生活体验的休闲活动，而度假旅游是一种在常住地以外追求健康的休闲活动	健康休闲目的	思辨
王莹（2006）	休闲度假旅游是消费者支配自己的“闲暇”时间用于度假旅游活动，以达到放松、体验、娱乐、健康和自我完善目的的行为和过程	放松、体验、娱乐、健康和自我完善目的	思辨
王大悟（2006）	度假旅游就是一种假期进行的旅游活动	度过假期目的	思辨
徐菊凤（2008）	休闲度假旅游是人们利用假日在常住地以外的地方进行较少流动性、达到精神和身体放松目的的休闲旅游方式	精神和身体放松目的	实证
刘少和等（2009）	指利用假日外出，以身心健康体验为根本目的，休息休闲为基本内容，在一地停留时间较长的一种娱憩性休闲旅游活动，故常称作“休闲度假旅游”	健康体验目的	思辨
杨振之（2010）	人们在闲暇之余，较长时间停留在度假目的地，以家庭为主要组织方式的、以中高端消费为消费特征的、以多样化的深度体验，以及健康、养生为目的的生活方式	深度体验和健康养生目的	思辨
李玮娜（2013）	品牌关系是影响度假旅游者目的地选择行为的一个重要心理变量	品牌吸引力	实证

资料来源：作者据相关文献整理。

（2）旅游度假产品——旅游度假胜地（区）、度假酒店（村）研究。在关注度假旅游需求侧即度假旅游需要、动机，以及目的、目标研究的同时，旅游度假产品，即“度假胜地、度假城、度假区、度假村、度假中心、度假酒店”，特别是3S海滨旅游度假区因为发展成熟而成为中外学者所关注的焦点。西方学者特别在旅游度假区的内涵特征、生命周期、市场特征、经营管理，以及环境、社会、文化、土地、劳动力问题等方面的研究，主要采用实证方法，从市场特征、发展模式、经营管理，以及区域影响等角度切入。国内有关旅游度假区的研究始于1992年国家旅游局批复建设12个国家级旅游度假区，开始大多介绍国外成熟旅游度假区的发展经验（如美国的夏威夷、墨西哥的坎昆、印尼的巴厘岛），继而关注旅游度假区的发展动力、发展规划、发展模式、发展战略等问题，然后才逐步深入旅游度假区的治理结构、环境责任、用地保障、居民生计等深层次问题（见表2－4）。

表2－4　国内外有关旅游度假胜地研究的关注点

文献	旅游度假胜地或区研究表述	关注点	方法
英斯基普（Inskeep，1991）	旅游度假区是一个相对自给自足的目的地，为满足游客娱乐、放松需求而提供的可以广泛选择的旅游设施与服务	定义	思辨
吉（Gee，2007）	旅游度假区的中心原则就是创造一种能够促进并提高愉快欢乐感的环境	定义	实证
巴特勒（Butler，1980）	度假旅游地生命周期理论	发展模式	实证
普里多（Prideaux，2000）	旅游度假区发展谱，将度假区的发展分为当地旅游、区域旅游、国内旅游、国际旅游，以及衰落—停滞—复兴五个阶段	发展模式	实证
潘（Poon，1994）	度假旅游地转型理论	发展模式	实证
凯尔（Carr，1999）	据英国西南部以海滩为导向的度假区年轻游客假日休闲行为资料，发现青年旅游者的休闲活动很少有性别差异	市场特征	实证
安玛丽·涛特塞尔（Anne-Marie d’Hauteserre，2000）	赌场度假区经营的成功和增长的关键是具有远见卓识的经营管理者并有效实施战略管理	经营管理	实证

续表

文献	旅游度假胜地或区研究表述	关注点	方法
赛德马克和米哈里克（Sedmak and Mihalic，2008）	真实性已成为游客选择海滨度假地最重要的一个因素，影响真实性的因素主要是土生土长的自然环境，其次是特色菜肴和饮料	经营管理	实证
杰弗里（Geoffrey，1996）	印尼巴厘岛居民大部分对旅游业还是肯定的，对游客也是欢迎的，但在最接近度假区和对旅游业最熟悉的居民其态度却是大为不同，他们忍受了太多由于旅游的发展给他们带的不良影响	社会影响	实证
勒娜特和福克纳（Renata and Faulkner，2000）	黄金海岸的老年居民能更宽容地对待旅游业的影响，而其他人群对旅游业持不满态度，主要在于现有不合理的利益分配机制	社会影响	实证
菲利斯（Phyllis，1983）	墨西哥中产阶级在度假区内行为和正常行为不一致，这主要是因为受到西班牙文化的影响；而美国海滨度假区游客行为更为休闲，也是这个国家文化对此的影响	文化影响	实证
罗德里戈（Rodrigo，2002）	从旅游人类学角度，指出文化的变化一直被人们所关注，由于旅游的发展，东道主社会不断改变着自己的文化	文化影响	实证
哈姆斯（Hammes，1994）	调查了薪水和土地价格上涨对夏威夷的大规模度假区发展的影响	土地和劳动力价格	实证
丰（Font，2002）	以生态学的标准，研究度假区的环境影响，阐述它进步的方面，探讨了其未来的发展对环境可能的影响	环境问题	规范
刘家明（2000）	旅游度假区土地利用规划	发展规划	案例
刘家明和季任钧（2001）	旅游度假区的选址要从资源条件和区位条件两个方面入手，指出旅游度假区的选址具有三种类型：资源型、客源型和资源—客源型	发展规划	比较
刘家明（2003）	旅游度假区是由单一疗养功能逐渐转变成集康体、休闲、娱乐、健身、观光多功能于一体的旅游目的地	演化规律	比较
周建明（2003）	结合中国12个国家级旅游度假区的经验教训，以及国外一些旅游度假区的成功案例，总结出度假区发展的三个基础条件（即舒适性、康益性、安全性），五项趋势特征（即主题性、文化性、生态性、园林景观性、休闲性）	趋势特征	比较

续表

文献	旅游度假胜地或区研究表述	关注点	方法
刘家明（2004）	探讨了旅游度假区景观构成中的人工斑块、自然斑块和廊道的景观生态设计思路	景观设计	演绎 思辨
卞显红（2005）	居民对旅游发展的态度与其对社区问题的重要性感知之间的相关关系	居民态度 社区问题	案例实证
陈南江（2005）	在借鉴前人研究成果的基础上，分析了滨水旅游度假区的类型、地理环境的影响，提出了滨水旅游度假区创新发展的新规划理念、新技术路线、新管理政策	规划创新	案例实证
刘俊（2007）	系统分析中国度假区治理结构及其类型，并从制度变迁的角度揭示度假区治理结构的适应性调整过程	治理结构	比较
刘俊（2010）	从度假区地方政府介入程度及方式、土地管理、招商引资、开发水平和绩效等方面进行了比较	发展模式	案例比较
李雪峰（2010）	全面回顾了中国国家旅游度假区的设立背景、发展历程和发展现状，参考了墨西哥旅游度假区开发和美国国家公园体系建设的成功经验，继而提出了中国国家旅游度假区从概念、定位到愿景，从战略、策略到保障的发展战略构想，并以上海佘山国家旅游度假区为例，进行了实证研究	发展战略	案例实证
陈钢华和 保继刚 （2013）	亚龙湾旅游度假区开发模式经历了由“政府主导”模式到“企业主导”模式再到“政府主导、企业配合”模式的转变，并明确指出开发模式的变迁存在路径依赖	开发模式	案例 实证
邵际树（2013）	以武当山太极湖旅游度假区为例构建基于游客需求的旅游度假区养生旅游可持续发展理论模型，提出旅游度假区养生旅游服务体系框架，即养生自然生态要素、养生生活服务要素、养心益智文化要素和养生综合管理要素，形成旅游度假区养生旅游服务指标体系和调适效果测量指标体系	度假调适	案例实证
范钧（2014）	综合旅游地意象、地方依恋及环境责任行为理论，将旅游地意象分为五个要素（即景观意象、设施意象、服务意象、安全意象、情感意象），将地方依恋分为两个要素（即地方依赖、地方认同），并构建了旅游地意象、地方依恋与旅游者环境责任行为之间的关系模型	环境责任 行为	案例实证

续表

文献	旅游度假胜地或区研究表述	关注点	方法
蒋伟（2014）	对生态人文理念下的湖泊型旅游度假区规划的有关内容进行了研究和探讨，包括规划模式、方法体系，以及资源评价指标、评价模型等	规划发展	案例实证
左冰和陈威博（2016）	以珠海横琴富祥湾新、旧村因长隆国际海洋度假区开发搬迁村户为调查对象，采用访谈法与问卷调查法，对比分析了村民搬迁前后的生计资本、生计策略、生计结果变化情况，并研究了生计资产→生计策略→生计后果三者相互作用关系	生计状况	案例实证

资料来源：作者据相关文献整理。

在度假酒店（村）研究方面，重点集中在概念特征（Watkins，1998；刘伟、田玉堂和冯景林，2000）、规划设计（Lawson，2003；McHarg，1969；刘晓平和孙姗姗，2013）、开发管理（Gee，2003；Mill，2002；田玉堂，2003；俞海滨，2008）、体验服务（Britton，2003；俞海滨，2007；刘少和和李秀斌，2009）、分时度假（王婉飞，2005），以及产权酒店（Gentry et al.，2002）等方面，国外在体验经济（B. J. Pine Ⅱ and J. H. Gilmore，1998）指导下早已深入如何提供“一站式”完美体验（Pullman and Gross，2002）层面，我国这方面研究起步较晚，并局限于概念特征比较、案例分析论证等方面。

2.1.3　度假旅游对游客压力的休闲调适作用研究进展

作为一种异地旅游休闲调适策略或方式，度假旅游对游客压力、健康的调适主要体现在从日常定居的惯常环境到非日常旅居的非惯常乃至超惯常环境下睡眠质量、营养饮食，以及丰富多彩的休闲娱憩活动（如休闲运动、康疗保健、文化娱乐、机械游乐、户外游憩、风景观光、生态体验、文化旅游）等方面对于游客身体、心智或智能、心情或情绪、心灵或精神，以及社会行为适应的作用（见图 2 –6）。

国外有关心理压力及其调适机理、策略、技术的研究始于 19 世纪初坎农（Cannon，1914）的“或战或逃”压力反应理论，盛于二战后，如生活

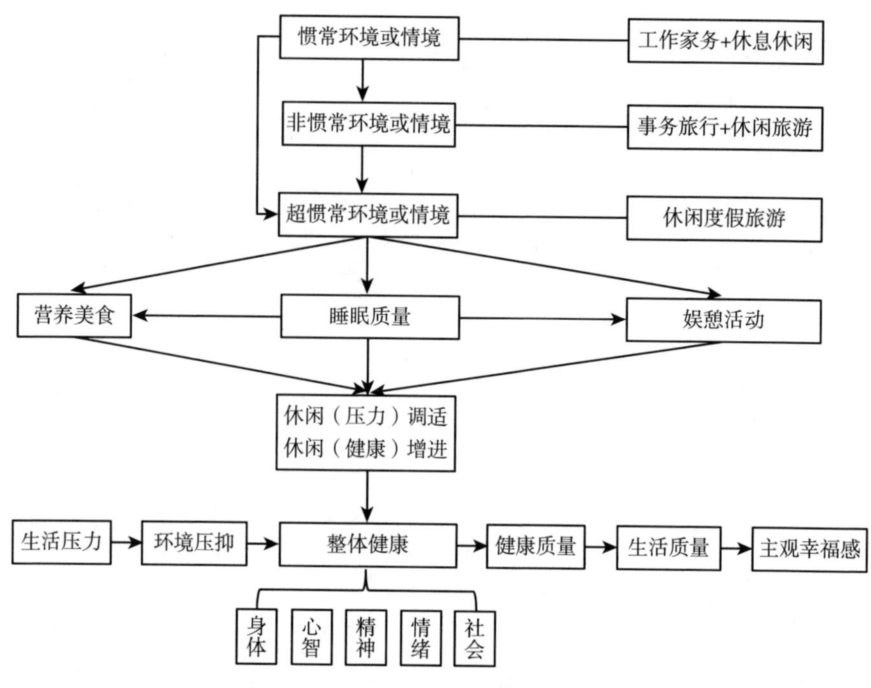

图 2－6　旅游度假休闲调适内容

压力（Selye，1956）、压力管理（Seaward，1994）等方面的研究已经比较成熟，国内有关研究则始于 20 世纪 90 年代工业化、城市化的加速，如工作压力与工作倦怠的关系（白玉苓，2011），精神压力、应对与健康的关系（梁宝勇，2006）等方面研究，并涉及不同职业人群的压力程度及其调适问题研究，如管理人员工作压力与工作效率关系（舒晓兵，2007），以及工作压力、工作动机对研究人员创造力影响（李光丽，2011）等群体压力研究。但就休闲与旅游活动对休闲者、旅游者压力调适的研究明显不足，国外多从休闲治疗角度（O'Morrow，1976；Kraus and Shank，1992；Malkin and Howe，1993；Carter and Van Andel，2011）探讨不同休闲项目对心理或精神性疾病的治疗，主要治已病患者，而对于治未病的休闲调适或应对明显不足；国内也开始关注休闲娱乐治疗研究（王凯等，2004；赵宁宁等，2013；李卫飞，2016），以及旅游休闲的调适作用研究（谭家伦等，2010；赵宏杰和吴必虎，2013），但还主要局限于企业员工、乡村游客群体，度假游客压力调适研究仅局限于养生旅游度假区的调适性因子研究（邵际树，2013），更不用说度假旅游环境以及在此环境下的营养美食、睡眠质量、各种休闲娱憩活动等方面对游客压力调适的研究了。

2.1.4 研究评价

社会、文化、经济、地理、心理、科技等综合因素，深刻影响着某一社会主流旅游方式的形成与传承（徐菊凤，2008），从而也影响一个国家或地区的旅游产品结构。由于中西方社会传统以及现代化转型时序不一，造成我国改革开放一段时间以来，中西方主体旅游方式和旅游产品上存在观光旅游和度假旅游的差异，但随着我国工业化、城市化发展，从传统农业社会进入现代工商社会，度假旅游将与西方国家一样作为一种人们康复、维持、促进整体健康的综合性旅游休闲调适方式，成为中国的主体旅游方式与旅游产品结构，并将观光旅游、专题专项旅游纳入度假旅游范围，发展为综合性的休闲度假旅游，并形成民族和地方特色，向个性化、主题化、品质化转型升级、提质增效。

因此，在度假旅游研究方面，中西方也不可避免地存在一些差异，其中主要表现在两个方面。（1）在需求侧，西方重视度假旅游动机、目的实证研究，并通过与观光旅游动机、目的比较，归纳出度假旅游的概念特征；而我国重视度假旅游消费、市场的观察、统计研究，并通过与观光旅游消费、市场比较，提炼出度假旅游的概念特征。（2）在供给侧，西方重视度假旅游产品的环境、经济、社会、文化等方面影响的实证研究，并由此深刻理解度假旅游产品的价值意义；而我国重视度假旅游产品的规划、开发、管理、营销等经营方面的案例研究，由此提炼（包括度假胜地、度假区、度假城、度假村、度假中心、度假酒店等）度假旅游产品的特征。可见，由于度假旅游在中西方发展程度不一，研究价值取向、研究问题、研究方法、研究深度也存在明显差异。

尽管西方重视度假旅游动机、目的等方面的研究，强调度假旅游的休闲放松动机，但为什么只是在现代社会而不是传统社会，度假旅游才成为人们一种必不可少的生活方式？度假旅游仅仅出于休闲放松动机吗？度假旅游与现代城市社会人们所处的环境、面临的压力、人生的追求、心中的理想，以及人们的整体健康、生活质量、主观幸福感究竟是什么关系？依然有待进一步深入研究。

2.2 生活环境压力

2.2.1 压力、知觉压力或压力知觉、生活环境压力知觉的概念

“压力”在生理学上又称“应激”“紧张”，产生于个体身心在感受到外在威胁时的一种紧张疲惫、焦虑失控、压抑失望状态，主要包括三个方面内容：一是突发刺激性事件或持续刺激性事件（环境）即应激源或压力源促成个体压力感觉产生；二是个体对刺激性事件或环境的威胁、挑战与应对的认知评价，即知觉压力或压力知觉——当刺激不在自己可以控制的范围内时就会产生压力感受；三是个体通过内在体验所带来的生理、心智、情绪、精神、行为上的反应，即压力反应。另外，也可以用压力一词的英文 stress 简单地表示压力的构成，即 S——stressor：刺激性事件或环境即应激源或压力源；T——transaction：个体与应激源之间的相互影响过程；R——resistance：个体在抵御应激源时所做的努力；E——energy spent：个体在应对时的生理心理能量消耗；S——strain：个体在应对时所发生的身心损耗；S——solution or slide：应对的结果是摆脱困境，或长期、持续的应激导致能量、能力水平降低。

“压力”一词最先来源于物理学、工程学上发生在两个物体接触表面的作用力，即压力 = 压强 × 受力面积。著名生理心理学家坎农（1914）首次将压力概念引进生理学、心理学领域，提出“或战或逃反应”来描述人们面对事件威胁时生理心理被唤醒的动力性。后来，坎农（1935）又把压力这一术语引入社会学领域，将压力定义为个体遇到天气寒冷、缺氧及其他环境压力源的影响而导致生物系统的崩溃。可见，压力乃有机体面对压力源（事件或环境）的反应即压力反应。塞莉（Selye，1936）最早通过科学方法验证压力对有机体生理的影响，提出了紧张性刺激持续地对身体产生的普遍影响即“应激”的术语——一般适应综合征（general adaptation syndrome，GAS)，即个体对压力的反应经历三个阶段：身体动员其资源来应对的警觉阶段；抵抗水平逐渐降低的抵抗阶段；抵抗彻底衰竭的疲惫阶段。并指出 GAS 与刺激类型无关，是有机体对向它提出各种要求的外界事件或刺激环境作出的非特异性反应，进而提出“应激反应理论”。这样，“压力”术语又改为“应激”出现在生理学、医学领域。

尽管身体对压力可能有相似的反应，但对于同一事件或环境并非每个人都会感觉到压力，在某种程度上什么事件或环境能产生压力将依赖于人们的感知评价——对事件或环境及其应对资源的解释，即知觉压力（Hill，1949)，而当人们感到无法控制负性事件或环境时，他们就知觉到了压力(见图2－7)。

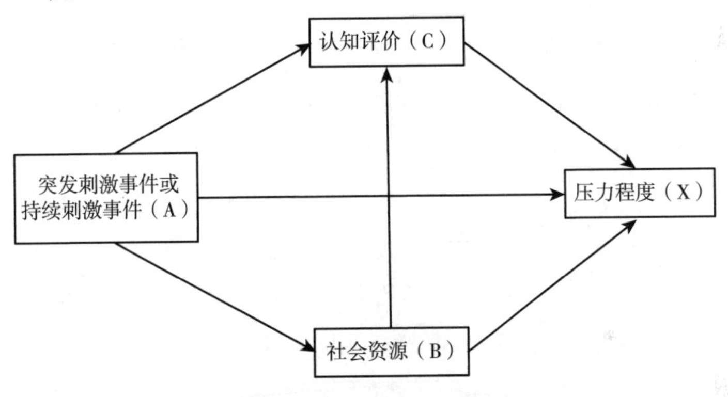

图2－7　压力 ABC-X 理论

资料来源：Hill，R. Families under stress，Adjustment to the crises of war separation and reunion [J]. New York：Harper & Brothers，1949.

拉扎勒斯（Lazarus，1993；2000）将有关压力的认知评价界定为个体对生活中威胁性或挑战性事件或环境的解释，以及是否有资源来有效应对它们的决心，前者为初级评价，后者为次级评价。认知评价的结果会产生有益的正性压力、无关紧要或无所谓好坏的中性压力，以及厌恶或消极的负性压力，也就是我们通常意义上所说的压力（狭义压力)，包括与非连续性的突发事件相联系的急性压力，如交通事故、随堂考试等；与持续性的生活困扰与社会事件所造成的情境或环境相联系的慢性压力，如不良人际关系、雾霾天气等。压力作用于有机体的神经系统，进而影响心血管系统、内分泌系统、消化系统，从而削弱免疫系统，最终对身心健康产生影响。实质上，是知觉压力作为压力源与压力反应的中介变量直接影响有机体健康。其中，由长期生活困扰与社会事件构成的慢性压力源所引致的慢性压力被称作生活环境压力，实质上为生活环境压力知觉（perceived living environment stress，PES）。

关于“压力”的含义与界定，不同研究者从不同角度给出了定义。在东方哲学中，压力是内心平和的缺失；在西方文化里，压力是一种失去控制的表现。从生理学角度看，压力是身体疲惫和受折磨的程度；从心理学角度看，压力是由于事件和责任超出能力范围时所产生的焦虑状态；从社会学角度看，压力是由于群体环境或情境刺激所产生的焦虑状态；从医学角度看，压力是外在刺激对健康的损害。可见压力是一个多侧面、多维度的概念，与刺激性事件或环境、个体认知、社会资源，以及生理、心智、情绪、精神、行为变化相联系，从外界压力源（如事件或环境）经压力知觉（即个体认知）到压力反应（如生理、心智、情绪、精神、行为变化），再经人格调适（即内部资源）、社会支持（即社会资源）一直到健康恢复、维持、促进，构成人生的一个“压力—健康”循环（见图2－8）。

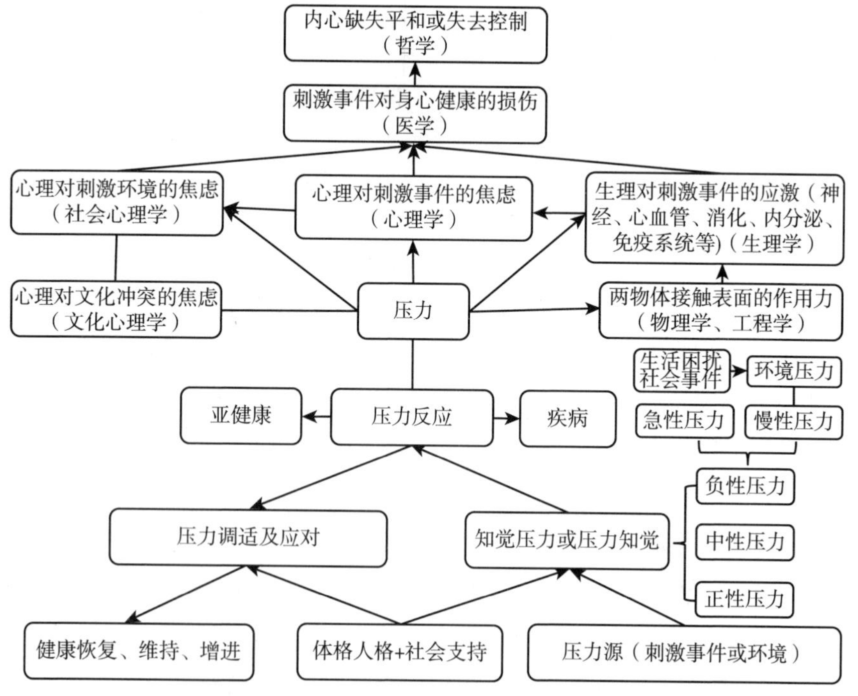

图2－8　压力源、压力知觉、压力反应概念关系及“压力—健康”循环

这里需要特别指出的是，面对突发事件威胁，个体压力反应表现为应激反应，组织压力反应表现为应急反应；面对持续性事件或环境而反复负面刺激，个体压力反应在意识领域表现为压抑，在潜意识领域表现为潜抑。其实，面对持续性的微观生活困扰和宏观社会事件所产生的生活环境压力主要体现为一种压抑即环境压抑（见图2－9）。

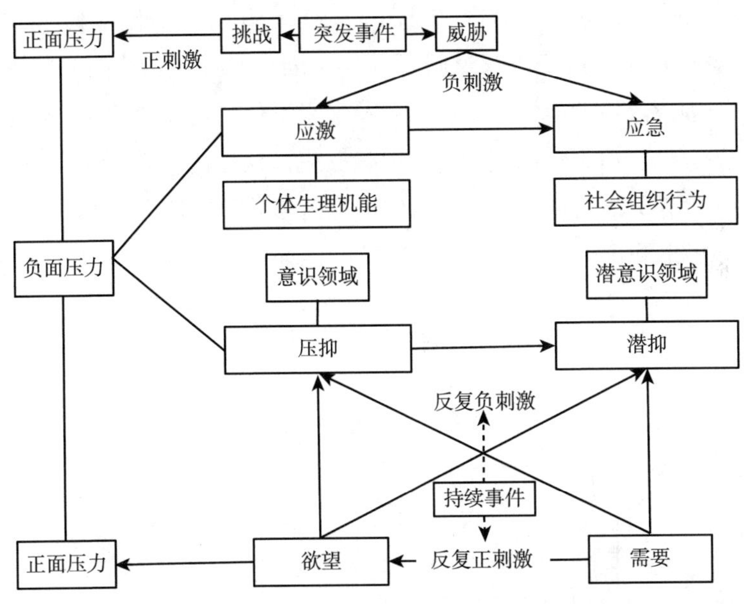

图2－9　压力及应激、应急、压抑、潜抑之间的关系

2.2.2　知觉压力维度及其测量研究进展

有关压力或知觉压力的维度及其测量研究主要从压力事件与压力心理体验两方面展开。前者主要从压力源事件角度来研究具体压力事件对疾病、健康的影响，如失业（Cobb and Kasl，1977；Dooley and Catalano，1980；Gore，1978）、丧亲（Stroebe et al.，1982）、噪声（Cohen and Weinstein，1981）、拥挤（Sundstrom，1978）等，并形成基于单个或综合生活事件压力维度及其测量量表，如职业压力量表（Cooper et al.，1988）、基于生活变故单位或关键生活压力事件的社会再适应量表（Holmes and Rahe，1967；Rahe and Miller，1997）等，其中生活变故事件就包括工作、家庭、健康、经济、个人与社会等维度。后者主要从压力源所导致的身心状态即压力心理体验来进行维度划分及量表编制，其中最具代表性的是西德尼·科恩等（Sheldon Cohen et al.，1983）编制的一般压力知觉量表（the perceived stress scale，PSS），打破了过去依据压力事件维度的量表编制方法，将压力源下的身心体验状态或压力心理体验维度分为超负荷性、不可控制性、不可预测性三个方面（见图2－10），并以此为依据开发量表，从而使一般压力知觉量表不仅反映了其他量表上具体生活事件所带来的压力，也对涉及环境的慢性压力源、涉及未来事件的期望压力源，以及未在其他量表上的生活事件压力源产生敏感反应，这样使量表更具普适性，其中三个维度作为压力体验的核心组成部分已经被反复证实（Averill，1973；Cohen，1978；Glass and Singer，1972；Lazarus，1966，1977；Seligman，1975）。

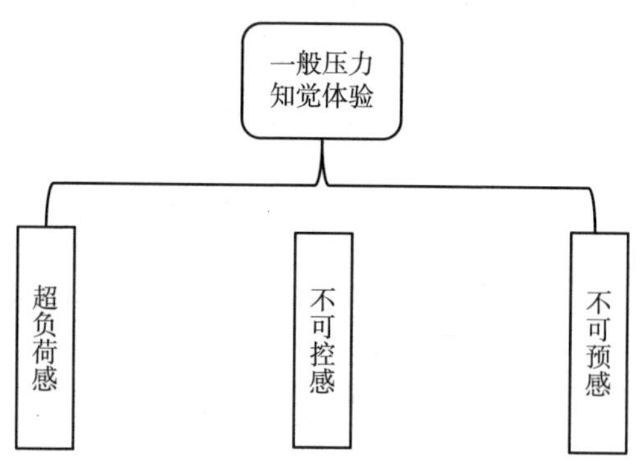

图2－10　一般压力知觉体验状态

就知觉压力测量的有关方法包括个体访谈法、自然观察法（如对个体表情、动作、语言、情绪、行为等的观察记录）、医学检测法（如血压、心率等生理指标，以及肾上腺素、去甲肾上腺素、肾上腺皮质激素浓度等生化指标）、心理测量法，但以心理测量法为主。国内外研究者通过对不同压力群体的调查，编制出大量不同类型的压力测量量表（见表2－5），其中针对特殊压力群体居多，普遍适用较少，而最常用、最具代表性的是托马斯·福尔摩斯和理查德·拉赫（Thomas Holmes and Richard Rahe，1967）的社会再适应评定量表（social readjustment rating scale，SRRS），以及科恩等（Cohen et al.，1983）的一般压力知觉量表（PSS）。

表 2－5　　国内外代表性知觉压力量表开发情况

序号	问卷量表	来源	编制依据
1	一般压力知觉量表（PSS）、中文版压力知觉量表（CPSS）	科恩、卡马克和默梅尔斯坦（1983）；杨延忠（2003）	压力体验心理状态
2	基于生活变故单位或关键生活压力事件的社会再适应量表→大学生群体社会再适应量表	福尔摩斯和拉赫（1967）；拉赫和米勒（1997）	重大压力事件
3	生活琐事量表与振奋量表	坎纳和科因等（1981）；拉扎勒斯（1984）	压力事件及环境
4	身心紧张松弛测试	华莱士（1978）	压力体验心理状态
5	抑郁—焦虑压力自评量表	S. H. 拉维邦德和 P. F. 拉维邦德（1995）	压力体验心理状态
6	生活压力源与社会资源问卷	丹尼尔斯和穆斯（1990）	压力源应对资源
7	职业压力量表	库珀等（1988）	压力源
8	青少年感知事件量表	卡帕斯等（2001）	压力事件
9	大学生压力源问卷	李虹和梅锦荣（2002）	压力源
10	大学教师工作压力量表	李虹（2005）	压力源
11	中国白领精神压力量表	邓丽芳、许琴和郑日昌（2008）	压力源
12	公务员压力量表	郝树伟等（2014）	压力源

资源来源：作者据相关文献整理。

社会再适应量表被用来研究生活事件与压力、疾病、健康之间的关系，并于 1997 年进行了重新修订以适应当前社会状况。SRRS 列出了 43 种人生过程中较为常见的生活事件或变动，既有消极事件，也有积极事件，每一项都充满紧张感，要求人们加以调适。根据每一事件的压力程度设计了评分系统，所有事件都基于它们给生活带来的影响大小，以及人们事后需要付出的调整努力多少而赋予被称为“生活变故单位”的数量值——这是经过大量调研后，按相应的定位确定了人们在健康、家庭、工作、个人和社会、经济等方面的常见变动所具有的各自单位数，然后通过得分高低评估压力大小。虽然该量表指标简单，忽略了个性、认知、性别、年龄等因素的中介作用，但为医学研究提供了一个客观评价工具。

基于压力事件编制的量表毕竟受事件局限难以全面反应压力程度。为了科学测量个体对生活压力的感知，科恩等（1983）针对个体因对生活的超负荷、不可预知、不可控制而引起的心理压力程度编制了一般压力知觉量表其在美国、加拿大被试群体的测试中，具有较好的信度与效度（Cohen et al.，1988）。其他研究者也发现，PSS 在日本和西班牙人群中也有较好的信度与效度（Mimura and Griffths，2004；Remor，2006）。我国研究者也普遍使用 PSS 来测量个体的压力感受（骆宏和马剑虹，2004）。杨延忠（2003）以我国文化情境为依托，对英文版 PSS 进行了翻译和修订，提出了中文版知觉压力量表（CPSS），并通过大量被试进行了信度和效度检验，结果显示该问卷具备良好的信度和效度，符合中国文化情境和国情。作为测评主观压力的有效工具，PSS 已经被翻译成多种语言并应用于各种人群压力知觉的研究中。

2.2.3 知觉压力与休闲调适应对关系的研究进展

如前文图 2-8 所示，有关知觉压力的相关研究主要体现在知觉压力与压力源、压力反应、压力调适应对，以及疾病、亚健康、健康关系等几大方面。其中，国外研究主要集中在特殊人群，如疾病患者、缺陷儿童、护士、大学生，一般采用有关压力知觉量表通过问卷调研展开实证研究；国内研究主要集中在学生群体和部分特殊群体，一般也采用有关压力知觉量表通过问卷调研展开相关研究。

（1）知觉压力与压力源、调控资源关系的研究。一是有关知觉压力的外部因素，包括导致知觉压力的重大生活事件（Holmes and Rahe，1967）、日常琐碎事件（Kanner and Coyne et al.，1981），加上选择冲突（Miller，1959）、信息超载（Leiter and Maslach，2001），以及工作方面的失控感（Warr，2004）、超负荷（Nelson，Quick and Simmons，2001）、非理想（Rabasca，1999；Chong，Kileen and Clarke，2004），文化不适（Fox et al.，2004）等方面的研究；二是有关知觉压力的内部因素，即人格因素对知觉压力的影响，主要涉及AB型行为模式（Friedman and Rosenman，1974）、坚强度（Kobasa，Maddi and Kahn，1982；Maddi，1998）、个人调控（Rotter，1966）等方面的研究。

（2）知觉压力与压力反应关系的研究。最早对个体在面对威胁时所产生的“或战或逃反应”行为的研究（Cannon，1914），以及后来针对女性在面对威胁时所产生的“关心与友好反应”行为的研究（Taylor，2002；2004）；而最具代表性的则是对知觉压力的生理反应研究（Selye，1936），并发现了“一般适应综合征”（general adaptation syndrome，GAS），进而提出了“应激理论”。

（3）知觉压力与压力应对关系的研究。“应对”即控制困难局面，努力解决难题与寻求控制并减轻压力的过程。一是有关压力应对方式，包括有效应对与无效应对（Folkman and Moskowitz，2004）、问题导向应对与情绪导向应对（Lazarus，1993；2000）、积极认知与行为应对和逃避式应对（Billings and Moos，1981）、赋予意义式应对（Park and Folkman，1997；Folkman and Moskowitz，2004）、前摄式应对（Aspinwall and Taylor，1997），以及应对情境匹配（Lester、Smart and Baum，1994）等方面的研究。二是有关应对策略，包括积极乐观思考、增强自控能力、寻求社会支持、参加休闲活动、综合多种策略等方面的研究。

（4）知觉压力与疾病、亚健康、健康关系的研究。一直以来，人们都从直觉上认为压力与疾病、亚健康、健康之间存在关系，但从科学上研究并接收这种联系也不过数十年的时间。有关致病原因讨论最早指向微生物的入侵和健康机体系统的作用，如法国化学家路易斯·巴斯德（Louis Pasteur，1857）的“细菌学说”或“特殊病原论”（即强调微生物的破坏作用），以及法国生理学家伯纳德·克劳德（Claude Bernard，1857）的“动态平衡论”（即强调健康机体系统的保护作用）；随着人类基因组计划越来越多地研究，发现人类遗传基因缺陷也是致病原因之一。但从心理层面开始探讨致病原因大约始于美国医学家弗兰兹·亚历山大（Franz Alexander，1943）创造的“器官神经症”，后来被称为“心身失调”理论，从而引起了压力与疾病、亚健康、健康关系的关注。作为机体系统特别是免疫系统失衡的催化剂，压力成为导致疾病的间接原因，以及导致亚健康的直接原因。有关研究主要集中在压力致病机理的实验研究，以及压力与某些具体疾病关系的统计研究，其中前者以探讨知觉压力对神经系统、心血管系统、内分泌系统、消化系统、免疫系统等的影响及随后结果为目的，推动了新兴交叉学科——心理神经免疫学的诞生，以及新型治疗方式——身体—心理—精神整体治疗方式的发展。代表性的有免疫学家迈林·博里森科（Myrin Borysenko，1987）提出的压力导致不适的“二分模型”（即自主神经系统失调—免疫系统失调），以及“免疫反应矩阵”。后者旨在探讨知觉压力与一些具体疾病的联系，如慢性压力与心血管疾病联系（Glaser et al.，2003a；Rosengren et al.，2004），慢性压力与癌症的联系（Heffner et al.，2003；Glaser et al.，2003b）等。

压力所造成的紧张疲惫感、焦虑失控感、压抑失望感需要休息、休闲来应对以便身心放松和加强自控、重树希望，可见休息休闲成为压力应对的基本方式。但有关压力应对包括休闲调适应对的科学研究是20世纪80年代以来的事情。尽管已有研究者注意到压力应对的二分法模型——回避与面对、战斗与预防，但迄今为止有关压力应对过程最好、最全面的概念模型是由拉扎勒斯等（Lazarus，1984；1993；2000）建立的，包括压力应对的初级评估（压力源）、次级评估（内外资源）、应对任务、应对策略、应对结果的过程，以及有效应对策略的要素构成（增强感知、信息加工、调整行为、和平解决）。

休闲调适是应对压力的一种有效策略，有研究表明参加愉快的活动能带来许多好处，机体免疫反应会随着令人愉快的活动频率的增加而提高（Stone等，1987），尽管还没有足够证据得出结论认定欢笑是“最佳药方”（Martin，2002），但积极的幽默能消除压力并能强化免疫系统（Kimata，2001）。此外，一些具体的休闲活动与压力调适的关系研究也在不断深入，如写作治疗、音乐治疗、艺术治疗、幽默治疗、业余爱好治疗，以及冥想、瑜伽、心理意象、太极拳、按摩、体育锻炼等方面治疗（2006）；并逐步拓展到异地旅游休闲活动与压力调适的关系研究，如旅游行为减压（吴淑女和梁文嘉，1998；王晓红，2013）、乡村旅游减压（谭家伦、汤幸芬和宋金平，2010）、露营旅游减压（刘硕，2013）、休闲体育旅游减压

（彭玲琳，2012），等等。

2.2.4 知觉压力与健康关系的研究进展

在压力—健康关系研究方面，尽管研究对象压力群体各不相同，但其实主要围绕以下三个方面展开。

一是从生理学角度研究压力知觉下机体系统特别是神经系统、心血管系统、内分泌系统、消化系统、免疫系统等变化及其对健康的影响。

二是从心理学角度研究知觉压力状态下个体人格变量即内部资源对健康的影响，把人格作为促进或抑制压力效应进而影响压力—疾病关系的因素，形成以人格为调节变量的压力—健康关系模型，相关研究包括消极人格与积极人格两方面研究：前者如A型行为模式中的敌意人格特质（Friedman and Rosenman，1974）、负面情感状态特别是D型人格特质（Chang et al.，2003）、情绪抑制型人格特质（Pais-Ribeiro et al.，2007）；后者如坚强型（Kobasa，1979）特别是自控型人格特质（Rotter，1966）、乐观型人格特质（Hart et al.，2004），等等。

三是从社会心理学角度研究知觉压力状态下个体外部社会资源对健康的影响，即将外部资源（社会支持）作为抑制压力效应进而影响压力—疾病关系的因素，形成以外部资源为中介变量的压力—健康模型，而需要时间、空间、金钱、人际、活动等资源在内的旅游休闲调适机会也属于外部资源之一。研究人员不断发现可以带来切实的帮助、信息和情感上支持的社会支持力量有助于人们应对压力，增进健康（Arnold，2004；Janisse et al.，2004）。其中休闲活动可以成为紧张的生活压力与疾病之间的缓冲。研究发现，就缓解压力、增进健康而言，胜任感、自然锻炼和程度锻炼（1~3公里内，如跑步、走路及打太极拳等）、目的感和休闲活动能起到缓解压力的作用（Wheeler and Frank，1988）。具体地说，休闲活动不仅能使人们身心放松，而且能使人们意识到社会支持的存在，并加强自身的决断能力，培养责任感、增强目标感、提高自控感、树立希望感，从而促进、维持、康复健康（Iso-Ahola and Mannell，1985；Coleman and Iso-Ahola，1993）。

2.2.5 研究评价

压力在进入现代社会后成为除微生物入侵和基因缺陷之外导致疾病和亚健康的主要因素。而对压力的自觉意识及其科学研究才是100多年的事情，特别是二战以来，随着工业化、城市化快速发展，人们心理压力与日俱增，严重威胁到人们的健康幸福，对压力的科学研究被提上日程，压力源、压力知觉、压力反应、压力应对及压力结果都成为生理学、心理学、社会心理学研究的对象。西方学术界对压力的研究伴随着社会进步与学科发展，首先从生理学角度研究压力的生理机制，继而延伸到心理学、社会心理学领域，从而形成身体—心理—社会整体健康医学。对知觉压力及其与压力源、压力反应、压力应对、压力应对结果——疾病或健康等关系的研究主要以特殊压力群体为对象，采用实验、量表、统计等实证方法获得科学结论，以便展开针对性治疗。而对非特定人们的压力及其压力调适研究不足，特别是旅游休闲大众化时代，旅游休闲作为一种外部资源、一种社会活动的压力调适研究略显不足。尽管我国对于压力的研究在改革开放特别是20世纪90年代以来才起步，有关压力研究主要以介绍为主，尚未进行本土化研究。但由于工业化、城市化、全球化，以及旅游休闲大众化几乎同步展开，有关旅游休闲与压力关系也开始受到关注，如乡村旅游、体育旅游、露营旅游等，只是有待进一步深入。为国民减压以康复维持与增进健康，提升生活质量与主观幸福感开辟一条正如中医所说的“治未病”的预防之道。

2.3 度假休闲调适

2.3.1 调适、休闲调适、度假休闲调适的概念

在我国，“调适”一词源于西汉刘安《淮南子·诠言训》：“阳气起於东北，尽於西南；阴气起於西南，尽於东北。阴阳之始，皆调适相似。”

其有“协调”之意，后又延伸出“合适、适合”之意，以及“调理、调养”亦即“通过调整使相互适应”之意。前者如北魏贾思勰《齐民要术·涂瓮》：“火盛喜破，微则难热，务令调适乃佳。”后者如《旧唐书·李珏传》：“当四体平和之，长宜调适，以顺寒暄之节。”本书的“调适”“休闲调适”也可以表达为“适应”“休闲适应”，意在通过休闲使身心得到调整平衡，并适应新环境，本质上也是一种“调理、调养”，即“身心调整适应”。从心理学包括生理心理学、社会心理学角度看，实质包括了广义的心理适应或调适（生理适应、狭义心理适应、社会适应），因为休闲调适也涉及生理调适、心理调适、社会调适等多个维度，并与整体健康维度对应。

在学术研究中，生物生理学、医学、心理学、教育学、社会学、人类学、管理学、政治学等不同学科均对“调适”或“调适性”进行过深入研究。在生物生理学中，“调适”是指生物体以各种方式通过调整自己来适应环境的过程，包括代偿性生理变化、心理防御机制、社会文化适应等。其在微观上强调生物个体组织、器官、系统的基本功能与内外环境的适应性，如人的眼睛焦点自某一点移动至另一点的改变过程；在宏观上强调生物种群在生存发展中与内外环境的适应性，如达尔文在《物种起源》中提出了生物本身所具有的物竞天择的调适特性。在大部分中西医医学文献中，对“调适”的讨论都在微观层面上展开，通常是指外部环境的变化对人体某些组织、器官、系统功能产生了影响，然后通过适当的调适手段和方法，使得恢复正常功能的过程，如功能性消化不良患者的情绪调适应对策略。中医学认为，健康就是人与环境之间的相互协调、相互适应，人体肺腑功能稳定平衡，而疾病则是在各种致病因素如细菌、病毒等微生物作用下，人与环境之间的平衡被破坏，影响人体肺腑功能，从而导致人体功能结构发生变化。

在心理学中，“调适”就是适应、应对和处理日常生活中挑战的心理过程（Santrock，2006），强调在面对压力时的心理适应、应对和处理过程，包括对环境的被动接受和主动改造（Blonna，2005；Maddux and Winstead，2005），前者使现状得以维持，如古人常说的知足常乐；后者使个体积极成长，包括学习知识、扩展认知、接受新的挑战、进行有效处理

（Glidden，1970；2005），如争取公民权利。正如儿童心理学家皮亚杰（Piaget，1981）所言："智慧的本质从生物学来说是一种适应，它既可以是一个过程，也可以是一种状态。有机体是在不断运动变化中与环境取得平衡，它可以概括为两种相辅相成的作用：同化和顺应。适应状态则是这两种作用之间取得相对平衡的结果。这种平衡不是绝对静止的，某一个水平的平衡会成为另一个水平的平衡运动的开始。如果机体与环境失去平衡，就需要改变行为以重建平衡。这种平衡—不平衡—平衡……的动态变化过程就是适应，也是儿童智慧发展的实质和原因。"①

在教育学中，"调适"通常被运用到对教育的主客体（教师、学生），特别是客体（学生）的心理研究方面，当客体在面对一些现实中的困难或压力，如考试、人际关系、恋爱、就业等挫折时，由于缺乏相应经验与科学知识，常常不知所措，甚至做出非常举动，这就需要通过适当的心理调适，减轻负面压力，恢复心理平衡。如黄蕴旗（2011）认为有四种有效方法培养学生自我心理调适的能力，即注意力转移法、情绪排解法、交流消解法、消解问题法。

在社会学中，"调适"是指对社会冲突情境加以调整适应的状态或过程，强调对社会冲突情境的调整适应。在这种状态或过程中，双方避免公开的敌意表示，并在经济、社会、文化、心理上各自获得某种补偿性利益。在文化人类学中，"调适"则被强调对文化冲突情境的调整适应状态或过程。

在管理学中，"调适"是指组织对内外冲突情境加以调整适应的状态与过程，发生在组织与外部环境，以及组织内部各部门间，强调对内外环境的调整适应。如费显政（2005）认为在企业管理中，所谓"调适"是企业做出的自身调整与环境关系的一系列活动的集合；企业调适在一定宏观背景下和微观基础上展开，其中良好的外部环境能为企业搭建便于调适的宏观背景，政府在其中承当相关职责；微观基础则要求企业作为调适主体，必须成为一个具有自我适应能力和自主调控能力的自组织系统。

在政治学中，将"调适"应用于比较政治学中并提出"政党调适性"

---

① 朱智贤．心理学大辞典［M］．北京：北京师范大学出版社，1989：618．

这一概念的代表人物是亨廷顿。他在《变化社会中的政治秩序》一书中将“调适性”列为衡量政治秩序制度化的指标之一，并将组织存活的时间、领导精英的继承，以及功能的变化作为“调适性”的测量指标（Huntington，1988）。戴维·伊斯顿（David Easton，1999）则较早分析了政治系统与外界环境的交互影响。其实，政治学方面的“调适”主要是指利益关系方面的调整适应。如陶文钊（2010）认为中美关系从总体上来说是由利益驱动的，在两国关系发展的各个阶段，两国不断确认共同利益，又不断进行利益调适。

可见，“调适”一词在不同学科中尽管强调的重点不同，如生物学、医学强调对有机体功能的调适，心理学、教育学强调对心理压力的调适，社会学、文化人类学强调对社会、文化冲突情境的调适，管理学强调对组织内外冲突情境的调适，政治学强调对利益关系的调适。但无论如何，“调适”一方面表现了主体对环境的被动适应，另一方面则表现了主体对环境的主动调整，是主动调整和被动适应的有机结合（见图 2－11）。

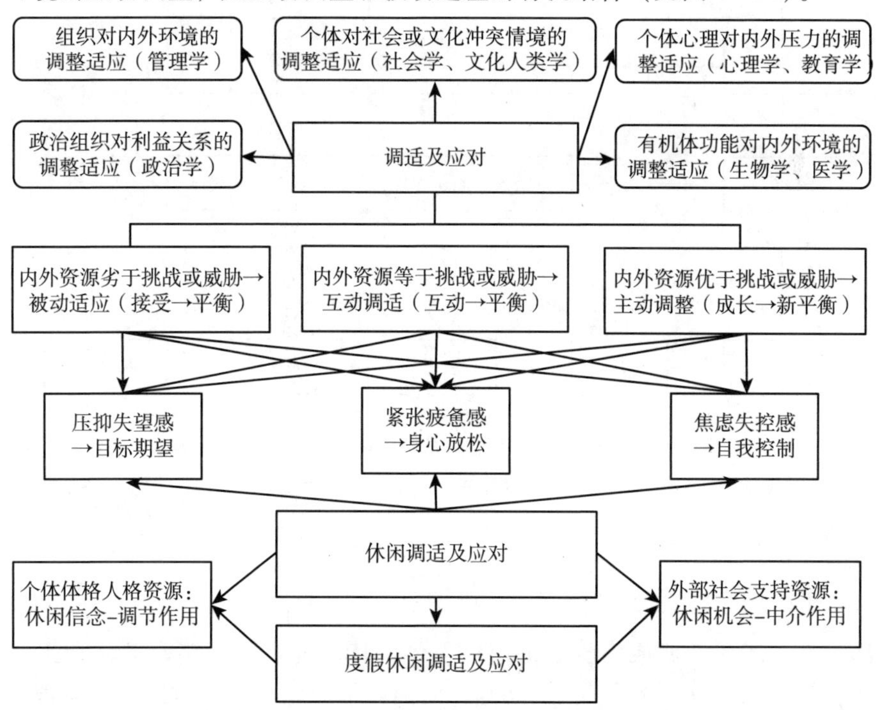

图 2－11　调适、休闲调适、度假休闲调适概念的理解

休息意味着暂停活动特别是劳作活动以恢复体力、精力，主要表现为一个静态的过程。汉语中“休闲”与“休假”“闲暇”“休憩”“空闲”“闲适”等词语相互通用，“休”即休止劳作、休假、休息，“闲”即闲适、悠闲的状态（张广瑞和宋瑞，2000），休闲不仅意味着停止劳作活动而休息，而且意味着还通过非劳作的业余活动来度过闲暇以恢复体力、精力，主要表现为一个动态的过程；帕里（Parry，1977）在《文化与休闲》一文指出，英语中“leisure”源自古法语“leisir”及拉丁语“licere”，意味着摆脱劳作后的自由时间、自由活动，特别是劳作之余获得许可的活动。

尽管如今学术界一般从时间、活动、存在状态、心态、制度等角度来定义休闲，但休闲本质上是一种以自由为目的的活动状态，体育健身、保健养生、文化娱乐、游戏游乐、户外游憩、异地旅游等休闲活动都只不过是达到休闲状态的一种路径、策略、手段和方法，如图 2－12 所示。

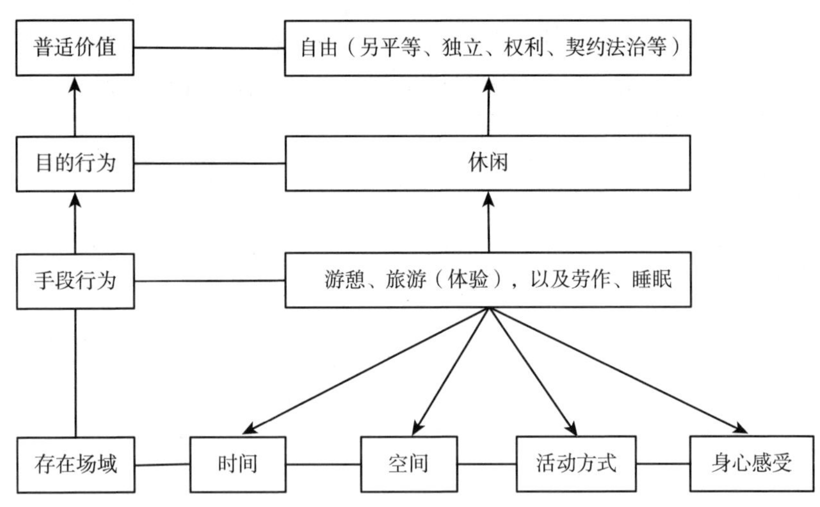

图 2－12　从目的—手段关系看休闲、游憩、旅游区别

资料来源：叶圣涛．基于手段—目的视角的休闲、休憩和旅游的概念辨析［J］．广西民族大学学报，2009，31（6）：26－30．有修改。

生存发展为人类带来了压力，于是休闲调适应对（Yoshi Iwasaki，Mannell，2000）便成为身心健康恢复、维持与促进的策略，尤其在工业化、城市化的现代社会。但与休闲或游憩作为疾病辅助乃至独立的治疗手段——休闲或游憩治疗（Davis，1936；Austin and Crawford，2001）不同，休闲调适应对是以自由休闲活动来缓解、减少、消除压力，恢复、维持、促进健康，达到上医“治未病”的目的，主要针对有亚健康症但未识别出来的非特定人群，体现了大众性；而休闲或游憩治疗则以具体休闲或游憩项目来恢复健康，达到下医“治已病”的目的，主要针对有亚健康症且已识别出来的特殊人群，是一种专业性的深度调适应对（见图 2－13）。

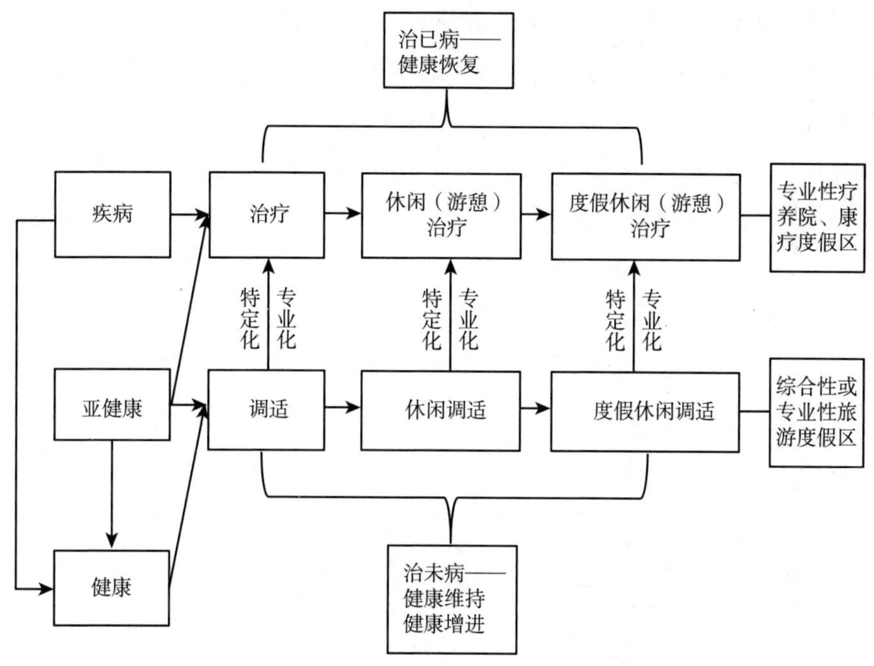

图 2－13　休闲调适、休闲治疗（或游憩治疗）的概念比较

在现代雇佣制、城市化社会，旅游度假已成为城市居民特别是中等收入阶层的经典休闲方式，因此度假休闲调适作为一种常见的异地旅游休闲调适方式，与本地休闲游憩相比，对非特定人群压力调适、健康促进更为明显，是对包括生理、心理（心智、心情、心灵）、社会行为在内的整体健康的一种全方位的整合调适。

2.3.2　休闲调适维度及测量研究进展

有关休闲压力调适或应对研究主要以人格特征倾向与活动策略方式为

调节、中介变量，以各种压力源、压力知觉为前置因素，观察被研究对象通过休闲来调适生活压力的方式与程度之差异性，并分析生活压力经休闲调适或应对后的各种后续效应，如休闲、压力、调适关系演化研究（Iwasaki and Schneider，2003），以及基于运动参与的休闲、压力、调适的关系研究（Kimball and Freysinger，2003），但主要集中在通过休闲来调适生活压力可维系或促进个体身心健康或预防身心疾病的发生、恶化。对此，休闲压力调适或应对的维度及其量表开发成为实证研究的重点。除科尔曼和伊索阿霍拉（Coleman and Iso-Ahola's，1993）提供的休闲自主人格和休闲社会支持维度外，通过对社会心理学和休闲学研究文献的搜索，更多休闲调适或应对维度被有关学者（Caldwell and Smith，1995；Endler，Parker and Summerfeldt，1993；Freysinger and Flannery，1992；Hull and Michael，1995；Iso-Ahola and Park，1996；Lazarus，1991，1993；Pierce，Sarason and Sarason，1996；Rook，1987；Vaux，1992）提炼出来，并由岩崎吉之和罗杰·C. 曼奈尔（Yoshi Iwasaki and Roger C. Mannell，2000）归纳成一个休闲调适或应对层次维度体系，如图 2－14 所示。

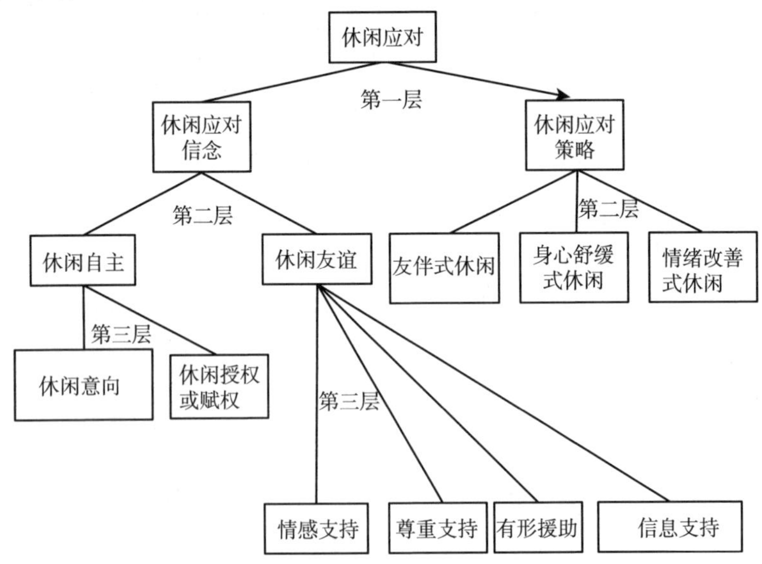

图 2－14　休闲压力调适或应对的层次维度

资料来源：Yoshi Iwasaki，Roger C. Mannell. Hierarchical dimensions of leisure stress coping [J]. Leisure study，2000，22（3）：163－181.

在休闲调适或应对信念和策略层面。依据科尔曼等（1993）的研究，产生于休闲的信念对负面压力冲击起到了缓冲或调节作用，有利于维持健康，如休闲友谊及其情感支持；科尔曼（1993）在一般人群中还发现自主人格倾向在抵抗压力、维持健康方面起到了缓冲作用；伊索阿霍拉和帕克（Iso-Ahola and Park，1996）发现休闲友谊在预防跆拳道运动者身体疾病压力中起到了缓冲作用；岩崎吉之和罗杰（2000）验证了休闲调适或应对信念在抵抗压力、维护健康中的调节作用，以及休闲调适或应对策略对抵抗压力、维护健康中的中介作用。

在休闲调适或应对信念和策略亚层面，前者包括休闲自主和休闲友谊，后者包括友伴式休闲、身心舒缓式休闲和情绪改善式休闲。休闲自主意味着休闲增强了能让人们有效应对压力的自主信念品格特征，休闲友谊是指人们相信通过休闲而形成的友谊可以提供社会支持。友伴式休闲作为一种社会支持方式提供了一种自由而快乐的经历分享，构成了压力与健康的中介（Iso-Ahola and Park，1996）。另外，发现更多的自由活动与联系更利于缓解压力（Bolger and Eckenrode，1991；Moen、Dempster-McClain and Williams，1989；Rook，1987）。例如，身心舒缓式休闲，是一种暂时有目的的逃离式减压方式，可以让工作、生活状态中身心紧张得到放松，一段间歇性的休闲调适，如工作间隙的一杯咖啡、日常劳作后的一段休息或一次度假，能让人们恢复身心、重新出发以更好地处理问题（Caldwell and Smith，1995；Driver et al.，1991；Iso-Ahola and Crowley，1991；Mannell and Kleiber，1997；Patterson and Carpenter，1994；Sharp and Mannell，1996；Weissinger，1995）。通过休闲提升正面感觉、情绪，降低负面感觉、情绪是另一种应对策略，赫尔和他的助手（Hull，1990；Hull and Michael，1995）提出休闲具有减压的潜能，在提升正面情绪的同时降低负面情绪（如基于自然的游憩活动）。

在休闲自主和休闲友谊亚层面，前者由意向与赋权意识两维度构成；后者由情感支持、尊重支持、有形援助与信息支持构成，这体现了社会支持的不同作用或功能（Pierce et al.，1996；Vaux，1992；Veiel and Baumann，1992）。自主意向意味着相信休闲行为可以自由选择和自主控制（Coleman and Iso-Ahola，1993），科尔曼（1993）发现产生于休闲的自主人格倾向是减轻压力、维持健康的调节器；休闲赋权是指人们确信他们被赋予的休闲机会以及休闲提供给他们自我表达机会的程度——这些资源不仅能够减少生活束缚，而且可以发展自我价值感（Freysinger and Flannery，1992；Henderson and Bialeschki，1991；Samdahl，1988；Shaw，1994）。重要的朋友可以通过表示关心、安抚、鼓励来提供情感支持，同时也可以帮助人们从失败的经历中恢复自信，提供尊重支持。相对而言，有形援助和信息支持本质上是物质性、技术性的，有形援助意味着从朋友那里获得工具性的额外援助，而信息支持意味着从朋友那里接收到有用的信息或知识以有效解决问题。

依据如上休闲调适或应对维度层次体系，有学者开发了休闲调适或应对信念倾向量表与休闲调适或应对策略量表作为休闲调适或应对的代表性量表（Iwasaki and Mannell，2000）。

2.3.3 休闲调适、休闲治疗与健康关系的研究进展

随着社会现代化转型，通过压力调适来康复、维持、促进健康越来越成为心理学特别是健康心理学研究的重要领域之一，国外在休闲压力调适应对方面的研究主要集中在以基于人格倾向特征的休闲信仰或信念，以及基于休闲活动特征的休闲调适策略或方式为调节、中介变量，以各种压力源、压力知觉为前置因素，观察被研究对象通过休闲人格、休闲活动来调适生活压力的方式与程度的差异性，并分析生活压力经休闲人格、休闲活动调适后的各种后续效应。主要集中在通过休闲活动调适生活压力来维系或促进个体身心健康或预防身心疾病的发生、恶化，使一些特殊患者通过休闲治疗康复身心疾病，进而提升生活质量或主观幸福感。

在国内，对休闲与健康关系问题的研究相对滞后，其中台湾学者主要集中在休闲游憩治疗方面的研究，如压力知觉对负面心理健康影响的研究（初丽娟和高尚仁，2005）和乡村休闲调适对生活压力、健康的关系研究（谭家伦、汤幸芬和宋金平，2010）。20 世纪 90 年代以来，随着我国大众休闲、大众旅游时代的到来，大陆学者也开始关注休闲调适、休闲治疗与健康、疾病关系问题的研究，但主要局限于定性研究，如乡村休闲对游客

的健康调适（崔节荣，2013），休闲体育对老年人健康的调适（孙玉卿，2013）等。定量实证研究不多，目前有学者以台资企业为例对职业倦怠、休闲调适策略与休闲知觉自由关系展开了研究（赵宏杰、吴必虎，2013）；以党校培训班中的公务员为例，对公务员群体的亚健康及其休闲调适、心理调适展开的研究（辜洁妮等，2014）；而有关休闲游憩治疗问题尚处于介绍引进阶段，如休闲娱乐康复疗法介绍（王凯等，2002）。

2.3.4 研究述评

针对特殊病人的休闲游憩治疗和非特定人群的休闲调适应对是缓解、减轻和消除压力，以及维持或促进健康的有效辅助手段，甚至独立手段。我国在这方面的研究才刚刚起步。国外研究主要集中在休闲作为调节、中介变量对压力和健康的作用，并对休闲维度进行了深入研究，也开发了相应量表对休闲效果进行了有效测量。除探讨对压力的休闲游憩治疗，休闲调适应对与健康、疾病的关系外，还进一步探讨了休闲调适、休闲治疗与生活质量、主观幸福感的关系。但相关研究主要局限于特殊人群和特殊休闲游憩项目方面，而聚焦于游憩治疗、休闲应对方面，对非惯常环境或情境下的旅游休闲调适和休闲游憩治疗作用研究明显不足，同时作为压力和健康的调节、中介变量，休闲调适维度及其量表开发的针对性也存在不足，有待进一步完善，如针对压力源（压力事件、压力环境）、压力体验（如压抑失望感→目标期望、意义价值，紧张疲惫感→休闲放松，焦虑失控感→自我控制）、整体健康（如身体、心智或智能、心情或情绪、心灵或精神、社会行为）等方面。

2.4 整体健康

2.4.1 健康、亚健康、疾病概念

“健康”或“康健”，即无疾病。最早源于宋沈《梦溪笔谈·杂志一》：

“然自此宿病尽除，顿觉康健，无復昔之羸瘵。”日本翻译“health”为健康，遂于清末新学引入中国，成为舶来词。英语“health”本意有强壮、结实、良好、完整之意。可见，健康的范围不仅在于机体结构与功能未受损害，还应考虑心理、环境特别是社会对机体的影响，即机体与内外环境之间的动态平衡或和谐。

作为人类文化的一部分——医学对健康的完整认识也经历了一个长期过程。古代朴素的整体健康医学观即自然医学观，包括古希腊医学以及我国中医学都强调健康是有机体与内外环境之间的平衡或和谐，并关注身心调适，如古希腊医学的“土、火、风、水”四大元素的平衡，中医学的“阴阳平衡”。16 世纪以来，随着近代科学的确立与工业革命的开展，西医学开始了一条不断探索人体各部分形态与结构的道路，形成了“生物医学模式”及其生物医学观，健康仅仅被看作人体结构及其功能的无缺损。19 世纪末 20 世纪初以来，现代科学技术发展，特别是科学心理学及社会心理学的诞生，逐渐打破了机械唯物主义的人体观、疾病观、健康观，标志着人类对自身健康的认识进入了一个新阶段。1908 年美国精神卫生专家克利福德·威廷汉姆·比尔斯（Clifford Whittingham Beers）第一次提出了“心理健康”，1938 年美国慈善家格兰特（Grant）与医生阿里·博克（Arlie Bock）发起并组织了世界上第一次对社会健康即社会适应良好方面的系统而长期的追踪随访研究，从而健康不再只具有生物学含义，同时还具有心理学、社会学含义的观点逐渐被人们接受。二战后，随着工业化、城市化、全球化浪潮，社会开始前所未有的转型发展，人类面临的环境更加复杂多变，因心理、社会因素所导致的“人为疾病”或“自我创伤性疾病”与日俱增，“生物—心理—社会医学模式”被正式提出（Engel，1977）。专家们认为导致人类疾病的不只有生物因素，还有心理因素和社会因素，因而治疗方法除了传统生物学方法外，还应当包括心理学方法和社会学方法，从而实现了对生物医学模式的超越，构建起集生理、心智或智能、心情或情绪、心灵或精神、社会行为于一体的整体健康医学范式（wellness paradigm）。认为人体健康是包含了生理、心理（心智或智能、心情或情绪、心灵或精神）、社会行为在内的整体健康（现代医学），或“身、心、灵”在内的全人健康

(中医术语)。1989 年联合国世界卫生组织提出了 21 世纪健康新概念“健康不仅是没有疾病，还应当包括躯体健康、心理健康、社会适应良好和道德健康”；依据健康状态公式(HS) = (f)E(环境因素) + ACHS(健康 + 医疗服务因素) + B(生物遗传因素) + LS(行为与生活方式因素)，1992 年联合国世界卫生组织还提出了健康四大基石：合理膳食、适当运动、良好生活习惯和平衡心态。

可见，健康离不开有机体内部系统及其与外部系统之间的互动平衡、相互作用。依据认知心理学的具身认知理论，生理体验与心理状态之间有着强烈的联系（Niedenthal et al.，2005；Landau et al.，2010）。生理体验“激活”心理感觉乃至心灵感悟，反之亦然（Barsalou，2008）。简言之，就是人在开心的时候会微笑，而微笑的人也会趋向于变得更开心。

另外，与健康密切联系的“生活质量”（quality of life，QOL）、“主观幸福感”（subjective well-being，SWB）也越来越被人们所关注，并得到认同。生活质量又被称为生存质量或生命质量，是全面评价生活优劣的概念，最早出现在美国经济学家加尔布雷思（1958）所著的《富裕社会》一书中。生活质量基于但有别于生活水平，不仅要回答为满足人们物质、文化生活需要而消费的产品和劳务多少，即客观生活质量，还要回答生活得“好不好”，更侧重于对人的精神文化等高级需求的满足程度和生活环境的评价，即主观生活质量。而当这一术语被引入医学研究领域时，主要是指个体生理、心理、社会功能三方面状态评估，即健康质量与医学实践结合起来而形成健康相关的生活质量。在 20 世纪六七十年代，美国学者对生活质量的测定方法及指标体系做了大量研究；70 年代以后，生活质量研究相继在加拿大，以及西欧和东欧、亚洲和非洲的一些地区展开；80 年代初，中国开始结合国情对生活质量指标体系及有关问题进行研究。

“主观幸福感”源自 1958 年“生活质量”概念的提出，与“心理幸福感”（psychological well-being，PWB）关注实现不同，“主观幸福感”关注快乐，主要指人们对其生活质量所做的情感性和认知性的整体评价。生活质量本质上是一种主观体验，后逐步分化为两大研究取向——客观生活质量与主观生活质量研究，其中主观生活质量研究侧重于对人的态度、期望、感受、欲望、价值等方面的考察，着眼于人们的快乐体验，也就是所谓的“主观幸福感”研究。这是自18世纪60年代工业革命特别是二战后全球化发展以来，社会经济快速发展与人们快乐幸福感徘徊不定的矛盾产物。二战后，国外对“主观幸福感”的研究经历了描述性阶段（20世纪50年代中期至80年代初期）、理论建构阶段（20世纪80年代中期至90年代）、实证性阶段（20世纪90年代至今）；国内对“主观幸福感”的研究始于80年代中期，经历了从引进国外理论及量表到结合国情建构理论、开发本土化量表两个阶段。

“疾病”意为外来入侵之物使身体感到不适，包括传染性和非传染性疾病。科学上可以从各个角度给出不同定义，其中最常应用的定义是对人体正常形态与功能的偏离。现代医学对人体的各种生物参数（包括智能）都进行了测量，数值大体服从统计学中的常态分布规律，即可以计算出一个均值和95%的健康个体所在范围，习惯上称这个范围为“正常”，超出这个范围，过高或过低，便是“不正常”，属于不正常范围即为疾病。在绝大多数情况下，这一定义是适用的，如伤寒可以表现为一定时间内的体温升高，以及血中“伤寒血凝素”（抗体）增高。但正常人的个体差异和生物变异很大，有时这一定义就不适用，如智商大大超过同龄人的是天才，这种偏离正常值就属于个体差异。因此，也有人从功能或适应能力角度来定义疾病，认为“功能受损和与环境的协调能力遭到破坏”才是疾病，如躯体组织、器官、系统功能受到损伤，许多精神病人缺乏社会环境协调能力，这样就可以避免把正常人的个体差异和生物变异误划为疾病。但适应功能的不良并不一定是疾病，如一个长期缺乏体力活动的脑力工作者不能适应常人能够胜任的体力活动，稍有劳累就腰酸背痛。因此，在健康与疾病间增加一个“第三状态”便成为必要，反映非疾病非健康的人体第三状态的“亚健康”概念便应运而生。

“亚健康”作为现代社会的人体状态新特征，是二战后国际国内医学界的新视角，最早在20世纪80年代中期，苏联学者布赫曼（Berkman）发现生活中许多人存在着一种似健康非健康、似病非病的中间状态，即有别于人健康第一状态、患病第二状态的第三状态，也称灰色状态、病前状态、亚临床状态、次健康状态等；后来国内学者王育学在90年代中期首次提出“亚健康”一词，并于2001年在青岛召开的第八届亚健康学术研讨会上，将“亚健康”英文名定为“sub-health”，此后在社会各个领域被广泛引用。目前许多学者从医学角度对健康正常状态、亚健康第三状态、疾病非正常状态进行了研究，指出健康正常状态是“没有明显的自觉或检查的临床症状和体征”的个体，疾病非正常状态与之相反，而亚健康状态是指“人的身心处于疾病与健康之间的一种健康低质状态”，是机体虽无明确疾病，但由于生理代谢功能、心理认知功能低下导致在躯体上、心理上出现种种不适应的感觉和症状，从而呈现活力和对外界适应力降低的一种生理、心理状态，严重影响人们的生活质量与主观幸福感。所以，处于亚健康状态者，不能达到健康的标准，表现为一定时间内活力降低、功能与适应能力减退，但又不符合现代医学有关疾病的临床或亚临床诊断标准（中华中医药学会，2007），属于中医学的“治未病”范畴。采用排除法，排除健康与疾病状态，亚健康包括躯体方面亚健康（如疲劳性、睡眠失调性、疼痛性亚健康）、心理方面亚健康（如焦虑性、抑郁性、恐惧或嫉妒性、记忆下降性亚健康）、社交方面亚健康（如青少年、成年人、老年人亚健康）、心灵或道德方面亚健康（如言语与行为的偏差、失范、越轨）等方面。

总之，“健康—亚健康—疾病”是人体状态一个连续体（见图2-15），人体要么处于健康——第一状态，要么处于疾病——第二状态，以及疾病与健康之间的亚健康——第三状态中，身体、心智或智能、心情或情绪、心灵或精神、社会行为达到最佳即呈现健康完美，跌落最差即走向疾病死亡。随着人类社会现代化转型发展，科学特别是医学水平提升，人类对健康、亚健康、疾病的理解也越来越全面深刻，从而更有利于人们提升生活质量和主观幸福感。

2.4.2 健康维度及其测量的研究进展

从生物—心理—社会医学模式及整体健康医学范式出发，在联合国世界卫生组织对健康定义及维度划分的基础上，医学界特别是社会医学界对

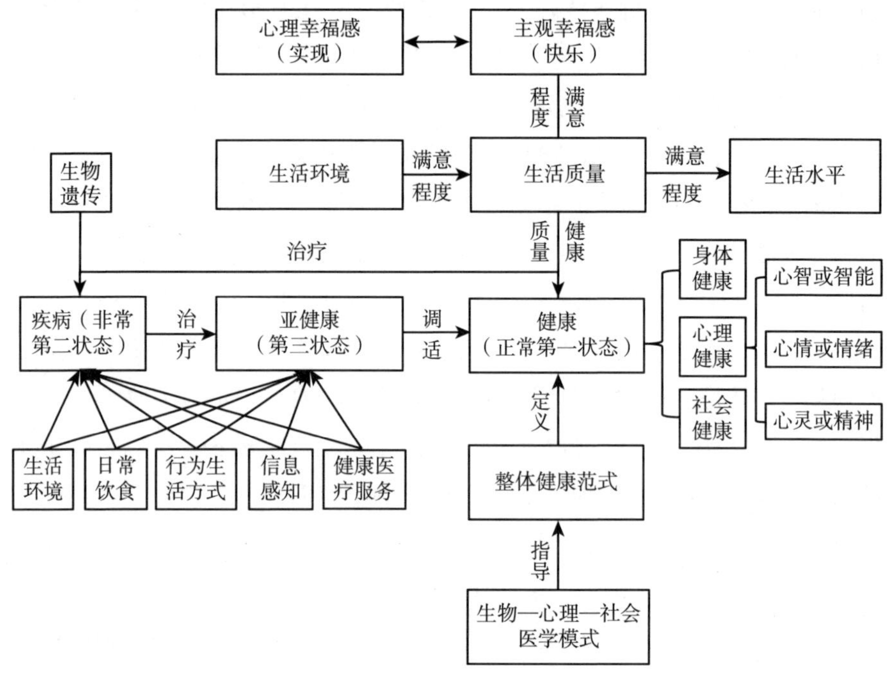

图 2－15　疾病—亚健康—健康连续体

健康维度及测量研究也逐渐深入，但所用方法不外乎定性与定量两种方法。定性方面是把健康维度进行扩张和分类；定量方面则是用量化方法，除生物技术测量外，重点结合生活质量研究，进行心理感知测量。

有关健康维度的研究也经历了一个不断完善的过程。从近代工业革命以来的生物医学模式时代的“躯体健康”单维度到现代社会生物—心理—社会医学模式时代的“生理健康、心理健康、社会健康”经典三维度（WHO，1948），再经过不断扩充发展，出现“生理健康、心理健康、社会健康、道德或心灵健康”四维度①，“生理健康（基本健康）、心理健康（合格健康）、社会健康（良好健康）、道德或心灵健康（优秀健

① 20 世纪 60 年代形成了整体健康运动，整体健康论者批评 WHO“完满状态”要求太高，缺乏动态，重视个体对自身健康，以及所有因素对自身健康的全面影响，强调健康最适功能的动态性。他们认为心理健康包括两个独立的部分——心智和情绪维度，并增加了“心灵或精神维度”，从而形成整体或系统医学健康四维度——生理健康、心智健康、情绪健康、精神健康，把社会健康纳入精神健康中（Seaward，2006）。

康）、生殖健康（完美健康）”五维度＋五层次（WHO，2000），“身体健康、心智健康、情绪健康、精神或心灵健康、社会健康、环境健康”六维度（Seaward，2006），后来又增加“职业健康”形成健康七维度（见图2－16）。

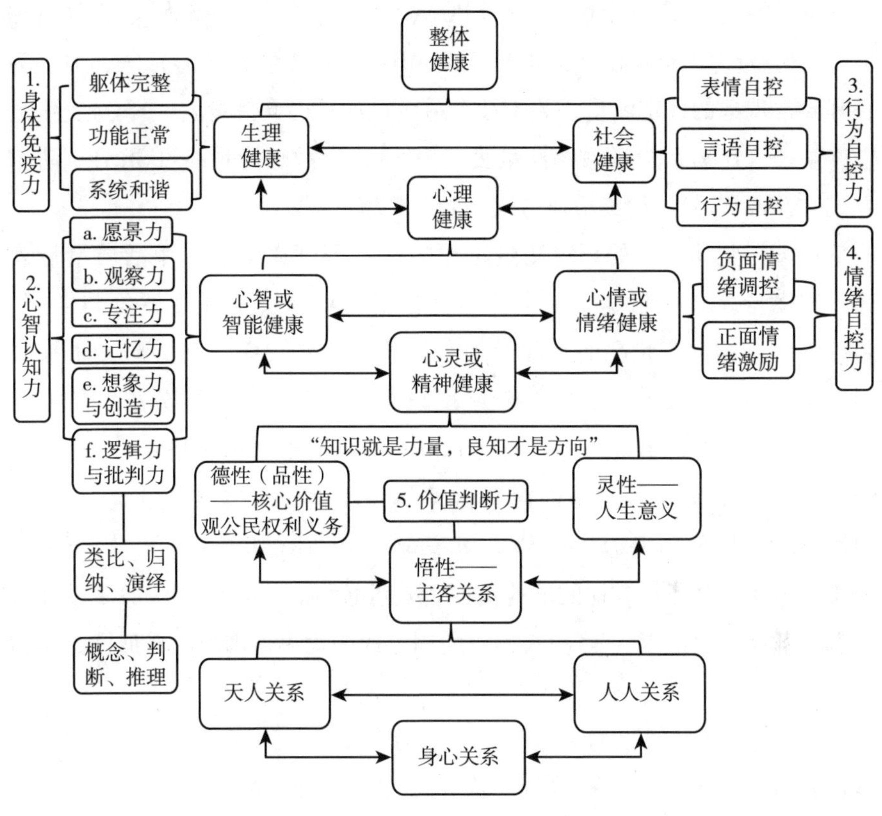

图2－16　整体健康维度划分

对健康状态评定测量主要包括访谈法、观察法、主观报告法、症状定式检查法、标准化量表法五种。尽管西医可以从微观角度——应用生物学检测方法排除疾病来判断人体健康，但对健康状态评定测量比较公认的方法是在社会医学领域从整体健康维度出发，用标准化量表测量方法进行的评定测量。一般包括对个体健康单个维度和多个维度的评定测量，形成单维度量表（如躯体健康、心理健康、社会适应性）和多维度量表（如个体整体评定测量）。

对个体健康单个维度的评定测量主要包括躯体健康、心理健康、社会适应性三个方面，常用典型单维度量表有：关于躯体健康的日常生活能力（activities of daily living，ADL）及工具性日常生活功能（instrumental activities of daily living，IADL）评定方法；关于心理健康的明尼苏达多项性格量表（MIMPI）、艾森克个性问卷（EPQ）、焦虑自评量表（SAS）、抑郁自评量表（SDS）、Hamilton 抑郁量表（HAMID）、心智量表（IQ）等，但多为心理异常现象的评定测量；关于社会适应性的社会支持量表（SSQ）、生活事件量表（IES）、应激敏感性量表（SUS）、应激感受量表（SRS）、防御方式问卷（DSQ）、简易应对方式问卷（CPS）等。

对个体整体健康的评定测量主要包括自测健康量表与生活质量量表等多维度量表。自测健康是个体对其自身健康状况的主观评价与期望，乃基于自身的健康状况而不顾及他人评价，包括现实自测健康、未来自测健康及不适的感觉等，能够较好反映个体有关神经、内分泌、免疫系统的信息。其中常用的量表有自测健康评定量表（SRHMS），以及由美国波士顿健康研究所研制的简明健康测量量表——健康测量量表 SF-36（The Medical Outcomes Study 36-Item Short-Form Health Survey），因简单易操作，且在多个国家或地区试验信度、效度较好，而被国际生命质量评价组织、世界卫生组织（WHO）推荐使用，成为世界范围内的普适性健康检测量表。

主观生活质量涉及对健康质量、生活水平、生活环境的评价，而与健康相关的生活质量即健康质量评价方法作为一种新的健康测量与评价技术，是一个多维反映客观和主观方面的综合测量指标，临床上通过对特殊人群健康状况的测量来反映个体生活质量，主要包括躯体状态、心理状态、社会关系、环境状况、独立程度、精神（或宗教、个人信仰）等几个维度。早在 1948 年，卡诺夫斯基等就提出了著名 KPS 量表，用于测量患者日常的活动能力、工作能力、症状和失能状况；中国也在中医健康概念基础上研制开发出了中华生存质量量表（the Chinese Quality of Life Instrument，ChQOL），并具有良好的信度和效度（Zhao et al.，2005）。但最具代表性的生活质量量表是世界卫生组织生活质量量表（WHOQOL-100），这是世界卫生组织根据生活质量概念在近 15 个不同文化背景下经过多年通力协作而研制的用于测定生活质量的量表，并在世界 37 个地区进行了考核。

2.4.3 研究述评

自近代工业革命特别是二战后经济全球化发展以来，国民健康、生活质量、幸福感问题渐渐成为社会及官方关注的焦点，健康及其相关生活质量也成为学界研究的热点。在联合国世界卫生组织的推动下，以及二战后整体健康运动的影响下，学界有关健康的研究、认识也越来越全面深刻，健康维度逐渐细化。在健康及其相关生活质量量表研究编制方面主要是，以“躯体、心理、社会”健康三维度，以及“躯体、心智、情绪、精神”健康四维度为基础，形成单维度或多维度健康及其相关生活质量量表，用以对特定患者以及非特定人群展开评定测量。尽管有关健康维度、生活质量研究及其量表开发方面取得了显著成果并对预防医学、治疗医学、健康教育实践产生了积极影响，但仍存在两方面的明显不足：一是健康维度之间的关系研究尽管在自身认知理论指导下已经展开，但仍然有待深入；二是以英语国家特别是美国为首开发的健康及其相关生活质量量表在不同国家、地区、民族文化情境下还有待进一步的信度、效度检验，并加以完善。

第3章

理论基础

科学研究领域的心理学诞生于19世纪后半叶，根植于西欧、北美，作为其亚领域的社会心理学则起步于20世纪初期，形成了关注个体心理、行为与社会关系的研究领域。例如，谢利夫（Sherif，1936）通过光点移动错觉实验对小组如何形成规则，向小组新成员如何传递规则，以及小组成员地位或声望如何对规则形成产生影响展开了独立研究；库尔特·勒温（Kurt Lewin，1935）提出了“场理论”，明确说明行为是个体及其环境的函数，即B=f（P，E），其中B为行为，P为个体人格，E为环境。二战以后，北美整个心理学领域的研究文献显著增加，研究范围不断拓展，而社会心理学亚领域是其中增长最为显著的领域之一，渗透到社会应用各个领域以解决广泛的社会问题，促进了应用社会心理学兴起、发展、盛行，社会心理学理论与方法渗透到诸如广告、商业、教育、环保、法律、政治、政策、宗教、运动等领域，当然也包括压力管理、休闲行为、旅行旅游，以及健康恢复—维持—促进领域，从而产生了压力管理（社会）心理学、休闲（社会）心理学、旅游（社会）心理学、健康（社会）心理学等分支领域，将压力管理、休闲行为、旅行旅游、健康促进纳入心理学、社会心理学研究。

早期的主流社会心理学对休闲的关注相对较少，研究者偶尔研究休闲与娱乐情境中他们感兴趣的社会议题。例如，麦克道格尔（McDougall，1908）把游戏看成人类的本能或天性；奥尔波特（Allport，1924）认为休闲是沉重工作的一种补偿。直到20世纪六七十年代伴随大众休闲、大众旅游在欧美发达国家的盛行，应用社会心理学概念的研究开始出现在旅游、休闲与娱乐研究文献中。研究者们的兴趣主题从关注旅游、休闲对个体心理特别是人格发展的影响，以及与户外游憩相联系的休闲动机、休闲满意度，到进一步关注休闲与工作关系，休闲与家庭、社会关系，以及休闲与健康、生活质量、幸福的关系等，从而使旅游休闲（社会）心理学科也日渐成熟。

从心理学、社会心理学，特别是认知心理学、行为心理学、情境心理学角度研究个体度假休闲调适对于缓解生活压力、促进身心健康具有重要意义，因为生活压力本质上主要是一种心理冲突或失衡的过程，休闲调适本质上是一种心理调适或平衡的过程。尽管大量对压力与健康的研究文献采用本能主义的“机体—反应”理论与行为主义的“刺激—反应”理论，以及交互主义（新行为主义）的“刺激—机体—反应”理论展开研究，但对于压力的休闲调适研究还离不开压力管理心理学、休闲心理学、健康心理学的心理冲突或失衡理论、心理调适或平衡理论、休闲调适理论，以及生理—心理—社会整体健康医学理论的指导。

3.1　情境：刺激→机体→反应理论

纵观社会心理学发展，如何最佳理解和预测人们的行为成为争论的焦点。兴起于 20 世纪初期的美国行为主义心理学派一反威廉·冯特（Wilhelm Wundt）为代表的内容心理学派（也称实验心理学派）只研究意识经验的做法，认为心理学不能只研究意识，应该像其他自然科学一样研究看得见、摸得着的有形东西，也就是行为——有机体用以适应环境变化的各种身体反应的组合；并认为人类所有的行为都是由先天与后天环境所决定，也就是先天基因加上后天环境所产生的结果。因此，在巴甫洛夫经典条件反射实验的影响下，其代表人物华生（Watson，1919）提出了“情境：刺激→反应”学习理论。但华生的“情境决定论”忽略了人的内部心理过程，于是在 20 世纪 30 年代出现了新行为主义心理学理论，修正了华生的极端观点。以斯金纳（Skinner，1938）为代表，在巴甫洛夫经典条件反射理论基础上提出了操作性条件反射理论，指出不仅要考虑到一个刺激与一个反应间的关系，也要考虑到那些改变刺激与反应关系的条件，认为在个体所受刺激与行为反应间存在中间变量——个体当时的生理和心理状态，是行为的实际决定因子，包括需求变量和认知变量。其中，需求变量本质上就是动机，包括性、饥饿，以及面临危险时对安全的要求、面对挑战时对成长的要求；认知变量就是能力，包括对象知觉、运动技能等。从而形成“情境：刺激→机体（需求与认知中间变量）→反应”学习理论，情境是作为学习发生的背景、条件支撑而出现，同时这种背景与条件支撑同样又成为学习的对象——知识。

在我国，“情境”一词最早出现在美学中，与“情景”相通，乃情景互动的产物，如唐朝诗人王昌龄最早《诗格》提出“诗有三境：一曰物境，二曰情境，三曰意境”，其中情境即指人们喜乐哀愁的情绪情感及心境，强调情境的情景交融性。在西方，“情境”概念最早出现在社会学中，美国社会学家托马斯（Thomas）与兹纳尼茨基（Znaniec）在 1918 年出版的《波兰农民在欧洲和美国》一书中最早提出“情境”概念，首次在社会分析中引入情境分析。社会学中的情境研究偏重于社会结构及社会互动的分析，认为情境是人类行为与社会文化相结合的可供观察的共同体，是人与社会环境互动的产物，一般将“社会情境”分为真实情境、想象情境、暗含情境三类，强调情境的社会互动性；人类文化学中的情境是人与文化环境互动的产物，强调情境的文化互动性。

在心理学领域，“情境”概念经过了一个从单子到整体、从物理到社会、从客观物质到主观心理的情境转换，直到人与环境“互动情境”的建构。情境对人的心理活动及其行为的影响讨论由来已久，早在 19 世纪六七十年代，实验心理学鼻祖威廉·冯特（1911）就提出了“情境气质”概念，用以阐明特定的情境在个体人格和气质形成中的作用。在人格心理学领域，则长期存在特质论与情境论的争论，而对特质论与情境论偏颇的批评，导致了 20 世纪 70 年代情境心理学的兴起，强调人与环境的相互作用（即人—环境互动论），这与社会心理学将“社会情境”看成人与社会环境相互作用的观点一致，如莱温（Lewin，1936）关于心理场论（B =（P,E），其中 B 为行为，P 为个体，E 为环境），以及阿盖尔等（Argyle et al.，1981）关于社会情境与人格特质关系的研究，都把“社会情境”看作人与社会环境的交互作用。可见，人与环境的“互动情境”成为心理学对情境的理解方式，情境意味着“在特定环境背景下，个体行为活动的即时条件，包括个体既成的人格倾向，当时的认知、情绪、意向特点等主体条件，也包括当时周围的环境，尤其是进入个体意识范围的环境（谷传华和张文新，2003）。

在中国文化情境与转型社会的背景下，城市居民日常生活环境压力源构成了压力情境、压力刺激，经过个体压力知觉、减压或健康需求的中间作用而产生“或战斗或逃离”“或暂时压抑或暂时逃离”的减压反应行为，包括休息休闲行为，特别是度假休息休闲行为，即生活压力情境：事件或环境压力源刺激→压力知觉、减压或健康需求→减压反应行为（如旅游、休闲）。而在非日常的旅游度假休闲情境中，通过休闲活动及其情境刺激，经过游客休闲知觉、健康需求的中间作用而产生之于“身心灵全人健康”①的休闲调适行为选择，包括身体、心智或智能、心情或情绪、心灵或精神、社会行为等方面的调适，进而达到健康恢复、维持、促进，即度假休闲情境：休闲活动或环境刺激→休闲知觉、放松与成长需求→休闲调适行为（如户外游憩、欣赏风景）。可见，这种从日常生活的惯常情境到旅游生活的非惯常情境转换对于人们身体、认知、情绪、精神、行为影响之大，这为情境调适或治疗实施提供了心理学理论基础（见图3－1）。国内有学者对这种环境或情境的变化及其行为影响展开了初步研究，提出了“惯常环境”“非惯常环境”概念（张凌云，2009），以及“旅游情境”（如旅游氛围情境、旅游行为情境）、“旅游场”概念（谢彦君，2005），国外也有学者提出了与“旅游情境”相似的“旅游想象”（Chronis，2012）和“旅游地方”（Urry，2004）的概念，这对于日常生活环境压力下的行为反应研究，以及非日常旅游情境下休闲调适行为选择研究也具有

① 香港大学陈丽云教授在《身心灵全人健康模式：中国文化与团体心理辅导》（中国轻工业出版社2009年版）中，依据西方整体健康或整体健康医学理论，提出了“身心灵全人健康模式”的全新的心理辅导模式，将西方的心理辅导形式和中国传统文化相结合，将传统医学、养生学、哲学思想等融会贯通，把太极、瑜伽、冥想等多种方法融入团体辅导过程之中，让团体成员借助各类身体活动和相关技巧，来达到自我的改变，从而具有非常鲜明的本土化特征。

一定启发作用。

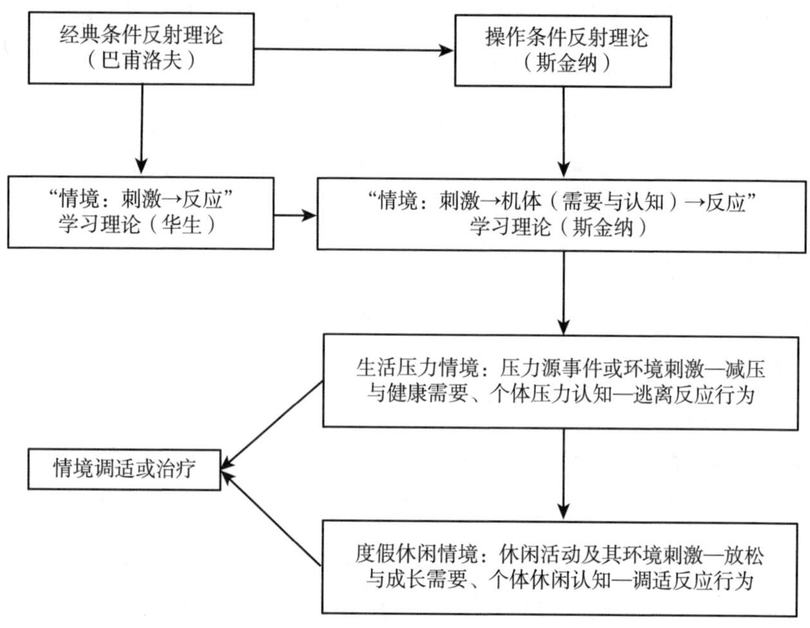

图 3－1　从“刺激→机体→反应”学习理论到情境调适或治疗策略

3.2　心理冲突或失衡理论

西方心理冲突是指两种及以上不同方向的需要、欲望、动机、反应、目标同时出现，心理的紧张甚至焦虑使个体处于一种矛盾的心理状态，是中国人常言“心理失衡”（如身心不和谐、人际关系不和谐、天人不和谐）的原因（乐国安，2002）。国外关于心理冲突的研究开始于 20 世纪 20 年代，但在 60 年代前主要以精神分析与行为主义为主导，强调内外自然因素作用；在 60 年代后主要以认知心理学为主导，强调主观认知因素作用，并先后出现了有关心理冲突的本能理论——本我满足与自我、超我约束冲突（Freud，1923）、驱力理论——趋避冲突（Miller，1944；Lewin，1948），以及自我不一致理论——自我概念（如自观、他观的现实自我）与自我导向（如自观、他观的理想自我与应该自我）的冲突（Higgins，1987），角色理论——角色内、角色间冲突（Allen，Herst and Sutton，2000；Frone，2000；Noor，2004），观念理论——不同价值观冲突（Lauterbach，1996），其中以驱力理论的趋避冲突最为有名。

按照心理冲突的形式，常用分类有米勒（Miller，1944）和勒温（Lewin，1948）研究的四种基本类型。（1）双趋冲突。两个需要、欲望、动机促使个体在行为上追求两个目标，两个目标无法同时兼得时（如购买房子就不能买汽车，在大城市机会多、易赚钱但很难有适宜的居住空间），二者只能取其一而又不愿割舍其他的心态，即属双趋冲突。（2）双避冲突。当个体发现两个目标可能同时具有威胁性，便会产生二者都要逃避的动机，但迫于形势，两难之中必须接受其一时，将形成双避冲突。（3）趋避冲突。当个体遇到单一目标同时怀有两个动机时，一方面好而趋之，另一方面又恶而避之，个人的情感与理性之间出现矛盾而形成痛苦，即起于趋避的心理冲突。（4）双重趋避冲突。这是双避冲突与双趋冲突的复合形式，也可能是两种趋避冲突的复合形式，即两个目标或情境对个体同时有利弊，面对这种情况，当事人往往陷入左右为难的痛苦取舍中，即双重趋避冲突。例如，在挑选工作时，一个机会物质待遇优厚而社会地位却不高，另一个机会是社会地位高而物质待遇不高。又如，在选择定居环境时，一个是大城市，机会多、工资高、潜规则少但居住环境质量不高；另一个是中小城市，居住环境质量好但机会少、工资低、潜规则多。其实，中国古代俗语“两害相权取其轻，两利相权取其重”就集中概括了双趋和双避冲突的抉择——认真权衡利弊，选择利重害轻。

按照心理冲突的表现程度，存在常形与变形两种类型，成为判断个体异常行为是心理问题还是神经症疾病的重要指标。其中，心理冲突的常态有两个特点。（1）与现实处境相联系，涉及大家公认的重要生活事件，如夫妻关系不和，长期想离婚又不想离婚，内心痛苦；城市生活纠结，一直想离开又不想离开。（2）带有明显的道德性质，无论持什么道德观点，总可以将冲突的一方视为道德的，而另一方视为不道德的。与此相应，心理冲突的非常态也有两种。（1）与现实处境没什么关系，或只涉及生活中的“鸡毛蒜皮”，一般人认为不值得为它操心，更无法理解很容易解决的问题为什么神经症性症候人群却难以解决。如某失眠者每天陷入是吃安眠药还是不吃安眠药的痛苦纠结中。（2）不带有明显的道德色彩。如吃不吃安眠药和道德没有什么关系。心理冲突的非常态是神经症性，如神经衰弱、焦虑神经症、社交恐惧症、强迫症、疑病症、抑郁性神经症等，而心理冲突的常态是大家都有的经验。如果陷入心理冲突的常态，甚至并没有痛苦的心理冲突，那么充其量是生理心理障碍，而不是神经症，就需要调适。但出现头痛、失眠、记忆力下降或内脏功能障碍，原来不明显的心理冲突便会尖锐化，很容易出现非常态，如明显的疑病症状，就需要治疗。

3.3 休闲调适理论

心理学包括生理心理学和社会心理学使用“调适”（或“适应”）概念时通常有三个角度：一是生物学意义上调适，即生理调适，如感官对声、光、味等刺激物的调适；二是心理上的调适，通常是指碰到压力、遭受挫折后借助心理内部适应机制，包括心理防御适应机制来使人减轻压力、恢复平衡的自我调节过程，这是一种狭义调适概念；三是对社会环境的调适，包括为了生存在社会支持下而使自己的行为符合社会要求的调适和努力改变环境以使自己能够获得更好发展的调适，这是社会调适的概念。

心理调适的核心是心理压力调适。调适自我来自两个方面的挑战或威胁：一是内在需求、欲望，包括先天本能需求和后天社会激发欲望；二是外部压力，包括单个事件压力、连续性事件即环境压力，经过认知评价，形成知觉压力，产生矛盾冲突，出现生理、心理、社会方面的压力反应，影响身心健康，需要通过调适以维持心理平衡（见图3－2）。

休闲对于压力的调适即休闲调适，除了部分生理调适应对（如休闲运动协调躯体以增强体质、科学饮食清理肠胃以补充营养）、社会文化调适应对（如基于休闲的团体治疗、家庭和夫妻治疗、兴趣爱好团体治疗、社区团体治疗）属于广义心理调适应对，其他都属于狭义心理调适应对过程。以西格蒙德·弗洛伊德（Sigmund Freud）为代表的本能主义、华生和

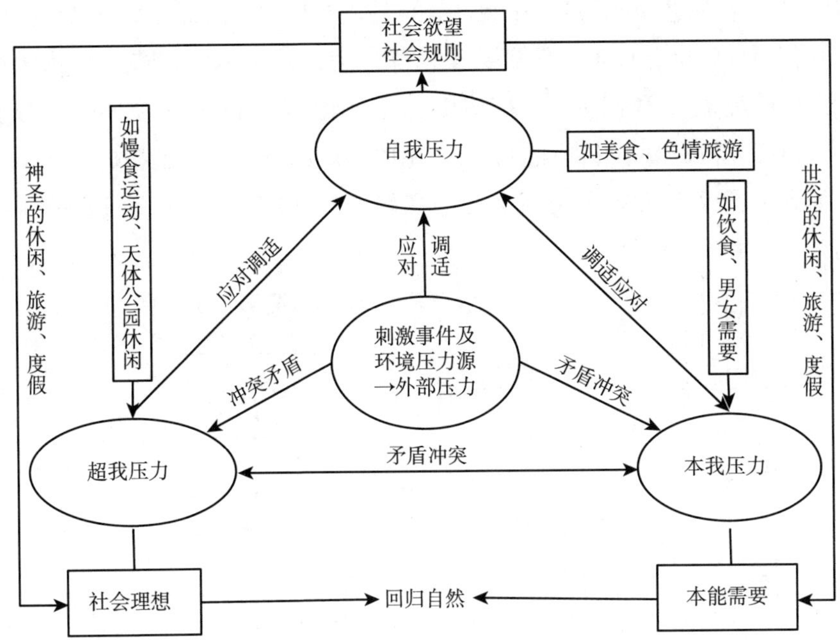

图3-2 个体面临的内外压力及调适应对

斯金纳为代表的新旧行为主义、罗杰斯和马斯洛（Rogers and Maslow）为代表的人本主义心理学理论发展的心理调适或治疗方法，包括精神动力治疗（如鼓励自由联想与精神宣泄、发泄潜意识压抑）、人本主义治疗（如鼓励了解自己与世界并独立成长）、行为治疗（如使用学习方法来改变情绪、行为）、认知治疗（如通过改变认知来改变情绪、行为）与休闲融合来达到心理平衡的目的，属于一种综合性整合调适或治疗。与中国人独创的心理学术语——心理平衡相通。其实，心理平衡主要指人们用幽默、外化、合理化等心理防御适应机制来调节对某一事物得失的认识，主要属于一种认知疗法。中国人之所以用“心理平衡”一词来形容这一心理调适应对过程，可以归结到传统思维中的阴阳对立与融合、福祸转换的文化基因上。

从图3-3可知，压力管理心理学、健康心理学通过对压力、调适、健康方面的研究，对压力矛盾冲突的调适应对首先要经历一个认知评价过程，包括对压力事件的初级评价、内外资源的次级评价（Lazarus，1993；2000），从而形成知觉压力，产生压力反应；然后再经过内部人格资源（如坚强度、理性度、乐观度等）的调节作用、外部社会支持资源的中介作用（Cobb，1976）缓解甚至消除压力，其中休闲人格（如休闲观念、度假观念）、休闲机会和度假机会（如闲暇时间、休闲空间等）分别成为内部人格资源、外部社会支持资源的组成部分，这样就构成了一个从失衡到平衡又新失衡再到新平衡的螺旋上升式的“压力—调适—健康”循环。

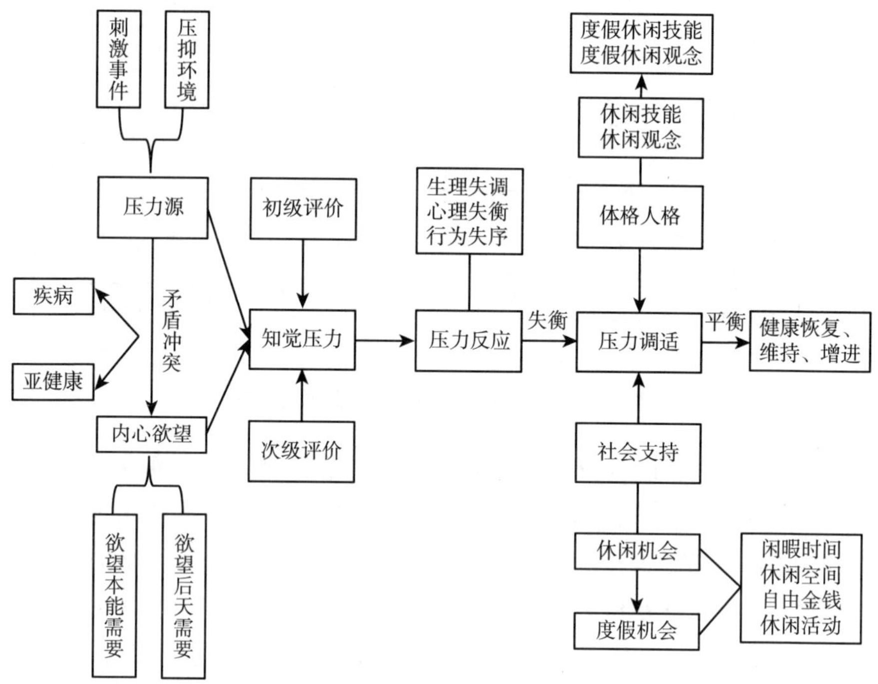

图 3－3　“压力—调适—健康”循环

在休闲社会心理学有关压力、休闲、健康的研究中，发现休闲的观念倾向于对负面压力的冲击起到缓冲或调节作用，有利于维持健康，如休闲友谊及其情绪支持（Coleman and Iso-ahola，1993）；在一般人群中发现休闲自主人格倾向在抵抗压力、维持健康方面起到了缓冲作用（Coleman，1993）；休闲友谊在预防跆拳道运动者身体疾病压力中起到了缓冲作用（Iso-Ahola and Park，1996）。

岩崎吉之和罗杰（2000）进一步验证了休闲调适或应对的观念倾向在抵抗压力、维护健康中的调节作用，以及休闲调适或应对策略方式对抵抗压力、维护健康的中介作用（见图3-4）。

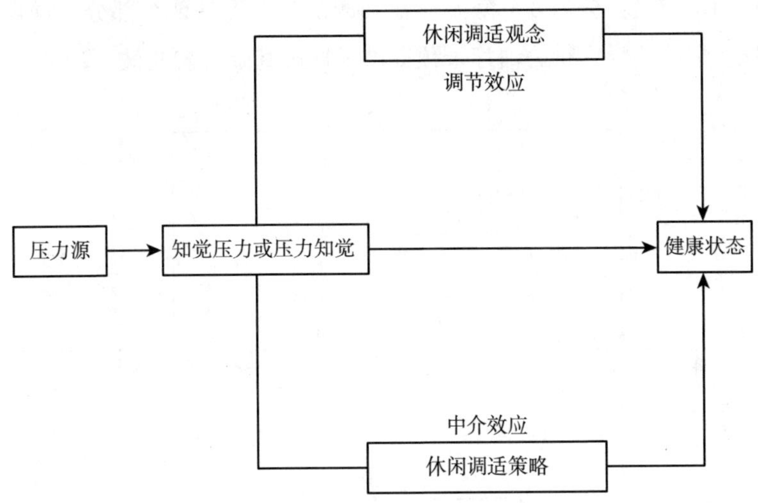

图3-4 休闲调适在压力与健康中的中间作用

资料来源：Yoshi Iwasaki and Roger C. Mannell. Hierarchical dimensions of leisure stress coping [J]. leisure study，2000，22（3）：163-181.

休闲调适观念（人格）在压力与健康中的调节效应反映了心理调适的内部适应机制特别是自我防御适应机制理论，包括建设性防御适应机制（如认同、升华、幽默）、替代性防御适应机制（如幻想、补偿）的作用；休闲调适策略①在压力与健康中的中介效应反映了社会调适中社会支持理论，主要是国家、社会、组织、个人等对休闲机会提供的影响。

作为狭义心理调适的内部适应机制，按照儿童心理学家皮亚杰（Piaget，1970）的观点，就是同化（指将客体纳入主体已有认知结构或行为模式的过程，主要是个体对环境的作用）与顺应（指调整原有认知结构或行为模式以适应环境变化的过程，主要是环境对个体的作用）的平衡。这是从“发生认识论”角度对调适过程做出的一种解释，可以认为心理调适就是主体对外部变化所做出的一系列自我调节的过程，其最终目的是重新适应新的环境变化。结合认知心理学和社会心理学的有关理论可表述为心理调适的内部适应机制（见图3-5）。这一机制表示，从出现不适应现象

① 国际上在将休闲调适看作压力与健康的中介变量时，通常使用休闲调适策略或方式一词。

到重新适应，中间一般要经历认知调节、态度转变和行为选择三个环节，其中认知调节又可分为外部资源评估和内部资源评估两个部分，这也为认知治疗、情绪治疗、行为治疗干预提供了理论基础（贾晓波，2001）。

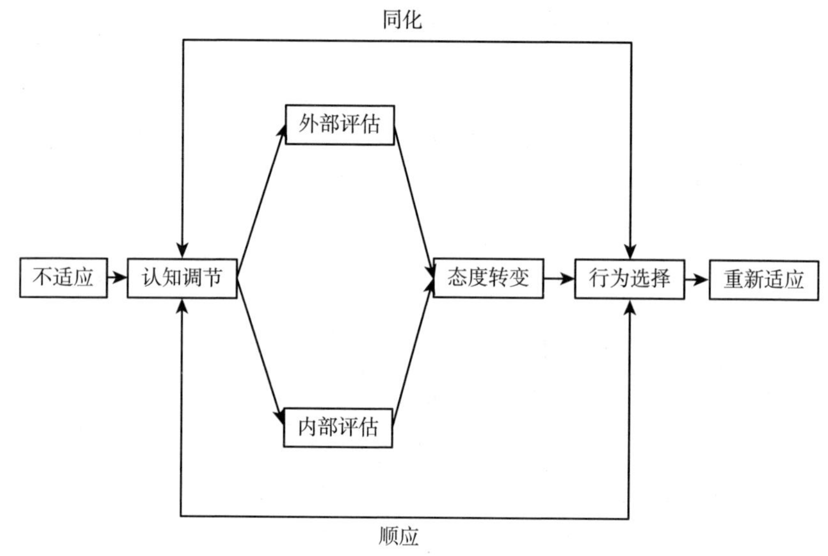

图 3－5　心理调适的内部适应机制

资料来源：贾晓波．心理适应的本质与机制［J］．天津师范大学学报（社会科学版），2001，(1)：19－23.

作为社会调适组成部分，“社会支持”概念在 20 世纪 70 年代初由精神病学引入，随后社会学和医学用定量评定方法，对社会支持与身心健康的关系进行了大量研究（House，Landis and Umberson，1988）。研究发现，除了心理内部适应机制特别是自我防御适应机制这一内在的心理系统能够抵御和缓解精神疾病外，个体所处的社会关系背景这一外在因素，对于精神病的防御与治疗也起着积极作用。但“社会支持”内涵在各学科间乃至同一门学科的内部并未达成共识。社会学家、精神病学家、流行病学家、心理学家等都从各自的理论视角出发来阐释“社会支持”内涵。国外以巴勒内尔（Barreea，1983）为代表，指出广义的社会支持包括：物质帮助，如提供金钱、实物等有形帮助；行为支持，如分担劳动、工作等；亲密互动，如倾听表示尊重、关怀、理解等；指导，如提供建议、信息等；反馈，如对他人的行为、思想和感受给予反馈；正面的社会互动，即为了休闲娱乐和身心放松而参与社会互动。这六种形式有些是有形的，有些是无形的，其中休闲机会属于正面的社会互动。国内以李强（1988）为代表，认为从社会心理刺激与个体心理健康之间的关系的角度来看，社会支持应该被界定为一个人通过社会联系所获得的能减轻心理应激反应、缓解精神紧张状态、提高社会适应能力的影响。从性质上看，社会支持是一种社会调适过程，主要表现在两大方面五个层面。一方面，客观可见的支持，包括物质金钱支持、网络关系支持（稳定的社会关系，如婚姻、同事、朋友等；不稳定的社会联系，如非正式团体等）、信息知识支持，这种社会支持不以个体感受为转移，是客观存在的现实。另一方面，主观体验的支持，即个体在社会生活中受尊重、被体谅的情感支持，价值共鸣及其满意度，这类支持与个体主观感受密切相关（见图 3－6）。

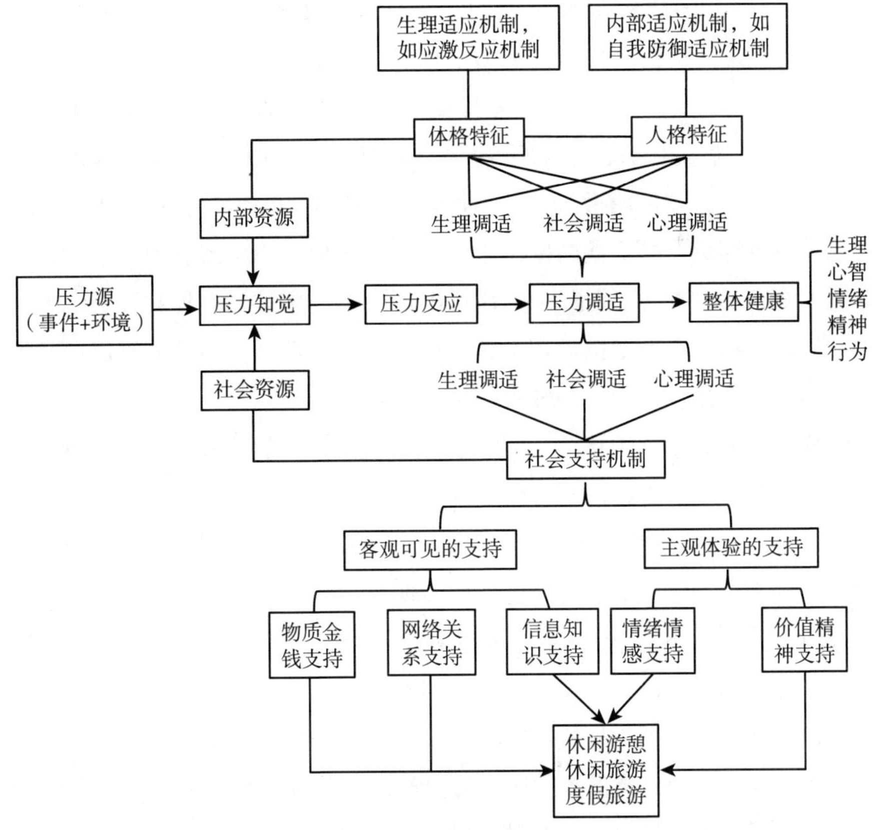

图 3－6　休闲游憩、休闲旅游、度假旅游与社会支持机制的关系

3.4 整体健康医学理论

医学模式是人类关于健康与疾病的基本观点，即健康观与疾病观。医学模式从医学实践中来，是对医学实践的理性反映与理论概括；同时又回到医学实践中去，是医学临床实践活动与医学科学研究的指导思想和理论框架。迄今为止，人类历史上经历了三个医学时期，并相应存在过几种比较典型的医学模式：古代朴素的经验医学时代（如神灵主义医学模式、自然哲学医学模式）、近代实验医学时代（如机械论医学模式、生物学医学模式）、现代整体健康医学时代（即生物—心理—社会医学模式）。

随着科技革命推动传统社会向现代社会的转型发展，特别是 20 世纪 50 年代以来，“疾病谱”与“死因谱”发生了根本性变化。一类由生物因子（如细菌、病毒、寄生虫）所导致的疾病已被基本控制，另一类疾病（如心脏病、脑血管病、恶性肿瘤病、精神病等）却成为人类健康的主要危害，而曾为人类健康做出过重大贡献的生物医学模式，在这些疾病面前束手无策。因为这类疾病的发生原因主要不是生物学因素，而是心理、社会因素。于是，在 20 世纪 70 年代便出现了综合生理、心理和社会因素对人类健康与疾病影响的医学观，这就是生物—心理—社会整体健康医学模式，即从生物角度观看人的健康，从心理心灵角度观察人的健康，从社会角度衡量人的健康。1948 年，世界卫生组织提出：健康是指一种身体、心理和社会的完美状态，而不仅仅是没有疾病或虚弱。

20 世纪 70 年代初，布鲁姆（Blum，1974）提出了环境健康医学模式，指出影响人类健康的因素有环境、生物遗传、行为生活方式、卫生服务四大方面。其中，环境因素包括自然和社会环境，特别是社会环境对健康有着十分重要的影响。接着，拉隆达和德威尔（Lalonde，1974；Dever，1976）对环境健康医学模式进行了进一步修正和补充，提出了综合健康医学模式，认为影响人类健康的四大类因素，每类可分为三个因素，共计 12 个因素，即环境因素（包括自然、社会、心理环境）、生物遗传因素（包括遗传、成熟老化、综合内因）、行为生活方式因素（包括职业危险、生活危害、消费形式）、卫生服务因素（包括预防、治疗、康复）。各类因素对不同疾病影响是不同的，如心脑血管病以行为生活方式、生物因素为主；意外死亡以环境因素为主；传染病以卫生服务为主。综合健康医学模式为制定卫生政策、指导卫生保健工作提供了理论基础。后来，美国纽约州罗切斯特大学医学院精神学和内科学教授恩格尔（Engel，1977）提出应用生物—心理—社会整体健康医学模式取代生物医学模式（见图 3 – 7），他认为生物医学模式关注导致疾病的生物化学因素，而忽视心理、社会维度，是一个简化的、近似的观点；并指出，为理解疾病的决定因素，以及达到合理的治疗和卫生保健模式，医学模式必须考虑到病人、病人生活在其中的环境，以及由社会设计来对付疾病破坏作用的补充系统，即医生的作用和卫生保健制度。

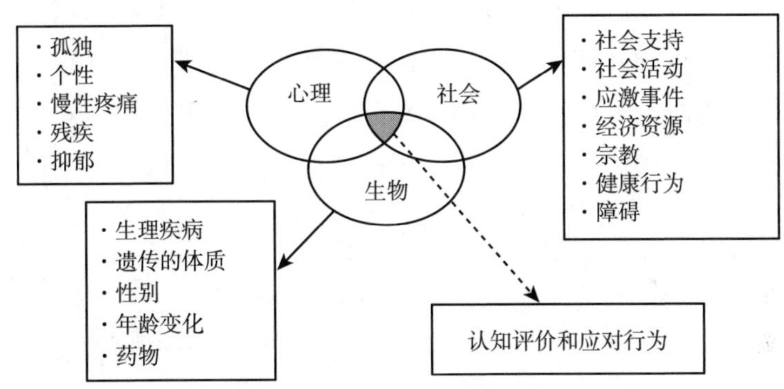

图 3 – 7　生物—心理—社会整体健康医学模式

资料来源：George L. Engel. The Need for a New medical model：A challenge for Biomedicine［J］. Science，1977，196（4286）：129 – 136.

生物—心理—社会整体健康医学模式取代生物医学模式不仅反映着医学技术的进步，而且标志着医学道德的进步。生物—心理—社会整体健康医学模式在更高层次上实现了对人的尊重。生物医学模式重视的是人的生物生存状态，病人只要活着，只要有呼吸、有心跳，即使是低质量地活着，医务人员也应该救治。生物—心理—社会整体健康医学模式不仅重视人的生物、生存状态，而且更加重视人的社会生存状态，从生物和社会结合上来理解人的生命，理解人的健康和疾病，寻找疾病现象的机理和诊断治疗方法，特别是心理、社会致病机理及其治疗方法，是对人的躯体、心理、社会行为的全方位关注和尊重。

度假休闲调适的结构维度及量表开发

为准确把握度假休闲调适的结构维度，本章在全面提炼相关指标的基础上设计问卷展开调查，然后采用探索性因子分析提取维度，并依据整体健康观点进行维度命名及属性划分，具体研究思路如图4-1所示。首先，对度假休闲体验特征进行分析，把握度假休闲体验与整体健康需

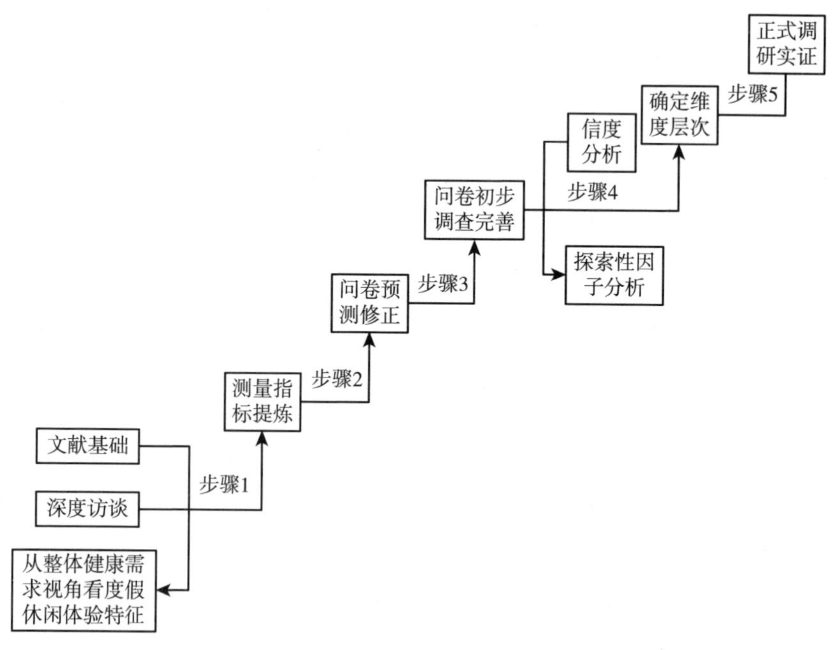

图4-1　度假休闲调适结构维度的研究思路

求之间的关系；其次，在文献分析的基础上结合访谈内容全面提炼度假休闲调适的测量指标，经过预测试修正后形成初步问卷；再其次，针对度假游客进行休闲调适问卷调查，对数据进行信度检验及探索性因子分析；最后，依据数据结果确定度假休闲调适各维度及量表，构建度假休闲调适结构层次体系，并与西方学术界提出的一般休闲调适维度及开发的量表进行比较。

4.1　设计测量指标依据

4.1.1　从整体健康需求视角看旅游度假休闲体验特征

20 世纪 90 年代以来，随着我国工业化、城市化发展，城市居民生活节奏日益加快，生活压力开始加大，旅游度假休闲开始在我国东南沿海省份发展起来。2003 年“非典”疫情后，国民健康意识开始觉醒，健康休闲、健康旅游、健康度假逐渐被人们所认同。现代社会快节奏的生活对健康产生了极大的负面作用，迫切需要度假休闲调适乃至专业性的休闲治疗对整体健康展开全方位调适、针对性治疗，而综合性、专业性旅游度假地成为首选之一。因此，要对度假休闲调适策略或方式的结构维度进行研究，首先应结合游客健康特别是整体健康需求对度假休闲体验进行分析，以准确把握度假休闲体验特征。

（1）身体放松，功能恢复。对于现代工厂制下流水线工人一族、办公室中电脑前白领一族、作息时间不规律的熬夜一族等，无不造成了身体各个部分的失衡、各个系统的失调，以及整个身体肌肉的紧张疲惫，需要休假、休息、休闲来加以调适。通过一地停留、睡眠休息、营养美食、保健养生、有氧运动等各种活动方式，求得身体放松、舒服。

（2）头脑放空、心智解放。由于现代社会信息爆炸，电视、电脑、手机、报纸、杂志、刊物等信息载体，特别是以手机为核心的移动互联网各种信息充斥头脑，形成信息超载、信息负荷。通过度假来放空头脑，清理垃圾信息，以求注意力、感知力、逻辑力、判断力提升，也成为一种心智放松需求。

（3）情绪调整，心情快乐。在工作、生活、环境多重压力下，自然产生诸多负面感觉、负面情绪。度假期间环境的改变，远离喧嚣城市，亲近自然环境，体验质朴文化，欣赏大美风景，娱憩活动的参与都有助于暂时忘却烦恼，带来心灵的平静，也能使情绪得到调适，使得负面感觉、负面情绪下降，正面感觉、正面情绪提升。

（4）心灵升华，境界提升。由于度假旅游地自然生态良好、环境优美，慢乐生活、在地文化等为度假旅游者寻找天人合一、人人和睦、身心和谐，以及有意义的人生、有价值的生活提供了多方面体验和感悟。

（5）社会交往，文化交流。与惯常功利化的人际关系、多重角色不同，异地度假休闲体现的主要是非功利化的人际关系、单一旅游人角色。因此，度假期间为度假者转换角色，亲近家庭、家族、朋友、同事、邻居关系，并发展与其他游客、服务者、当地居民的人际交往提供了互动平台，如亲子活动、团体活动、社区体验活动、服务互动活动、游客交流活动，等等，这在主打国际文化交流主题的地中海俱乐部度假酒店中体现得最为明显。

4.1.2 深度访谈

“访谈”就是事先拟订访谈提纲，通过口头谈话方式自由交流，从被研究者那里收集第一手资料的方法，这种方式可以了解受访人的心理与行为。深度访谈是经过训练的采访者以一对一的形式，通过互动式的交流，针对某一论点对被访问者提出一系列探索性的问题以获得对方看法的方式，以使研究方案更加切合实际。为了弄清度假游客对度假休闲体验感知与休闲消费的倾向，从而为度假休闲调适策略或方式的测量指标奠定基础，本书采取深度访谈的方式与37名度假旅游达人进行了交流，并剔除了8名个人信息资料不全者。深度访谈过程包括了访谈前的大纲准备，访谈中的内容记录及访谈后的信息整理。

1. 访谈对象及方法

访谈对象的选择标准包括：（1）高工作压力行业、职业、岗位者，如公务员、医生、教师、科研人员、保险金融人员、企业高管等；（2）大城市中产或中等收入阶层；（3）具有丰富度假旅游经验的度假旅游者。为了解不同旅游度假的感受，主要以非随机、非固定时间地点方式访谈微信圈中亲友、同事、邻居及其相关联的一些度假旅游爱好者为主，其中前者（如亲友、同事、邻居）主要以面对面形式展开，后者（相关联的人）主要以微信、QQ 聊天等轻松自在的方式展开，共计 37 人。访谈在 2016 年 7 ~9 月陆续完成。

2. 访谈内容

访谈时首先向受访者解释旅游度假（或度假旅游）、压力知觉（或知觉压力）、休闲调适、整体健康等有关概念及其外延。其中，旅游度假是利用假期（如周末休假、法定节假、带薪休假、寒暑假等）外出进行令身体与精神放松的康体休闲方式，如在滨海、邮轮、湿地、滑雪、休闲城市、特色小镇、美丽乡村等。通常在一个地方停留时间较长，并进行有益于身心放松的休闲体验活动，如体育运动、保健养生、文化娱乐、项目游乐、户外活动、风景观赏、自然生态体验、地方或民族文化体验等。压力知觉即对持续性的外来刺激事件或环境及其内外应对资源的认知评价，包括正性压力、中性压力、负性压力，只有负性压力才是通常意义上所说的压力；休闲调适即以休闲体验方式来应对压力，调整自己适应生活，主要包括生理、心理、社会调适，其专业化发展即为休闲治疗；整体健康是生物—心理—社会整体医学的健康观，涉及生理、心理、社会行为健康等多个方面。

为了使访谈有序有效进行，针对聚焦问题，作者在访谈前围绕调研内容拟订了一个开放式访谈提纲（参见附录 1），除个人信息以外，主要访谈内容涉及以下几个方面，其中第 1 个问题主要为生活环境压力知觉量表而设，第 5 ~6 个问题主要为管理对策而设。

（1）在前半年内，您生活中的负面压力主要来自哪些方面（如健康、家庭、工作、生活节奏、城市环境、经济状况、科技发展、社会保障、人际关系、信息爆炸、法治状况、信仰信念等方面）？是否有处于似病非病的亚健康状态感觉？

（2）一年中各种假期（如周末、节日、带薪休假、寒暑假等）一般是如何度过的？其中外出旅游度假的主要动机与目的是什么？

（3）每次旅游度假出发之前、期间、结束后，在身心（如身体功能、心智反应、情绪变化、精神感悟、言语行为及人际关系等）方面，您有什么不同的体验感受？您最喜欢的旅游度假地与休闲体验项目是什么？

（4）您感觉在本地休闲游憩（如城区、郊区“一日游”）与异地旅游度假（如一地过夜或多日游）有什么不一样？这种从日常生活惯常环境到旅游度假非惯常环境的转变，您感觉身心有什么变化？对您休息睡眠、休闲减压有作用吗？

（5）每次旅游度假回来后，您能更好地工作、生活、学习吗？多久以后才会出现新的不适应，又想外出旅游度假？

（6）您觉得在工作、家庭义务、社会义务之余经常外出旅游度假是生活必须吗？我国休假特别是带薪休假制如何调整才更为科学合理？

3. 访谈信息分析整理

受访者根据各自到达过的度假旅游胜地，体验过的度假旅游经历，自由交谈了切身的体会感受。访谈之后作者对记录信息进行了梳理归纳，主要内容如下。

（1）在压力来源及亚健康状态方面，除了一些刺激性事件压力外，主要是来自转型社会下工作、家庭、经济、福利、城市环境等方面持续性刺激事件所带来的慢性压力，29 份有效样本几乎都表现出亚健康状态。

（2）在休假方式与度假动机、目的方面，除了传统节日、寒暑假回家看望父母、祭拜祖先外，一般情况是“周末 +1 天短假”在环城市游憩带上自驾旅游，度假游憩；“周末 +3 天长假”及寒暑假则进行出省、出境远距离度假；如果是职业比较自由的，则会选择错峰出行。度假动机主要是缓解压力、休闲放松，度假目的则比较多样，但主要与社会人际互动（如陪伴家人、亲子活动等，或找机会结交下新朋友）、调节情绪（如减少负面情绪、维持正面情绪），以及改变、提升自己（如开阔视野、增长见识、体验人文风情等）有关。

（3）在旅游度假前、中、后的身心体验感受差异方面，一般是旅游度假前主要表现出期待、兴奋的心情，个别也表现出紧张、担心、焦虑的情绪；度假旅游期间则主要有身心的享受、放松感，情绪的平和感，人际的和睦、和谐感，自我的反思、觉悟感；度假旅游回来后则主要表现为生活满足、工作效率提高，以及意犹未尽，期待下次出行等状况，当然也有重回原来生活与工作时短暂的不适感。

（4）在本地休闲与异地度假差异方面，因为距离、时间、环境不一样，加上住宿休息，从而使异地度假表现得更放松、更兴奋、更新鲜、更有激情、更有意义，也就更能减压。

（5）在旅游度假回来后的生活、工作、学习适应方面，一般来说表现为生活更为满足、工作效率更高，当然也有部分感觉与度假前没有明显不同，还有少部分存在短暂不适感，特别是累（如自驾游者）、烦（如旅游前任务或事情未处理完好者）。在两次旅游度假间隔时间方面，一般认为，大约在1～3个月就想做短距离旅行，半年左右就想做长距离旅行，甚至个别人每周都想出去转一转。

（6）在带薪休假认识方面，绝大多数受访者认为带薪休假是生活所必需的，并提出了相应地完善对策，包括强制休假、与事假结合、依工作价值和劳作强度决定休假天数，以及按各地区、各行业实际处理，等等。

（7）所选择的度假地多种多样，包括滨海、温泉、风景地、休闲城市、特色小镇、美丽乡村等；受访者主要来自大中城市，压力较大的行业、职业和岗位，文化层次普遍在大学以上，年龄以三四十岁为主，收入以中等收入阶层为主，男女人数基本各半。

有关受访者压力来源以及度假休闲体验的详细信息整理如表4－1所示。

表4－1　　对度假休闲体验深度访谈的内容整理

受访者序号	压力源及健康状态	旅游度假后的身心变化感受	喜爱的旅游度假休闲体验项目	期待的旅游度假休闲体验效果	常居地、性别、学历、年龄、职业、度假地
1	工作；亚健康	身累心不累，兴奋、忘记工作烦恼	亲子、文化体验、风景观光	自由自在，好友结伴尽兴而欢	合肥市，女，大专，39岁，小学教师，宏村

续表

受访者序号	压力源及健康状态	旅游度假后的身心变化感受	喜爱的旅游度假休闲体验项目	期待的旅游度假休闲体验效果	常居地、性别、学历、年龄、职业、度假地
2	家庭、担心健康；亚健康	生活满足、工作效率提高	亲子、文化体验、风景观光	放松身心（忙完任务后更放松）、陪伴家人、增加见识	广州，女，研究生，34 岁，高校教师，桂林
3	婚恋问题、价值观；无亚健康	更平和、更坦然、更脱俗	看风景、体验当地生活	放松心情、陪家人、看风景、长见识	广州，女，研究生，29 岁，上市公司行政助理，泰国
4	工作；轻微亚健康	如电脑清空垃圾一样，清爽	自驾、风景、美食	放松心情、开心	广州，男，本科，26 岁，保险公司助理，汕头南澳岛
5	工作累；亚健康	审视自己，改变现状	慢游、深度体验	散心、开心	广州，男，大学，33 岁，保险公司职员，厦门
6	工作、人际关系；偶有亚健康	身心舒适	吸氧、体验新事物	放松身心	广州，女，大学，24 岁，记者，海南
7	担心健康、工作；亚健康	身累心不累，释放压力，心情平和，生活美好	体育锻炼、品尝美食、亲近自然	放松，联络家人、亲朋感情	广州，女，研究生，35 岁，事业单位行政人员，肇庆
8	家庭、工作；亚健康	放松享受	看风景，各种参与性体验活动	放松身心，亲子活动、长见识	广州，男，研究生，40 岁，高校教师，从化
9	工作压力、潜规则；亚健康	生活更美好，奋斗有动力	亲子活动，自然、文化体验	家庭健康幸福	广州，女，研究生，45 岁，大学教师，阳江
10	法治状况，城市环境；微亚健康	自由放松、生活享受	吸氧、徒步、观光	放松身心	中山，女，大学，50 岁，中学教师，从化
11	工作；亚健康	交朋结伴，收获见识	人际交流、自然与文化体验	接触大自然，放松心情	温州，女，本科，39 岁，医疗行政，北戴河

续表

受访者序号	压力源及健康状态	旅游度假后的身心变化感受	喜爱的旅游度假休闲体验项目	期待的旅游度假休闲体验效果	常居地、性别、学历、年龄、职业、度假地
12	工作；亚健康	生活更有激情、更有意义	徒步、骑行、生态文化体验	改变生存环境与生活状态	温州，男，大学本科，43 岁，医师，西北青海湖
13	工作、人际关系、城市环境；无亚健康	心情愉悦、倍感幸福，能更好面对工作、生活	观光，生态与民俗体验	看风景，体验自然生态与人文风情	温州，男，中技，41 岁，医院技工，川西无人区 + 乡村
14	工作；无亚健康	休息放松	人文观光、户外游憩	放松心情，体验当地人文景观	上海，男，大学，40 岁，金融理财师，上海郊区
15	家庭人际关系；无亚健康	身心放松，生活得心应手，家人（朋友）感情加深	风景观光、文化体验	放松心情，开阔视野，增强家人、朋友感情	佛山，女，大专，46 岁，家庭主妇，广西德天瀑布
16	家庭、工作；亚健康	轻松愉悦	自然体验、户外游憩	改善家庭关系，提高生活质量	温州，男，大学，38 岁，工程管理，温州郊区
17	工作、经济、城市环境；亚健康、失眠	满足	欣赏当地美景，品尝美食、了解文化	慢生活，改变环境、结交朋友、反思，亲子游、增加见闻	广州，女，研究生，35 岁，大学教师，扬州
18	工作、环境变化太快；亚健康	开阔心胸、多些慈悲、正能量	观光风景、体验文化	增长见识，感受不同环境，让自己更理解事情	广州，女，大专，50 岁，行政人员，泰国
19	工作、赚钱的欲望；无亚健康	工作积极性高	看风景、体验文化	散心解压	汕头，男，本科，28 岁，服装公司总监，鼓浪屿
20	工作、家庭；不清楚	开心，人际协调	看风景，体验人文，户外游，团队活动	放松心情，看看世界	广州，女，研究生，34 岁，科研人员，澳大利亚
21	工作、经济状况；微亚健康	愉悦享受，忘却压力和烦恼	观光风景、文化体验、户外活动	放松长期紧绷的神经，陪陪家人，希望亲朋好友一起享受	上海，男，研究生，40 岁，大学教师，上海召稼楼古镇

续表

受访者序号	压力源及健康状态	旅游度假后的身心变化感受	喜爱的旅游度假休闲体验项目	期待的旅游度假休闲体验效果	常居地、性别、学历、年龄、职业、度假地
22	工作、经济状况、人际关系；亚健康	身心放松，重新思考世界人生	户外活动，看风景，体验人文	放松身心	广州，女，大学，31岁，金融理财，珠海
23	工作、经济；亚健康	开心放松	体验风景、人文，参加户外活动	自由放松	广州，男，本科，29岁，保险代理人，黄山
24	工作、健康；亚健康	放松；文化体验和增长不一样的经历，开阔眼界，也会有些反思	文化体验，观光风景	观光、体验	广州，男，大学，36岁，公司职员，河源万绿湖
25	工作；无亚健康	放空、放松，新鲜，活在当下（享受人生）	自然风景，城市生活，走街串巷，用脚步去丈量	吃、玩，带小孩出去走走，了解外地文化习俗	广州，男，本科，36岁，企业工程师，河源万绿湖
26	工作、家庭、他人评价；有点焦虑、疲惫	放松身心，拓宽视野，长些见识	亲子活动，感受自然生态、当地人文风情	放松身心，家庭互动，开阔视野、增长见识	广州，女，研究生，45岁，大学教师，河源万绿湖
27	健康，无亚健康	情绪、人际关系更好，身体有些疲劳，人文感受多	发现美景、感受人文民俗	放松心情	广州，女，研究生，43岁，大学教师，贵州
28	健康、家庭、城市环境、经济状况、法治状况；亚健康	压力减轻，休息好，精神状态更好	看风景，体验自然生态、当地人文民俗	全家放松心情，让自己和小孩见见世面，长长见识	广州，女，研究生，38岁，大学教师，黄山
29	工作，身体，失眠；亚健康	回归自然，身心放松，但度假回来后面对城市环境与工作又产生烦恼	看风景，体验人文	回归自然本我	广州，女，中专，41岁，大学行政人员，云南

4. 受访者度假休闲体验感受的总体特征

依据表4－1信息的分析与整理，发现受访者的度假休闲体验感受主要表现在以下几个方面。

（1）身体得到休息放松，各器官、各系统得到平衡，紧张疲惫感得到缓解。这主要是通过一地停留、睡眠休息、生态美食、保健养生、有氧运动等各种活动项目实现的。

（2）头脑得到放松，重新焕发活力。这主要是通过度假环境或情境调适，以及慢生活、挑战休闲项目来实现的。

（3）负面情绪得到调整，正面情绪有所提升。如前所述，度假期间远离喧嚣城市，亲近自然，体验质朴文化，欣赏大美风景，参与娱憩活动都有助于忘记烦恼压力，带来心灵片刻安静，基于自然环境的各种各样户外游憩活动成为释放情绪的有效途径。

（4）产生心灵或精神体悟，思想境界有一定提升。这主要是通过居住地与度假地的自然生态、大美风景、不一样的人文民俗比较，从而产生多方面的体验感悟，包括生活满足、工作积极性提高，生活价值、生活意义感增强，并发现兴趣爱好、自由独立的珍贵，以及生态自然、人文民俗的价值，乃至自我反思。

（5）社会文化适应增强。经过旅游度假，短时摆脱了世俗功利关系，以及多重角色压力，也对不同自然环境、社会文化的适应性有所增强，从而间接地有助于身心健康。

（6）压力有所缓解，身心健康有所恢复、维持乃至增强。度假旅游者对户外游憩活动越来越感兴趣，像户外漂流、徒步、骑行、亲子活动等渐成风潮，在自然生态环境中开展体育锻炼、保健养生、游戏游乐、休闲游憩活动已经成为城市人休闲放松的一种生活方式。

4.1.3　文献基础

为保证问卷设计的科学性与合理性，量表的各项可行性指标都是通过深度访谈与文献基础来设计，前面对度假游客进行了深度访谈并就内容做了归纳整理，下面就休闲调适维度及相关指标研究的文献做进一步整理。

（1）休闲调适策略或方式[①]维度构成研究。面对压力及其所导致的疾病、亚健康状态，离不开包括生理调适、心理调适和社会调适（Santrock，2006；贾晓波，2001），特别是有效调适及应对（Folkman and Moskowitz，2004）。在各种各样应对资源与策略中，休闲研究者认为休闲是帮助人们应对压力，以及恢复、维持、促进健康的重要方式，并在理论建构与实证检验方面提供了支持（Caltabiano，1994，1995；Coleman，1993；Coleman and Iso-Ahola，1993；Driver，Brown and Peterson，1991；Hull and Michael，1995；Iso-Ahola，1997；Iso-Ahola and Park，1996；Iwasaki and Mannell，1999；Iwasaki and Smale，1998；Patterson and Coleman，1996；Zuzanek，Robinson and Iwasaki，1998）。实际上，“谁有压力，谁就需要休闲”。于是，人们的休闲意识、休闲观念等人格特征，以及休闲策略、休闲方式等活动选择成为压力调适的有效路径。在压力、休闲、健康有关的研究文献中，包括休闲或游憩治疗（Davis，1936；Austin and Crawford，2001）、休闲调适及应对（Iwasaki and Mannell，2000）两个概念。前者具有专业性特征，并主要针对疾病患者，以非药物、非手术的心理、社会辅助治疗来恢复健康为目的，属于“治已病”；后者不具有专业性，并主要针对非特异亚健康、健康大众人群，以生理、心理、社会调适来维持、促进健康为目的，属于“治未病”。休闲调适从休闲人格特征、休闲活动策略二维作为压力与健康的调节变量、中介变量而发生作用（Iwasaki and Mannell，2000），前者成为内部资源中的人格特征，而后者成为外部资源中社会支持的有机组成部分而对解压、健康产生积极影响。

如图 2－14 所示，依据岩崎吉之和曼奈尔（2000）的研究，休闲调适涉及休闲调适信仰或信念、休闲调适策略或方式两个层面。休闲调适信仰或信念包括休闲自主和休闲友谊（Iso-Ahola and Park，1996），前者由自主与赋权意识两个维度构成，后者由情绪支持、自尊支持、有形援助与信息

---

① 国际上在将休闲调适看作压力与健康的中介变量时，通常使用“休闲调适策略或方式”一词。

支持构成，这体现了社会支持的不同作用或功能（Pierce et al.，1996；Vaux，1992；Veiel and Baumann，1992）。当然，休闲信仰或信念作为休闲人格特征尽管对压力具有调节作用，但不属于本书研究范围。

本书关注活动方式层面的休闲调适策略或方式，包括友伴式休闲（Iso-Ahola and Park，1996；Bolger and Eckenrode，1991；Moen，Dempster-McClain and Williams，1989；Rook，1987）、身心舒缓式休闲（Caldwell and Smith，1995；Driver et al.，1991；Iso-Ahola and Crowley，1991；Mannell and Kleiber，1997；Patterson and Carpenter，1994；Sharp and Mannell，1996；Weissinger，1995）、情绪改善式休闲（Hull，1990；Hull and Michael，1995）三个维度。度假休闲调适属于度假环境或情境下的休闲调适，不仅具有休闲调适特征，而且具有度假旅游特征，因此度假休闲调适策略或方式维度及量表还需要结合前人对度假旅游动机与目的的研究。从整体健康方面，包括生理、心理、社会行为三个维度看，显然休闲调适策略或方式维度与度假旅游动机、目的研究较多关注了身体调适、心智与情绪调适、社会人际调适，而对心灵或精神价值方面的调适关注不够，只有王莹（2006）在思辨比较中提到了度假旅游的“自我完善”特征。

（2）休闲调适策略或方式各维度指标研究。关于休闲调适策略或方式各维度的测量指标，学者们针对不同研究对象也进行了探讨。第一，友伴式休闲。友伴式休闲指标包括：与好友结伴休闲、休闲中社会交际、与他人结伴休假、积极参与社交式休闲、无友伴独自休闲、参与分享社交性休闲（Iso-Ahola and Park，1996；Bolger and Eckenrode，1991；Moen、Dempster-McClain and Williams，1989；Rook，1987；Iwasaki and Mannell，2000；Iso-Ahola，1982；Swarbrooke，1999）。第二，身心舒缓式休闲。身心舒缓式休闲指标包括：暂时逃避问题、逃离现实、调适忙碌生活、问题新视角、激活精神状态、休憩放松（Caldwell and Smith，1995；Driver et al.，1991；Iso-Ahola and Crowley，1991；Mannell and Kleiber，1997；Patterson and Carpenter，1994；Sharp and Mannell，1996；Weissinger，1995；Iwasaki and Mannell，2000；Iso-Ahola，1982；Leiper，1985；Strapp，1988；Pearce，1995；Holloway，1997；Swarbrooke，1999；徐菊凤，2008）。第三，情绪改善式休闲。情绪改善式休闲指标包括：保持积极感、获得积极

感、维持正面情绪、减少负面情绪、减少负面感、管控消极感（Hull，1990；Hull and Michael，1995；Iwasaki and Mannell，2000）。

4.2 量表问卷开发设计

本部分针对度假休闲调适策略或方式进行问卷设计，旨在通过数据分析确定度假休闲调适策略或方式的维度，具体问卷设计步骤为：量表题项设计→征求相关专家意见→形成初始问卷→问卷预测试→问卷确定。

4.2.1 量表题项设计

在深度访谈和文献分析的基础上，结合度假休闲体验消费特征，初步形成18个题项，具体设计如表4－2所示。

表4－2　　度假休闲调适策略或方式量表的题项

题号	题项	操作问题	来源
Q1	回避压力问题或刺激事件	我会利用度假来暂时避开压力事件或问题	Patterson and Carpenter（1994）； Sharp and Mannell（1996）； Weissinger and Bandalos（1995）； Iwasaki and Mannell（2000）； Iso-Ahola（1982）。 深度访谈
Q2	逃离压抑环境	以度假逃离现实是我调适压力的一种方式	Weissinger and Bandalos（1995）； Iwasaki and Mannell（2000）； Iso-Ahola（1982）。 深度访谈
Q3	调节生活节奏	度假是让我调适忙碌生活的重要方式之一	Weissinger and Bandalos（1995）； Iwasaki and Mannell（2000）； Leiper（1985）。 深度访谈
Q4	转换问题视角	度假能让我在面对问题时有新的视角	Iso-Ahola and Crowley（1991）； Iwasaki and Mannell（2000）。 深度访谈

续表

题号	题项	操作问题	来源
Q5	激活精神状态	以度假逃避压力能让我重整精神来解决问题	Iso-Ahola and Crowley（1991）； Iwasaki and Mannell（2000）； Strapp（1988）； Pearce（1995）。 深度访谈
Q6	短时休憩放松	我会以短期度假休憩方式来解决身心压力	Caldwell and Smith（1995）； Weissinger and Bandalos（1995）； Iwasaki and Mannell（2000）； Leiper（1985）；Strapp（1988）； Pearce（1995）；Holloway（1997）； Swarbrooke（1999）； 徐菊凤（2008）。 深度访谈
Q7	与家人、好友度假	度假让我能跟支持我的家人、朋友在一起	Iso-Ahola，S. E. and Park，C. J.（1996）； Rook，K. S.（1987）； Yoshi Iwasaki and Roger C. Mannell（2000）。 深度访谈
Q8	度假中社会交往	度假中与他人交往是我处理压力的方式之一	Iwasaki and Mannell（2000）； Iso-Ahola（1982）。 深度访谈
Q9	与他人结伴度假	我与通过他人一起旅游度假来调解压力	Bolger and Eckenrode（1991）； Iwasaki and Mannell（2000）。 深度访谈
Q10	感到更满意	度假让我保持好心情	Iwasaki and Mannell（2000）。 深度访谈
Q11	获得积极感	度假让我感觉好多了	Iwasaki and Mannell（2000）。 深度访谈
Q12	维持正面情绪	度假让我拥有正面情绪	Hull（1990），Hull and Michael（1995）； Iwasaki and Mannell（2000）。 深度访谈
Q13	体悟兴趣爱好	度假让我摆脱日常工作、生活的单调乏味，满足兴趣爱好	深度访谈
Q14	体悟自由角色	度假让我从工作生活中的多重角色转换出来，成为旅游自由人	深度访谈

续表

题号	题项	操作问题	来源
Q15	体悟自然风景	度假让我从容欣赏、亲近大自然，更加热爱大自然	深度访谈
Q16	体悟在地人文	度假让我深入体验到不同地方与民族的真、善、美	深度访谈
Q17	体悟另类生活	度假的“慢生活”“乐生活”让我觉得人生更有价值、意义	深度访谈
Q18	体悟内心世界	度假唤起我曾经的记忆与追求，让我不断反思自己	王莹（2006）。 深度访谈

资料来源：作者根据文献资料与访谈信息分类整理。

4.2.2　形成初始问卷

在量表指标选择的基础上，基于本书研究目的形成了调查的初始问卷，主要内容包括两个部分：一是度假游客的基本信息，包括常居地、性别、年龄、文化程度、家庭结构、家庭年收入、职业、旅游度假时间间隔；二是度假休闲调适策略或方式的体验感受，基于量表题项内容，采用5点Likert量表形式进行打分，让被调查者按照1～5对应“很不同意”“不同意”“一般”“同意”“很同意”（见表4－3）。

表4－3　　度假休闲调适策略或方式量表题项表现形式

项目	很不同意	不同意	一般	同意	很同意
分值	1	2	3	4	5

4.2.3　问卷预测试与问卷确定

为了检验一般压力知觉量表题项内容效度，调研组于2016年10月4～6日，带领5位研究生，针对广州市从化区的温泉风景区、碧水湾温泉度假区、溪头古村乡村生态旅游区三地展开问卷调查，共发放问卷60份，其中有效问卷56份，无效问卷4份。由于问题较多，主要选择在中晚餐就餐空隙时间面对面完成，并因地制宜赠送价值约5元的物品（如饮料1瓶、豆腐花1碗），以便详细了解度假休闲调适策略或方式量表题项的内容效度。

采用Excel软件分析，本次调研样本的人口统计特征如表4－4所示，其中由于青年、单身占有相当比例，其将家庭收入理解为个人收入，从而导致表中家庭年收入少于10万元的人数偏多。

表4－4　　预测试样本的统计内容

	项目	数量（人）	比率（%）		项目	数量（人）	比率（%）
1. 常居地	直辖市、副省级大城市	49	87.50	6. 家庭收入	≤10万元	11	19.64
	地级、县级中小城市	4	7.14		11万～30万元	27	48.21
					31万～50万元	9	16.07
	乡镇	1	1.79		51万～100万元	4	7.14
	乡村	2	3.57		>100万元	5	8.93
2. 性别	男	26	46.43	7. 职业	大型企业董事/经理	0	0
	女	30	53.57		中小企业主/经理	10	17.86
3. 年龄	青年（18～35岁）	32	57.14		公司职员	8	14.29
	壮年（36～45岁）	19	33.93		公务员	1	1.79
	中年（46～60岁）	5	8.93		专业技术人员	22	39.29
	老年（61岁及以上）	0	0		离退休人员	1	1.79
4. 文化程度	小学及以下	1	1.79		自由职业者	2	3.57
	中学（初中、高中或中专）	12	21.43		农民	1	1.79
					工人	0	0
	大学（大专、本科）	29	51.79		学生	10	17.86
	研究生及以上	14	25.00		其他	1	1.79
5. 家庭结构	单身	15	26.79	8. 期望度假间隔	一周	8	14.29
	已婚无小孩	3	5.36		一月	15	26.79
	已婚小孩未成年	26	46.43		一季度	23	41.07
	已婚小孩已成年	9	16.07		半年	9	16.07
	其他	3	5.36		一年	1	1.79

如表4－5所示，受访者对每个测量项目评分的均值均大于3.00，表明度假休闲调适测量项目具有较高的内容效度，因此保留18个测量项目。在与广东财经大学岭南旅游研究院3位研究人员、5位旅游管理研究生共同对问卷中的题项表述认真修改后，形成初始问卷（见表4－6）。

表4－5　　　　测量项目的内容效度（N＝56）

编号	测量项目	均值
L1	我会利用度假旅游来暂时避开压力问题	3.67
L2	以度假旅游来逃避现实是我调适压力的一种方式	3.67
L3	度假旅游是让我维持或调适忙碌生活的重要方式之一	3.67
L4	通过度假旅游能让我在面对问题时有新的视角	3.70
L5	以度假旅游来逃避压力能让我重整精神来解决问题	3.53
L6	我会以短期度假旅游的方式来解决身心压力	3.63
L7	度假旅游让我能跟支持我的家人、朋友在一起	3.73
L8	在度假旅游中与他人交往是我处理压力的方式之一	3.30
L9	我与他人一起度假旅游来调解压力	3.30
L10	度假旅游让我保持好心情	4.07
L11	度假旅游让我感觉好多了	4.13
L12	度假旅游让我拥有正面情绪	4.13
L13	度假旅游让我摆脱了日常工作、生活的单调乏味，发现兴趣爱好	4.07
L14	度假旅游让我从工作生活中的多重角色转换出来，成为旅游自由人	3.47
L15	度假旅游让我能从容欣赏、亲近大自然，更加热爱大自然	4.30
L16	度假旅游让我能深入体验到不同地方与民族的真、善、美	4.10
L17	度假旅游唤起了我曾经的记忆与追求，促使我不断反思自己	3.43
L18	度假旅游的“慢生活”让我觉得人生更有价值、生活更有意义	4.13

注：休闲调适策略或方式用“L”表示。

表 4 – 6　　　　度假休闲调适策略或方式的初始问卷

编号	题项	问题提示	分值				
			很不同意	不同意	一般	同意	很同意
L1	回避压力问题	我会利用度假来暂时避开压力问题	1	2	3	4	5
L2	逃离压抑环境	以度假来逃离现实是我调适压力的一种方式	1	2	3	4	5
L3	调适生活节奏	度假是我调适忙碌生活的重要方式之一	1	2	3	4	5
L4	转换问题视角	度假让我在面对问题时有新的视角	1	2	3	4	5
L5	激活精神状态	以度假来逃避压力，能让我重整精神来解决问题	1	2	3	4	5
L6	短时休憩放松	我会以短期度假休憩的方式来解决身心压力	1	2	3	4	5
L7	与家人好友度假	度假让我能跟支持我的家人、朋友在一起	1	2	3	4	5
L8	度假中社会交往	度假中与他人交往是我处理压力的方式之一	1	2	3	4	5
L9	与他人结伴度假	我通过与他人一起旅游度假来调解压力	1	2	3	4	5
L10	感到更满意	度假让我保持好心情	1	2	3	4	5
L11	获得积极感	度假让我感觉好多了	1	2	3	4	5
L12	维持正面情绪	度假让我拥有正面情绪	1	2	3	4	5
L13	体悟兴趣爱好	度假让我摆脱日常工作生活的单调乏味，满足兴趣爱好	1	2	3	4	5
L14	体悟自由角色	度假让我从工作生活中的多重角色走出来成为旅游自由人	1	2	3	4	5
L15	体悟自然风景	度假让我从容欣赏、亲近大自然，更加热爱大自然	1	2	3	4	5
L16	体悟在地人文	度假让我深入体验到不同地方与民族的真、善、美	1	2	3	4	5
L17	体悟内心世界	度假唤起我曾经的记忆与追求，让我不断反思自己	1	2	3	4	5
L18	体悟另类生活	度假的“慢生活”“乐生活”让我觉得人生更有价值、意义	1	2	3	4	5

注：休闲调适策略或方式用“L”表示。

4.3 量表问卷的预调研

4.3.1 问卷调查及样本特征

1. 问卷调研过程

本次调研主要针对广州、深圳展开，具体地点在从化碧水湾温泉度假村与惠州大亚湾艾美五星度假酒店。前者调研在2017年元旦假期时间（2017年1月1～5日）展开，调研组通过碧水湾温泉度假村副总经理对其餐饮部门负责人及服务员进行问卷培训，在游客点菜—上菜间隙或餐后茶歇空闲时间，请游客迅速填写问卷，并赠送价值约5～10元的饮料1瓶，本问卷点共发放问卷80份，其中有效问卷69份；后者调研在2017年元旦假期（2017年1月1～5日）、春节假期（2017年1月27日～2月2日）展开，调研组通过惠州大亚湾艾美五星度假酒店招聘经理、广东财经大学旅游学院2015级旅游管理专业1～2班14名实习生（一班13人、二班1人），利用其在客房部、餐饮部、前台的实习机会，对住店度假游客进行面对面问卷调查，并赠送价值约5～10元的饮料1瓶，共发放问卷100份，其中有效问卷91份。

2. 样本特征分析

本次调查共发放问卷180份，回收后剔除无效问卷（如各题项回答分值一样，或任何一项信息残缺），获得有效问卷160份，有效率为88.88%。对样本使用统计软件SPSS 19.0进行数据录入分析。录入完毕后对样本人口特征及旅游度假间隔时间期望进行了描述性统计分析，以了解样本基本情况，判断是否符合研究要求。

被调查者统计内容从居住地、性别、年龄、文化程度、家庭结构、家庭年收入、职业、外出度假时间间隔等方面描述，结果如表4－7所示。（1）常居地方面，直辖市、副省级大城市（47.50%）和地级、县级中小

表 4－7　　　　预调研样本的统计内容

	项目	数量（人）	比率（%）		项目	数量（人）	比率（%）
1. 常居地	直辖市、副省级大城市	76	47.50	6. 家庭收入	≤10 万元	78	48.80
	地级、县级中小城市	72	45.00		11 万～30 万元	45	28.10
					31 万～50 万元	18	11.30
	乡镇	8	5.00		51 万～100 万元	14	8.80
	乡村	4	2.50		＞100 万元	5	3.10
2. 性别	男	87	54.40	7. 职业	大型企业董事/经理	7	4.40
	女	73	45.60		中小企业主/经理	20	12.50
3. 年龄	青年（18～35 岁）	119	74.40		公司职员	43	26.90
	壮年（36～45 岁）	22	17.80		公务员	3	1.90
	中年（46～60 岁）	13	8.10		专业技术人员	21	13.10
	老年(61 岁及以上）	6	3.80		离退休人员	2	1.30
4. 文化程度	小学及以下	4	2.50		自由职业者	12	7.50
	中学（初中、高中或中专）	42	26.30		农民	1	0.60
					工人	4	2.50
	大学（大专、本科）	103	64.40		学生	14	8.80
	研究生及以上	11	6.90		其他	33	20.60
5. 家庭结构	单身	82	51.30	8. 期望度假间隔	一周	20	12.50
	已婚无小孩	21	13.10		一月	20	12.50
	已婚小孩未成年	26	16.30		一季度	45	28.10
	已婚小孩已成年	19	11.90		半年	49	30.60
	其他	12	7.50		一年	26	16.30

城市（45.00%）占绝大多数；（2）男女比例为 1.2：1，样本分布相对比较平均；（3）年龄分布以 18～35 岁（74.40%）的青年为主，其次为 36～45 岁（13.80%）的中年；（4）在家庭结构上单身比例占据榜首，达 51.30%，“已婚无小孩”“已婚小孩未成年”“已婚小孩已成年”依次占比 13.10%、16.30%、11.90%；（5）文化程度以大学（大专、本科）居多，占 64.40%；（6）从家庭年收入看，出游者多属中等收入以下，其中收入小于等于 10 万元的占 48.80%，11 万～30 万元的占 28.10%，二者总占比将近 80%，在这里单身一族可能存在理解错误，把家庭年收入理解为

个人年收入了；（7）出游者职业涉及多个行业，以公司职员最多，占26.90%，学生出游占一定比例，可能与元旦、春节假期家庭出游有关；（8）在度假出游间隔时间上，一季度（28.10%）和半年（30.60%）占半数以上，一周、一月、一年在占比上相差不大。

4.3.2 信度检验与探索性因子分析

对表4－7数据采用SPSS 19.0进行信度检验和探索性因子分析。量表信度检验结果显示，总量表的Cronbach's α值为0.924，信度很好，说明量表一致性达到要求；其中提取4个因子的Cronbach's α值分别为0.895、0.838、0.881、0.718（见表4－8），均大于0.9，信度很好，说明提取4个因子具有较好的内部一致性。

表4－8　　因子分析与信度检验结果

编号	题项	成分				Cronbach's α值		AVE值
		1	2	3	4	题项已删除的Cronbach's α值	提取因子的Cronbach's α值	
L15	体悟自然风景	0.818	0.252	0.256	0.035	0.917	0.895	0.589
L14	体悟自由角色	0.784	0.283	0.157	0.244	0.916		
L16	体悟在地人文	0.767	0.109	0.353	-0.034	0.919		
L17	体悟内心世界	0.645	0.032	0.432	0.194	0.919		
L13	体悟兴趣爱好	0.638	0.284	0.125	0.302	0.919		
L18	体悟另类生活	0.550	0.064	0.444	0.358	0.918		
L2	逃离压抑环境	-0.097	0.785	-0.051	0.064	0.928	0.838	0.467
L5	激活精神状态	0.256	0.686	0.111	0.160	0.920		
L1	回避压力问题	0.392	0.678	0.257	0.077	0.917		
L3	调节生活节奏	0.277	0.608	0.266	0.207	0.919		
L4	转换问题视角	0.201	0.599	0.358	0.241	0.919		
L6	短时休憩放松	0.226	0.565	0.261	0.286	0.920		
L12	维持正面情绪	0.223	0.158	0.822	0.265	0.919	0.881	0.712

续表

编号	题项	成分				Cronbach's α 值		AVE 值
		1	2	3	4	题项已删除的 Cronbach's α 值	提取因子的 Cronbach's α 值	
L10	感到更满意	0.324	0.248	0.803	0.006	0.919		
L11	获得积极感	0.403	0.262	0.688	0.109	0.918		
L8	与家人好友度假	0.156	0.141	0.053	0.786	0.923	0.718	0.460
L7	度假中社会交往	0.008	0.214	0.283	0.770	0.922		
L9	与他人结伴度假	0.420	0.308	0.007	0.588	0.920		
方差贡献率（%）		44.824	9.808	6.750	5.737			
累计解释率（%）		67.119						

注：提取方法为主成分分析法；旋转法为具有 Kaiser 标准化的正交旋转法。

探索性因子分析数据显示，KMO 值为 0.893，大于 0.8，效果很好，样本充足性满足分析要求；Bartlett's 球形检验 P 值为 0.000，小于 0.05，达到显著性水平，说明各变量之间存在较高相关性，可以进行因子分析。然后，采用方差最大化正交旋转，正交旋转后的因子载荷矩阵如表 4－8 所示。

由分析数据可知，通过因子分析抽取 4 个特征值均大于 1 的公因子，总共解释了 67.119% 的数据信息，说明涵盖原有测量指标的大部分信息。各因子所包含的每一项因子载荷都大于 0.5，说明每个因子中的指标与该公因子具有显著的相关性。由此可见，对量表中 18 个题项抽取 4 个因子比较合适。

4.4　度假休闲调适结构维度

4.4.1　度假休闲调适策略或方式量表确立

1. 因子命名

依据表 4－8 的因子分析情况，结合休闲调适策略或方式维度及量表，从整体健康视角出发归并为 4 个因子，并进行因子命名。

第一个因子，由指标 L15、L14、L16、L17、L13、L18 决定，因子载荷分别为 0.818、0.784、0.767、0.645、0.638、0.550，测度体悟自然风景、体悟自由角色、体悟在地人文、体悟内心世界、体悟兴趣爱好、体悟另类生活六个方面，这与度假旅游研究文献中有关“自我完善”观点（王莹，2006），以及深度访谈信息提炼相呼应。笔者经与几位旅游管理博士、教师讨论后认为，这可能与度假旅游在西方比较强调休闲放松、社会交往的动机与目的不一样，中国度假旅游是在传统的观光旅游、文化旅游基础上发展起来的，并与现代生态旅游、产业旅游结合紧密，使度假旅游内容也更为综合，包含了风景观光旅游、文化体验旅游、生态旅游、产业旅游，以及其他专题专项内容，度假游客除了关注休闲放松、社会交往的动机与目的外，还更关注度假旅游地的自然生态、风景名胜、人文民俗、产业活动体验，以拓宽视野、增长见识、感悟人生，从而找到人生意义、生活价值。因此，结合旅游度假休闲体验特征分析，将第一个因子命名为“心灵或精神体悟式休闲”，这是与西方学术界提出的休闲调适策略或方式三维度结构的显著差异。

第二个因子，由指标 L2、L5、L1、L3、L4、L6 决定，因子载荷分别为 0.785、0.686、0.678、0.608、0.599、0.565，是测度逃离压抑环境、激活精神状态、回避压力问题、调适生活节奏、转换问题视角、短时休憩放松六个方面，这与休闲调适研究文献中有关“舒缓身心式休闲”类型（Iwasaki and Mannell，2000），以及度假旅游研究文献中有关“休闲放松”动机（Iso-Ahola，1982；Leiper，1985；Strapp，1988；Pearce，1995；Holloway，1997；Swarbrooke，1999；徐菊凤，2008），加上深度访谈信息提炼相呼应。各个指标内容主要因压力所导致的身心紧张疲惫，进而需要身心放松，包括回避压力源（如逃离压抑环境、回避压力问题、调适生活节奏）、休息放松、改善认知、恢复精神。因此，结合旅游度假休闲体验特征分析，将第二个因子命名为“身心舒缓式休闲”，这是度假休闲调适的基本需要与动机。

第三个因子，由指标 L12、L10、L11 决定，因子载荷分别为 0.822、

0.803、0.688，是测度维持正面情绪、感到更满意、获得积极感三个方面，这与休闲调适研究文献中有关“情绪改善式休闲”类型（Iwasaki and Mannell，2000），以及深度访谈信息提炼相呼应。指标内容反映了度假休闲中游客感觉、情绪的稳定性与正向变化性。因此，结合旅游度假休闲体验特征分析，把第三个因子命名为“情绪改善式休闲”。

第四个因子，由指标L8、L7、L9决定，因子载荷分别为0.786、0.770、0.588，是测度与家人好友度假、度假中社会交往、与他人结伴度假三个方面，这与休闲调适研究文献中有关“友伴式休闲”类型（Iwasaki and Mannell，2000），以及度假旅游研究文献中有关“社会交往”目的（Iso-Ahola，1982；Swarbrooke，1999），加上深度访谈信息提炼相呼应。指标内容反映了度假休闲中游客通过人际互动实现身心调适，体现了社会支持对减压调适的作用。因此，结合旅游度假休闲体验特征分析，把第四个因子命名为“人际互动式休闲”。

通过对休闲调适策略或方式维度与整体健康维度比较，并征询有关专家意见，度假休闲调适策略或方式四个维度不仅涵盖了休闲调适策略或方式三个维度，而且与整体健康经典三层面（生理、心理、社会健康）五维度（生理、心智或智能、心情或情绪、心灵或精神、社会健康）呼应，其中身心舒缓式休闲维度涉及身体、心智两个方面的休闲放松，同时增加了心灵或精神体悟式休闲维度，可见异地度假休闲调适比本地休闲调适更能全面满足度假游客整体健康需求，是一种对生理、心理、社会全方位的间歇性整合调适或治疗。

2. 量表确立

基于上述分析，将初始量表的18个题项分别归于四个维度，形成度假休闲调适策略或方式量表（见表4－9）。此量表是针对珠三角城市特别是一线城市——广州、深圳的城市居民度假游客，于环城市群度假游憩带上温泉和滨海度假情境下生成的，调研组还将针对远距离的出省、出国度假游客进行调研以进一步验证其普适性。

表4-9　　度假休闲调适策略或方式的维度及量表

维度	题项	问题提示	分值				
			很不同意	不同意	一般	同意	很同意
身心舒缓休闲	L1 回避压力问题	我会利用度假来暂时避开压力问题	1	2	3	4	5
	L2 逃离压抑环境	以度假来逃离现实是我调适压力的一种方式	1	2	3	4	5
	L3 调节生活节奏	度假是我调适忙碌生活的重要方式之一	1	2	3	4	5
	L4 转换问题视角	度假让我在面对问题时有新的视角	1	2	3	4	5
	L5 激活精神状态	以度假来逃避压力，能让我重整精神来解决问题	1	2	3	4	5
	L6 短时休憩放松	我会以短期度假休憩方式来解决身心压力	1	2	3	4	5
人际互动休闲	L7 与家人好友度假	度假让我能跟支持我的家人、朋友在一起	1	2	3	4	5
	L8 度假中社会交往	度假中与他人交往是我处理压力的方式之一	1	2	3	4	5
	L9 与他人结伴度假	我通过与他人一起旅游度假来调解压力	1	2	3	4	5
情绪改善休闲	L10 感到更满意	度假让我保持好心情	1	2	3	4	5
	L11 获得积极感	度假让我感觉好多了	1	2	3	4	5
	L12 维持正面情绪	度假让我拥有正面情绪	1	2	3	4	5
心灵或精神体悟休闲	L13 体悟兴趣爱好	度假让我摆脱日常工作生活的单调乏味，满足兴趣爱好	1	2	3	4	5
	L14 体悟自由角色	度假让我从工作生活的多重角色中走出，成为旅游自由人	1	2	3	4	5
	L15 体悟自然风景	度假让我从容欣赏、亲近大自然，更加热爱大自然	1	2	3	4	5
	L16 体悟在地人文	度假让我深入体验到不同地方与民族的真、善、美	1	2	3	4	5
	L17 体悟内心世界	度假唤起我曾经的记忆与追求，让我不断反思自己	1	2	3	4	5
	L18 体悟另类生活	度假的“慢生活”“乐生活”让我觉得人生更有价值、意义	1	2	3	4	5

4.4.2　度假休闲调适策略或方式结构维度

按照本书的研究思路，依据休闲调适及度假旅游研究文献的分析结论，以及深度访谈信息整理结果，结合世界卫生组织关于整体健康三维度——生理健康、心理健康、社会健康，以及心理健康三维度——心智或智能健康、心情或情绪健康、心灵或精神健康划分，构建起不同于一般休闲调适策略或方式的度假休闲调适策略或方式结构维度，新增“心灵或精神体悟式休闲”维度，进一步丰富休闲调适策略或方式的结构维度。这不仅反映了异地度假休闲调适与本地休闲调适的差异，也反映了我国在传统观光旅游、文化旅游及现代生态旅游、产业旅游等基础上发展起来的度假旅游明显不同于西方单纯的休闲放松、生活享受需要或目的，还具有社会性、精神性需要或目的，休闲调适内涵更为丰富，活动更为综合（见图 4 –2）。

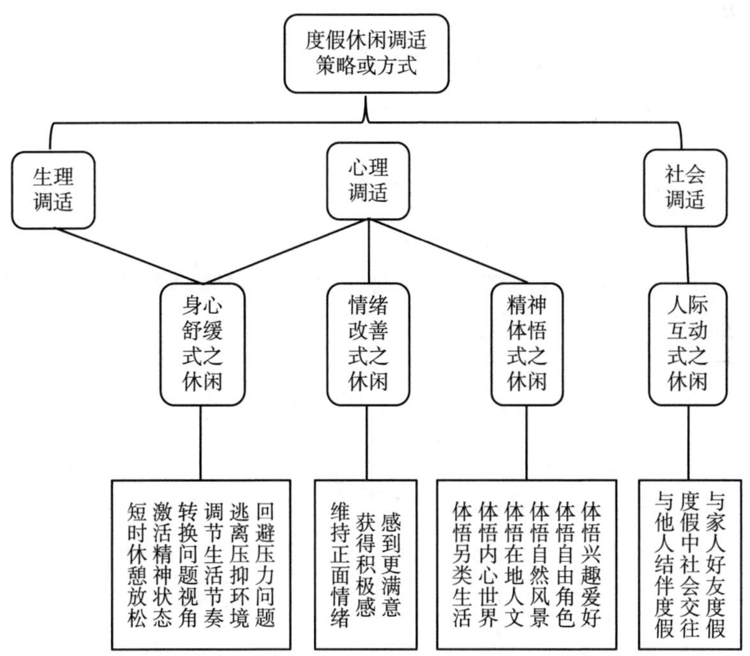

图 4 –2　度假休闲调适策略或方式之结构维度

生活环境压力、整体健康的结构维度及量表设计

5.1 生活环境压力知觉量表的开发与检验

5.1.1 生活环境压力知觉量表的开发依据

1. 中国文化情境及转型社会背景下城市居民特别是中等收入阶层的压力特征

改革开放以来，中国不仅进入了从计划经济到市场经济的转轨过程中，也进入了从传统社会到现代社会的转型进程中，现代城市社会、工商社会、陌生人社会正逐步取代传统乡村社会、农业社会、熟人社会，我国社会正经历前所未有的转型变革。市场竞争加剧，科技步伐加速，信息爆炸出现，生活节奏加快，人们特别是城市居民面临前所未有的压力，造成紧张疲惫感，促发家庭、组织、社会冲突，一点小小的摩擦都能引发激烈的冲突，如“歇斯底里族”“家暴族”“路怒族”等。因此，对以中国城市居民特别是中等收入阶层为主的度假游客压力测量，还需要从一般压力知觉量表出发，针对中国文化情境及当下转型社会背景进行具体设计，因为这主要是对持续性事件即压抑环境作为慢性压力源所造成的压力水平测量，而不是突发性事件即急性压力源所造成的压力水平测量。前者没有明确的起止时间，乃至不可控制、不可预测，或虽可控制、可预期但消解难

度较大，从而导致焦虑失控感、压抑失望感，如长期失眠、社会“潜规则”等，需要环境或情境转换调适。而后者尽管在当时会产生紧张疲惫感却能很快消解，需要社会支持调适。这样，就可以进一步从发生学角度理解度假游客为什么喜欢在异地旅游度假环境或情境转换的基础上进行休闲调适，而不仅仅是定居地的休闲调适。

2. 深度访谈

如附录1所示，在《旅游度假对生活压力与整体健康的调适感受——访谈调研》提纲中设计了一道有关城市居民生活环境压力的问题，即“在过去半年或三个月内，您生活中的负面压力主要来自哪些方面？是否有处于似病非病的亚健康状态的感觉?”其中具体访谈情况如第4章所述，访谈信息整理如表4-1所述。

3. 文献依据

在健康研究者中已经达成共识，在某种程度上突发性刺激事件或持续性刺激事件即压抑环境所带来的压力冲击由知觉压力所决定（Lazarus，1966，1977）。因此，有关压力或知觉压力维度及测量研究也主要从压力事件与压力心理体验两个方面展开。

基于压力事件编制的量表毕竟受事件局限难以全面反映压力程度。为了科学测量个体对生活压力的感知，针对个体因对生活的超负荷，以及不可预知、不可控制的事件引起的心理压力编制的一般压力知觉量表（PSS），在美国、加拿大被试群体的测试中，具有较好的信度与效度（Cohen et al.，1988）。其他研究者也发现，PSS在日本和西班牙人群中也有较好的信度与效度（Mimura and Griffths，2004；Eduardo Remor，2006）。中国研究者也使用PSS来测量个体的压力感受研究（骆宏和马剑虹，2004）。杨延忠（2003）以我国文化背景为依托，对英文版一般压力知觉量表进行了翻译和修订，形成显著地负荷于失控感和紧张感这两个因子上的中文版知觉压力量表（CPSS），并通过大量被试进行了信度和效度检验，结果显示该问卷具备良好的信度和效度，符合中国文化背景和国情。作为测评主观压力的有效工具，PSS已经被翻译成多种语言并应用于各种人群压力知觉的研究。

5.1.2 量表问卷设计

通过数据分析确定压力感知维度，具体问卷设计步骤为：量表题项设计→征求相关专家意见→形成初始问卷→问卷预调研→问卷确定。

1. 问卷题项设计

在深度访谈与文献分析的基础上，结合中国文化情境及转型社会背景下城市居民特别是中等收入阶层的压力特征，初步形成了14个题项，具体如表5－1所示。

表5－1　生活环境压力知觉量表的题项或指标设计

<table>
<tr><th>编号</th><th>题项</th><th>问题提示</th><th>来源</th></tr>
<tr><td>S1</td><td>生活琐事处理</td><td>能成功处理恼人的生活麻烦（反向问题）</td><td rowspan="2">The perceived stress scale，PSS（Sheldon Cohen et al.，1983）。
深度访谈</td></tr>
<tr><td>S2</td><td>经常失眠压力</td><td>经常想到必须完成的事情或有待解决的问题而难以入睡</td></tr>
<tr><td>S3</td><td>健康状况担心</td><td>担心自己的健康状况</td><td rowspan="12">社会再适应量表（Holmes and Rahe，1967；Rahe and Miller，1997）。
深度访谈</td></tr>
<tr><td>S4</td><td>家庭义务压力</td><td>感到家庭义务压力大而忙于应付</td></tr>
<tr><td>S5</td><td>单位工作压力</td><td>感到单位工作压力大而疲于应付</td></tr>
<tr><td>S6</td><td>表现不佳担心</td><td>担心别人对自己表现的评价</td></tr>
<tr><td>S7</td><td>价值失序焦虑</td><td>对社会价值观混乱、是非不明的现象感到无所适从</td></tr>
<tr><td>S8</td><td>社会攀比压力</td><td>感觉欲望得不到满足，“人比人气死人”</td></tr>
<tr><td>S9</td><td>人际关系压力</td><td>感到单位、社会人际关系复杂而难以应付</td></tr>
<tr><td>S10</td><td>安全保障担心</td><td>担心社会安全及社会福利保障</td></tr>
<tr><td>S11</td><td>经济收入担心</td><td>担心自己的经济状况</td></tr>
<tr><td>S12</td><td>生活节奏压力</td><td>市场、科技、信息变化太快，感觉跟不上生活的步伐</td></tr>
<tr><td>S13</td><td>社会信任压力</td><td>在社会“潜规则”面前感到无能为力，上升空间有限</td></tr>
<tr><td>S14</td><td>环境质量担心</td><td>定居地的自然生态环境质量令人担忧</td></tr>
</table>

2. 形成初始问卷

在量表指标选择的基础上，基于本书的研究目的形成了调查的初始问卷，主要内容包括两个部分：一是度假游客的基本信息，包括常居地、性别、年龄、文化程度、家庭结构、家庭年收入、职业、旅游度假时间间隔；二是压力的体验感受即知觉压力，基于量表题项内容，采用五点 Likert 量表形式进行打分，让被调查者按照表 5－1 对应“从不”“偶尔”“有时”“经常”“总是”（见表 5－2），后面的整体健康量表亦然。

表 5－2　　生活环境压力知觉量表题项表现度

项目	从不	偶尔	有时	经常	总是
分值	1	2	3	4	5

3. 问卷讨论确定

在正式预调研前，为使问卷更加合理有效，笔者首先向本校几位旅游管理专业的博士、老师，以及华南理工大学一位旅游管理博士、老师征求了意见，他们认为从城市居民特别是中等收入阶层生活环境这个慢性压力源视角出发，本量表题项对压力源的覆盖较为全面合理，涉及两大类型的慢性压力源——微观生活困扰与宏观社会事件，但要注意通俗表达以便游客真正理解题项含义。因此，调研组在问卷预调研前与焦点小组、部分度假游客对初始问卷进行了反复讨论，形成初步量表（见表 5－3）。

表 5－3　　初步生活环境压力知觉量表

编号	题项	问题提示	分值				
			从不	偶尔	有时	经常	总是
S1	生活琐事处理	能成功处理恼人的生活麻烦（反向问题）	1	2	3	4	5
S2	经常失眠压力	经常想到必须完成的事情或有待解决的问题难以入睡	1	2	3	4	5
S3	健康状况担心	担心自己的健康状况	1	2	3	4	5
S4	家庭义务压力	感到家庭义务压力大而忙于应付	1	2	3	4	5

续表

编号	题项	问题提示	分值				
			从不	偶尔	有时	经常	总是
S5	单位工作压力	感到单位工作压力大而疲于应付	1	2	3	4	5
S6	表现不佳担心	担心别人对自己表现的评价	1	2	3	4	5
S7	价值失序焦虑	对社会价值观混乱、是非不明的现象，感到无所适从	1	2	3	4	5
S8	社会攀比压力	感觉欲望得不到满足，“人比人气死人”	1	2	3	4	5
S9	人际关系压力	感到单位、社会人际关系复杂而难以应付	1	2	3	4	5
S10	安全保障担心	担心社会安全及社会福利保障	1	2	3	4	5
S11	经济收入担心	担心自己的经济状况	1	2	3	4	5
S12	生活节奏压力	市场、科技、信息变化太快，感觉跟不上生活的步伐	1	2	3	4	5
S13	社会信任压力	在社会“潜规则”面前感到无能为力，上升空间有限	1	2	3	4	5
S14	环境质量担心	居住地的自然生态环境质量令人担忧	1	2	3	4	5

5.1.3 问卷预调研及数据分析

1. 问卷调查及样本特征

为检验量表的有效性，调研组在正式调研之前对量表进行了预调研。针对深圳、东莞、广州、佛山以健康养生旅游著称的周末度假游客集中地——惠州罗浮山、肇庆鼎湖山展开调研。调研组于 2016 年 11 月 5 ~ 6 日（周末）在惠州罗浮山发放问卷 40 份，收回有效问卷 38 份，无效问卷 2 份。另外，依托广东财经大学研究生实习基地——肇庆星湖风景名胜区管理局，委托其下属度假酒店公司，通过培训度假酒店经理人员，在 2016 年 11 月第 1 ~ 3 个周末（即 5 ~ 6 日、12 ~ 13 日、19 ~ 20 日）发放问卷 100 份，收回有效问卷 85 份，无效问卷 13 份，空白问卷 2 份。两次调查总共发放问卷 140 份，回收后剔除不合格问卷（即任何 1 个量表回答分值一样，以及存在任何 1 项信息残缺者），获得有效问卷 123

份，有效率87.86%。其中，由于青年、单身占有相当比例，将家庭收入理解为个人收入，从而导致家庭年收入少于10万元的人数偏多（见表5－4）。

表5－4　　　　预调研样本的人口特征统计

	项目	数量（人）	比率（%）		项目	数量（人）	比率（%）
1. 常居地	省级、副省级城市	93	75.60	6. 家庭收入	≤10万元	74	60.20
	地级、县级中小城市	15	12.20		11万～30万元	35	28.40
					31万～50万元	8	6.50
	乡镇	9	7.30		51万～100万元	1	0.80
	乡村	6	4.90		>100万元	5	4.10
2. 性别	男	44	35.80	7. 职业	大型企业董事/经理	2	1.60
	女	79	64.20		中小企业主/经理	5	4.10
3. 年龄	青年（18～35岁）	62	50.40		公司职员	32	26.00
	壮年（36～45岁）	37	30.10		公务员	1	0.80
	中年（46～60岁）	20	16.30		专业技术人员	37	30.10
	老年（61岁及以上）	4	3.20		离退休人员	4	3.20
4. 文化程度	小学及以下	6	4.90		自由职业者	7	5.70
	中学（初中、高中或中专）	31	25.20		农民	3	2.40
					工人	5	4.10
	大学（大专、本科）	70	56.90		学生	16	13.00
	研究生及以上	16	13.00		其他	11	8.90
5. 家庭结构	单身	36	29.30	8. 期望度假间隔	一周	18	14.60
	已婚无小孩	5	4.00		一月	27	22.00
	已婚小孩未成年	52	42.30		一季度	25	20.30
	已婚小孩已成年	21	17.10		半年	33	26.80
	其他	9	7.30		一年	20	16.30

2. 信度检验与探索性因子分析

对表5－4数据采用SPSS 19.0进行信度检验和探索性因子分析。量表信息度检验结果显示，总量表的Cronbach's α值为0.887，将校正项总计相关性小于0.4的S1指标（0.117）删除，Cronbach's α值提高到0.899，信度良好，说明量表一致性达到要求；其中提取两个因子 Cronbach's α 值分别为0.874、0.798（见表4-5），均大于或约等于0.8，信度良好，说明提取两个因子具有较好的内部一致性。

经过第一次探索性因子分析数据显示，KMO 值为0.903，大于0.8，效果很好，样本充足性满足分析要求；Bartlett's 球形检验 P 值0.000 小于0.05，达到显著性水平，说明各变量间存在较高的相关性，可以进行因子分析。然后，采用方差最大化正交旋转，在正交旋转后的因子载荷矩阵中删除各项因子载荷小于0.5的指标 S8，以及交叉因子载荷大于0.4的指标 S9、S3、S6（见表5-5），得到第二次探索性因子分析结果（见表5-6）。

表5-5　因子分析与信度检验结果

指标		成分		Cronbach's α 值		AVE 值
		1	2	题项已删除的 Cronbach's α 值	提取因子的 Cronbach's α 值	
S11	经济收入担心	0.829	0.139	0.876	0.874	0.501
S12	生活节奏压力	0.806	0.059	0.880		
S10	安全保障担心	0.732	0.330	0.873		
S13	社会信任压力	0.695	0.376	0.874		
S9	人际关系压力	0.658	0.534	0.868		
S14	环境质量担心	0.592	0.261	0.885		
S8	社会攀比压力	0.451	0.390	0.878		
S4	家庭义务压力	0.074	0.839	0.880	0.798	0.400
S2	经常失眠压力	0.149	0.721	0.881		
S7	价值失序焦虑	0.360	0.640	0.877		
S5	单位工作压力	0.250	0.563	0.882		
S6	表现不佳担心	0.440	0.524	0.877		
S3	健康状况担心	0.411	0.520	0.879		
方差贡献率（%）		45.851	9.454			
累计解释率（%）		55.305				

注：提取方法为主成分分析法；旋转法为具有 Kaiser 标准化的正交旋转法。

经过第二次探索性因子分析数据显示，KMO 值为 0.869，大于 0.8，效果很好，样本充足性满足分析要求；Bartlett's 球形检验 P 值 0.000 小于 0.05，达到显著性水平，说明各变量之间存在较高的相关性，可以进行因子分析。然后，采用方差最大化正交旋转，在正交旋转后的因子载荷矩阵中各项因子载荷大于 0.5，交叉因子载荷小于 0.5，故保留剩余 9 个题项（见表 5 –6）。

表 5 –6　　第二次探索性因子分析结果

指标		成分	
		1	2
S12	生活节奏压力	0.841	0.062
S11	经济收入担心	0.830	0.124
S10	安全保障担心	0.714	0.345
S13	社会信任压力	0.696	0.414
S14	环境质量担心	0.576	0.400
S4	家庭义务压力	0.070	0.841
S2	经常失眠压力	0.163	0.739
S7	价值失序焦虑	0.379	0.644
S5	单位工作压力	0.250	0.583
方差贡献率（%）		46.956	13.446
累计解释率（%）		60.403	

注：提取方法为主成分分析法；旋转法为具有 Kaiser 标准化的正交旋转法。

由分析数据可知，通过第二次因子分析抽取两个特征值均大于 1 的公因子，总共解释了 60.403% 的数据信息，说明涵盖原有测量指标的大部分信息。各因子所包含的每项因子载荷都大于 0.5，交叉因子载荷小于 0.5，说明每个因子中的指标与该公因子具有显著的相关性。由此可见，对量表中 9 个指标抽取两个因子比较合适。这与国外一般压力知觉量表的三个维度——超负荷感、不可预知感、不可控制感基本吻合，反映了生活环境作为慢性压力源所导致的超负疲惫感、焦虑失控感、压抑失望感作用，而与突发事件急性压力源主要导致的紧张疲惫感不一样。

5.1.4 生活环境压力知觉的结构维度

（1）生活环境压力量表设计。依据表5－5的因子分析情况，初步可以分为两个因子，然后结合休闲调适策略的结构维度及量表，从压力体验视角进一步归并为两个因子，并进行因子命名。

第一个因子由指标S10、S11、S12、S13、S14决定，因子载荷分别为0.732、0.829、0.806、0.695、0.592，用于测量安全保障担心、经济收入担心、生活节奏压力、社会信任压力、环境质量担心几个方面，这与一般压力知觉量表中的不可预知感相关联，并与深度访谈信息提炼相呼应。这可能与中国文化情境与转型社会背景下的城市居民生活环境中的宏观社会事件压力源，如灰霾、经济不稳定等有关，导致游客对城市生活环境的担心忧虑，对生活目的、目标产生失望感，以及对未来产生不可预知感。因此，结合中国文化情境及转型社会背景下城市居民特别是中等收入阶层的压力特征分析，把第一个因子命名为压力体验的“忧虑失望感”。

第二个因子由指标S2、S4、S5、S7决定，因子载荷分别为0.721、0.839、0.563、0.640，用于测度经常失眠压力、家庭义务压力、单位工作压力、价值失序焦虑四个方面，这与一般压力知觉量表中的超负荷感、不可控制感维度有关，并与深度访谈信息提炼相呼应。各个指标内容主要反映压力体验中超负疲惫、焦虑失控状态。因此，结合中国文化情境及转型社会背景下城市居民特别是中等收入阶层的压力特征分析，把第二个因子命名为压力体验的“焦虑疲惫感”，即因焦虑、超负导致疲惫，并产生不可控制的感觉。

基于上述分析，将初始量表的9个指标分别归于两个维度，形成生活环境压力知觉量表（见表5－7）。此量表是针对珠三角城市特别是一线城市——广州、深圳的度假游客，在参照普适性的一般压力知觉量表、社会再适应量表的基础上，针对城市居民特别是中等收入阶层压力特征进行了本土化处理。

表 5－7　　　　生活环境压力知觉量表

编号	题项	问题提示	分值				
			从不	偶尔	有时	经常	总是
S1	经常失眠压力	经常因想到必须完成的事情或有待解决的问题而难以入睡	1	2	3	4	5
S2	家庭义务压力	感到家庭义务压力大而忙于应付	1	2	3	4	5
S3	单位工作压力	感到工作压力大而疲于应付	1	2	3	4	5
S4	价值失序焦虑	对社会价值观混乱、是非不明的现象感到无所适从	1	2	3	4	5
S5	安全保障担心	担心社会安全及社会福利保障	1	2	3	4	5
S6	经济收入担心	担心自己及家庭的经济状况	1	2	3	4	5
S7	生活节奏压力	市场、科技、信息变化太快，感觉跟不上生活的步伐	1	2	3	4	5
S8	社会信任压力	在社会“潜规则”面前感到无能为力，上升空间有限	1	2	3	4	5
S9	环境质量担心	感到居住地的自然生态环境质量令人担忧	1	2	3	4	5

（2）生活环境压力感知的结构维度。按照本部分的研究思路，依据知觉压力或压力知觉研究文献分析结论，以及深度访谈信息整理结果，结合一般压力知觉量表三维度，构建起中国文化情境及转型社会背景下城市居民特别是中等收入阶层度假游客生活环境压力知觉维度（见图 5－1）。

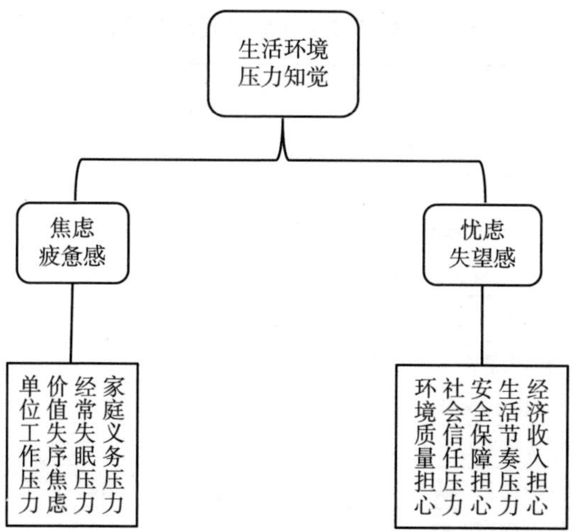

图 5－1　生活环境压力知觉结构维度

5.2 整体健康感知量表的设计与检验

5.2.1 整体健康感知量表的来源

整体健康是基于“生物—心理—社会”整体医学模式（Engel，1977）的健康范式，人体健康是身心（生理、心智、情绪、精神、社会）的平衡、统一与和谐，整体大于部分之和。因此，对个体整体健康的评定测量也涉及多个维度，主要包括自测健康量表与生活质量量表等多维度量表。本节将从整体健康视角，参考世界卫生组织生活质量量表与美国波士顿健康研究所开发的健康测量量表 SF-36 设计出“整体健康感知量表”，其包含一般生理健康、心理健康、社会健康三维度变量，反映了包括生理、心理、社会在内的整体健康经典三维度。其中，生理健康，即个体自身躯体健康的感受状态；心理健康，即个体心智、情绪，以及精神感受状态；社会健康，即个体参与社会活动而对社会适应的感受状态。依据问题内容采用五点 Likert 量表形式，让被调查者按照“从不”“偶尔”“有时”“经常”“总是”进行打分，共计 16 题（见表 5 –8）。

表 5 –8　　整体健康感知量表维度及题项设计

维度	编号	题项	分值				
			从不	偶尔	有时	经常	总是
生理健康	＊H1	我好像比别人更容易生病	1	2	3	4	5
	H2	与任何一个我认识的人相比，我和他们一样健康	1	2	3	4	5
	＊H3	我觉得自己的健康越变越坏	1	2	3	4	5
	H4	我的健康状况很好	1	2	3	4	5
心理健康	H5	我感到生活充实、充满活力	1	2	3	4	5
	H6	我感到精力充沛	1	2	3	4	5
	H7	我觉得身累心不累	1	2	3	4	5
	＊H8	我觉得疲惫不堪	1	2	3	4	5
	＊H9	我觉得精神紧张	1	2	3	4	5
	＊H10	我觉得灰心丧气和忧郁	1	2	3	4	5

续表

维度	编号	题项	分值				
			从不	偶尔	有时	经常	总是
心理健康	H11	我觉得心情安宁又平和	1	2	3	4	5
	* H12	我觉得沮丧，没有任何事情能让我高兴起来	1	2	3	4	5
	H13	我觉得快乐幸福	1	2	3	4	5
社会健康	H14	我对自己与亲戚、邻居、同事、朋友、社团间的人际关系感到满意	1	2	3	4	5
	H15	我对自己帮助、支持他人的能力感到满意	1	2	3	4	5
	H16	我对自己与异性的关系感到满意	1	2	3	4	5

注：* 表示反向问题。

（1）自测健康量表。自测健康是个体对其自身健康状况的主观评价与期望，是基于自身的健康状况而无须顾及他人评价，包括现实自测健康、未来自测健康及不适的感觉等，能够较好反映个体有关神经、内分泌、免疫系统的信息。常用的量表有自测健康评定量表（SRHMS）和健康测量量表 SF-36，因其简单易操作，且在多个国家或地区的试验信度、效度较好，被国际生命质量评价组织、世界卫生组织推荐使用，成为世界范围内的普适性健康检测量表。

（2）生活质量量表。主观生活质量涉及对健康质量、生活水平、生活环境的主观评价，与健康相关的生活质量即健康质量评价方法作为一种新的健康测量与评价技术，是一个多维反映客观和主观方面的综合测量指标，临床上通过对特殊人群健康状况的测量来反映个体生活质量，主要包括躯体状态、心理状态、社会关系、环境状况、独立程度、精神信仰等几个维度。常用量表有著名的 KPS 量表和中华生存质量量表，最具代表性的是世界卫生组织的生活质量量表。

5.2.2　整体健康量表的检验

1. 问卷调查及样本特征

为检验整体健康量表的有效性，调研组在正式调研之前对整体健康量表进行了预调研。与生活环境压力知觉量表预调研一样，对以健康养生旅游著称的惠州罗浮山、肇庆鼎湖山展开调研。笔者带领4位研究生于2016年11月5～6日（周末）在惠州罗浮山共计发放问卷40份，收回有效问卷38份，无效问卷2份；依托广东财经大学研究生实习基地——肇庆星湖风景名胜区管理局，在2016年11月第1～3个周末（即5～6日、12～13日、19～20日）发放问卷100份，收回有效问卷85份，无效问卷13份，空白问卷2份。两次调查共发放问卷140份，回收后剔除不合格问卷，获得有效问卷123份，有效率为87.86%。本次调研样本的人口统计特征如表5－4所示，其中由于青年、单身占有相当比例，其将家庭收入理解为个人收入，从而导致表中家庭年收入少于10万元的人数偏多。

2. 信度检验与探索性因子分析

表5－9显示，总量表的Cronbach's α值为0.757，信度较好，量表内部一致性达到要求，但表现一般。

对量表展开因子分析，KMO取样适度性度量，求得的检验值为0.855，大于0.8，效果很好，样本充足性满足分析要求；Bartlett's球形检验求得的卡方值为855.089，自由度120，显著性P值0.000小于0.05，达到显著性水平，说明各变量之间存在较高的相关性，可以进行因子分析。依据特征值大于1的标准确定3个因子，总的解释程度为59.263%；依据因子之间的独立性，将交叉因子载荷量大于0.4的题项H2、H12删除，KMO值提高到0.857，依然为3个因子，总的解释程度为62.272%，因子载荷值都大于0.5（见表5－9）。

表5－9　　因子分析与信度检验结果

题项	成分			题项已删除的Cronbach's α值
	1	2	3	
H13	0.815	0.165	0.061	0.713
H14	0.806	0.209	－0.070	0.723
H15	0.803	0.215	－0.018	0.723
H5	0.797	0.000	0.297	0.705
H6	0.763	－0.176	0.293	0.712

续表

题项	成分			题项已删除的 Cronbach's α 值
	1	2	3	
H16	0.694	−0.027	0.189	0.725
H4	0.629	−0.148	0.372	0.712
H11	0.551	0.056	0.007	0.741
H8	−0.007	0.788	0.117	0.776
H9	−0.158	−0.756	−0.239	0.801
H10	−0.255	−0.671	−0.152	0.800
H12	0.100	0.556	0.453	0.757
H7	0.350	−0.549	0.200	0.754
H3	0.021	0.348	0.717	0.752
H1	0.063	0.346	0.682	0.750
H2	0.430	−0.098	0.523	0.732
方差贡献率（%）	34.309	17.382	7.572	
累计解释率（%）	59.263			

注：提取方法为主成分分析法；旋转法为具有 Kaiser 标准化的正交旋转法。本节将整体健康看作一个总体变量，不分维度变量。

在信度检验与探索性因子分析基础上，依据本书的研究目标——旅游度假对生活环境压力及整体健康的休闲调适作用，将整体健康作为调适效果（因变量）看成一个总体变量而确定整体健康感知量表（见表 5－10）。

表 5－10　　　　检验后的整体健康量表维度及题项

编号	题项	分值				
		从不	偶尔	有时	经常	总是
* H1	我好像比别人更容易生病	1	2	3	4	5
* H2	我觉得自己的健康越变越坏	1	2	3	4	5
H3	我的健康状况很好	1	2	3	4	5
H4	我感到生活充实、充满活力	1	2	3	4	5
H5	我感到精力充沛	1	2	3	4	5
H6	我觉得身累心不累	1	2	3	4	5
* H7	我觉得疲惫不堪	1	2	3	4	5
* H8	我觉得精神紧张	1	2	3	4	5

续表

编号	题项	分值				
		从不	偶尔	有时	经常	总是
* H9	我觉得灰心丧气和忧郁	1	2	3	4	5
H10	我觉得心情安宁又平和	1	2	3	4	5
H11	我觉得快乐幸福	1	2	3	4	5
H12	我对自己与亲戚、邻居、同事、朋友、社团间的人际关系感到满意	1	2	3	4	5
H13	我对自己帮助、支持他人的能力感到满意	1	2	3	4	5
H14	我对自己与异性的关系感到满意	1	2	3	4	5

注：* 表示反向问题。

度假休闲调适作用机制的研究假设

度假休闲调适作用机制主要探讨生活环境压力与度假休闲调适及整体健康之间的关系。通过理论分析和实证研究，进一步探讨度假休闲调适各维度变量之间的关系，以及度假休闲调适、生活环境压力、整体健康三者之间及其维度变量之间的关系。

6.1 研究变量与概念模型

6.1.1 研究变量

本章主要分析度假休闲调适策略或方式与生活环境压力知觉、整体健康感知之间的关系，下面分别提出三个概念及其维度变量，并在表6－1中进行了归纳整理。

1. 度假休闲调适策略或方式及其维度变量确定

度假休闲调适策略或方式被划分为四个维度即四个变量：身心舒缓式休闲、情绪改善式度假、心灵或精神体悟式休闲、人际互动式休闲。伊索阿霍拉和帕克（Iso-Ahola and Park，1996）定义的友伴式休闲是指通过一种实际社会行动支持的休闲来提供一种自由而愉快的分享经历。岩崎吉之和曼内尔（Yoshi Iwasaki and Mannell，2000）等学者定义的身心舒缓式休闲

表 6-1　　变量定义

概念	变量	定义	参考文献	备注
度假休闲调适策略或方式	身心舒缓式休闲	在忙碌工作、日常生活外一种定向逃避的度假休闲放松策略，即通过度假休闲暂时逃避压力事件及压抑环境来放松身心、恢复健康以更好地处理问题	Yoshi Iwasaki and Mannell（2000）et al.	
	人际互动式休闲	作为一种实际社会行动支持的度假休闲提供了一种自由而愉快的分享经历	Iso-Ahola and Park（1996）	
	情绪改善式休闲	通过度假休闲来提升积极情绪与减少消极情绪	Yoshi Iwasaki and Mannell（2000）et al.	
	心灵或精神体悟式休闲	通过度假休闲体验获得心灵或精神感悟，包括价值信仰或信念、人生意义或目的，以及人与人、人与自然、人与自己等方面产生智慧开悟、有建设性的关系	Seaward（1994）	自定义
生活环境压力知觉	焦虑疲惫感	被定义为因对生活与工作超负、困扰而产生的紧张疲惫、焦躁焦虑状态，乃至难以控制的感觉	Cohen et al.（1983）	本土化定义
	忧虑失望感	被定义为对不确定性社会事件的担忧而导致未来生活目的、目标感的缺失	Cohen et al.（1983）	本土化定义
整体健康感知	生理健康	身体形态与功能正常	WHO（1946、1978）	作为知觉整体考虑
	心理健康	心理活动正常，涉及心智或智能、心情或情绪、心灵或精神健康	WHO（1946、1978、1989）	
	社会健康	社会适应能力良好	WHO（1946、1978）	

是指在忙碌的工作、生活之外一种定向逃避式的休闲放松策略，即通过休闲暂时逃避压力事件及压抑环境来放松身心、恢复健康以更好地处理问题；情绪改善式休闲是指通过休闲来提升积极情绪与减少消极情绪。心灵或精神体悟式休闲则是通过度假休闲体验获得心灵或精神感悟，包括价值信仰或信念、人生意义或目的，以及人与人、人与自然、人与自己等方面产生智慧开悟、有建设性的关系，如在度假休闲体验中找到兴趣爱好、领会独立自由、感受另类生活。

2. 生活环境压力知觉及其维度变量确定

知觉压力或压力知觉被定义为当人们面对突发性事件或持续性事件时，由对这个刺激事件及其内外应对资源的认知评价而导致的生理、心理、行为反应（Lazarus，1993，2000）。生活环境压力知觉即人们在面对持续性刺激事件亦即压抑环境时的生理、心理、社会反应。科恩等（1983）针对个体因对生活的超负荷，以及不可控制、不可预知事件而引起的心理压力程度编制了一般压力知觉量表，并将知觉压力作为一种对压力源及其内外应对资源的体验感受即压力体验，主要涉及超负荷性、不可控性、不可预测性三个维度，其中超负荷性或超负荷感被定义为对身心紧张疲惫的感知；不可控性或失控感被定义为对生活失去控制的感觉；不可预性或失望感则被定义为对未来生活目的或目标感缺失。生活环境压力知觉主要涉及二个维度：焦虑疲惫感、忧虑失望感。前者被定义为因对生活与工作超负、困扰而产生的紧张疲惫、焦躁焦虑状态，乃至难以控制的感觉；后者被定义为对不确定性社会事件的担忧而导致未来生活目的、目标感的缺失。

3. 整体健康及其维度变量确定

整体健康即指从生物—心理—社会整体医学健康范式（Engel，1977）出发，人在身体上、心理上和社会上的完满状态（WHO，1946；1978）以及道德良好（WHO，1989）。可见，整体健康不仅包括躯体健康维度，也包括心理健康维度、社会健康维度，其中躯体健康维度被定义为身体形态与功能正常，心理健康被定义为心理活动正常，包括心智或智能健康、心情或情绪健康、心灵或精神健康，社会健康被定义为社会适应能力良好。

6.1.2　概念模型

在文献综述与理论基础部分，本节对构建模型的理论依据给予了充分论述。依据“情境：刺激→机体→反应理论”，以及心理冲突或失衡理论，压力源刺激促发个体压力反应导致个体身心冲突而失衡，需要个体调用内部资源和外部资源加以调适以缓解压力，从而产生度假休闲调适动力，这样生活压力知觉就构成了度假休闲调适的前因或前置变量。依据心理或休闲压力调适理论，压力及健康调适离不开个体动用内外部资源的应对，而休闲包括度假休闲就成为压力及健康调适的重要外部资源，体现了休闲作为社会支持的特征，从而使休闲包括度假休闲成为压力的缓冲器，构成中间变量。依据生理—心理—社会整体健康医学理论，休闲调适结果或效果将不仅是身体健康，在现代社会更重要的是包括身体健康、心理健康、社会健康在内的整体健康，从而构成休闲调适的结果变量。当然，除了缓解生活环境压力的本能动力外，增进整体健康也构成了度假休闲调适的社会、精神动力，即从积极心理学看，若无缓解生活环境压力的本能需要，也可能因社会、精神、情感需要产生旅游度假动机、目的、行为，这样度假休闲调适又构成了整体健康的自变量。

基于以上理论分析，本书构建了概念模型与研究框架（见图6－1）。该研究模型包括生活环境压力知觉、度假休闲调适策略或方式、整体健康三个概念及其七个维度变量，体现出的研究关系包括四个方面：生活环境压力知觉对休闲调适策略的影响关系、生活环境压力知觉对整体健康的影响关系、休闲调适策略对整体健康的影响关系，以及度假休闲调适策略或方式四维度变量之间关系。该研究框架包括四个研究内容：一是度假休闲调适策略或方式结构维度与量表开发；二是生活环境压力知觉的结构维度和量表开发；三是在度假休闲调适策略或方式的维度变量层面，探索舒缓身心、人际互动、心灵或精神体悟式等功能类休闲对情绪类休闲（情绪改善式休闲）的直接影响；四是在概念及维度层面，探索生活环境压力知觉各维度对整体健康的直接影响，并加入度假休闲调适策略或方式中间变量，探索生活环境压力知觉经度假休闲调适各维度对整体健康的影响，从而探索度假休闲调适之于生活环境压力知觉与整体健康关系的作用。在此基础上，进一步探索度假休闲体验缓解、减轻、消除压力，恢复、维持、促进健康的广义心理机制，其中将整体健康作为度假休闲调适效果的感知被当作一个整体知觉变量来考虑。在这里，度假游客的性别、年龄、文化程度、家庭结构、家庭年收入、职业成为该研究的基本控制变量。

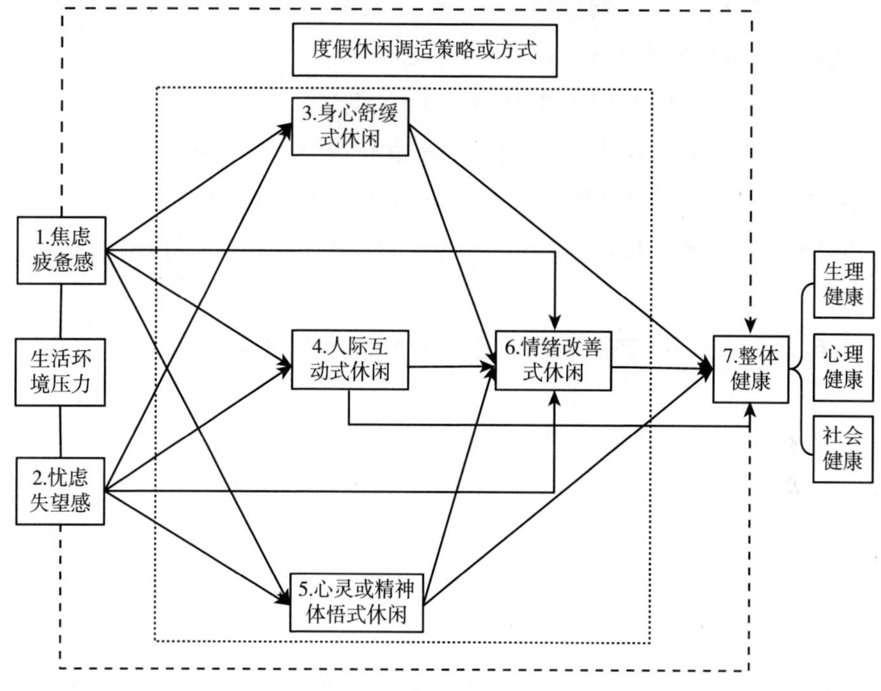

图 6－1　概念模型与研究框架

6.2　研究假设

6.2.1　度假休闲调适策略或方式各维度变量间的关系假设

度假休闲调适与单个活动项目的休闲调适不同，属于一种整合调适，不仅包括身心舒缓、人际互动、情绪改善式休闲，而且涉及心灵或精神体悟式休闲，反映了整体健康中生理、心理、社会行为的调适过程。其中身心舒缓、人际互动、心灵或精神体悟式休闲属于功能类休闲调适，侧重客观价值评价；情绪改善式休闲属于情绪类休闲，侧重主观价值体验。依据马斯洛需要层次理论所述，低层次需要得到满足后才会产生高层次需要，并结合德西和瑞安认知评价理论认为客观价值评价会激发主观价值体验，本节尝试提出身心舒缓、人际互动、心灵或精神体悟式等功能类休闲对情绪类休闲具有直接的正向影响并进行验证。据此，在度假休闲调适策略或方式四个维度变量关系方面提出三个假设。

H1：功能类休闲对情绪类休闲具有正向影响。

H1a：身心舒缓式休闲对情绪改善式休闲具有正向影响；

H1b：人际互动式休闲对情绪改善式休闲具有正向影响；

H1c：心灵或精神体悟式休闲对情绪改善式休闲具有正向影响。

6.2.2 生活环境压力知觉与整体健康的关系假设

在压力与健康的研究文献中有许多与“压力”（Cannon，1914）或“应激”（Selye，1936）有关的术语，包括压力源、压力知觉（Lazarus，1993；2000）、压力反应（Selye，1936）、压力调适及压力应对、压力缓解与压力消除等概念，并构成一个压力—调适—健康的因果关系。然而，对个体身心整体健康产生影响的“压力”不仅是压力源，在某种程度上刺激事件或压抑环境产生压力的根源是人们的感知评价和对事件、环境的解释，即认知评价（Lazarus，1993；2000），包括对刺激事件和压抑环境的初级评价、内外应对资源的次级评价。因此，作为人们对刺激事件与压抑环境所带来的威胁或挑战的感知评价、主观解释，以及它们是否具有内外部资源来有效应对这些刺激事件与压抑环境的认知——这个压力感知就是一个心理学的态度变量，是引起包括疾病与亚健康在内的压力反应、压力调适及应对的前置变量，这也是压力与健康诸多研究文献的一般处理策略，如对“应激”的生理反应研究、“情境匹配应对”研究。实际上，在压力—健康关系研究方面，尽管研究对象——压力群体各不相同，但主要围绕压力知觉对个体生理、心理、社会行为的影响这三个方面展开。本节也将压力看作一种压力感知、压力态度，即知觉压力或压力知觉变量。从知觉压力所导致的生理、心理、社会行为反应来看，压力对人们整体健康，包括生理健康、心理健康、社会健康无疑具有负面影响。因此，本节提出有关生活环境压力知觉及其两个维度变量与整体健康感知关系的两个假设。

H2：生活环境压力知觉对整体健康具有负向影响。

H2a：焦虑疲惫感对整体健康具有负向影响；

H2b：忧虑失望感对整体健康具有负向影响。

6.2.3　生活环境压力知觉与度假休闲调适策略或方式的关系假设

人们面对压力及其所导致的疾病、亚健康状态，离不开包括生理调适、心理调适（狭义）、社会调适在内的心理调适（广义）（Santrock，2006；贾晓波，2001），特别是有效调适及应对（Folkman and Moskowitz，2004）。在各种各样的应对资源与策略中，休闲研究者认为休闲是帮助人们调适应对压力，以及康复、维持、增进健康的重要方式，并在理论建构与实证检验方面提供了支持（Caltabiano，1994，1995；Coleman，1993；Coleman and Iso-Ahola，1993；Driver，Brown and Peterson，1991；Hull and Michael，1995；Iso-Ahola，1997；Iso-Ahola and Park，1996；Iwasaki and Mannell，1999；Iwasaki and Smale，1998；Patterson and Coleman，1996；Zuzanek，Robinson and Iwasaki，1998）。实际上，人们的休闲意识、休闲观念等人格特征，以及休闲策略、休闲方式等活动选择成为压力调适的有效路径。在与压力、休闲、健康有关的研究文献中，包括休闲或游憩治疗（Davis，1936；Austin and Crawford，2001）、休闲调适及应对（Iwasaki，Mannell，2000）两个概念，前者属于一种专业性、针对性的调适应对，并主要针对疾病患者，以非药物、非手术的心理、社会辅助治疗来恢复健康为目的，属于下医“治已病”；后者不具有专业性、针对性，并主要面对非特异亚健康、健康大众人群，以生理、心理、社会调适来维持、增进健康为目的，属于上医“治未病”。休闲调适从休闲人格特征、休闲活动策略两个维度作为压力与健康的调节变量、中介变量而发生作用（Iwasaki and Mannell，2000），前者成为内部资源中的人格特征，而后者成为外部资源中社会支持的有机组成部分而对缓解压力、增进健康产生积极影响。因此，从心理压力调适理论、休闲压力调适理论出发，本节将休闲调适策略作为中介变量，暂不考虑休闲调适观念的调节作用。度假休闲调适策略或方式构成本节研究中压力与健康的中介变量，属于一种需要感知，压力知觉越大就越需要度假休闲调适，前者对后者具有正向影响。因此，本节提出有关生活环境压力知觉及其两个维度变量与度假休闲调适策略或方式及其四个维度变量关系的八个假设。

H3：生活环境压力知觉对度假休闲调适策略或方式具有正向影响。

H3. 1a：焦虑疲惫感对身心舒缓式休闲具有正向影响。

H3. 1b：焦虑疲惫感对人际互动式休闲具有正向影响。

H3. 1c：焦虑疲惫感对心灵或精神体悟式休闲具有正向影响。

H3. 1d：焦虑疲惫感对情绪改善式休闲具有正向影响。

H3. 2a：忧虑失望感对身心舒缓式休闲具有正向影响。

H3. 2b：忧虑失望感对人际互动式休闲具有正向影响。

H3. 2c：忧虑失望感对心灵或精神体悟式休闲具有正向影响。

H3. 2d：忧虑失望感对情绪改善式休闲具有正向影响。

6.2.4 度假休闲调适策略或方式与整体健康的关系假设

休闲调适、休闲治疗与整体健康关系的研究主要集中在以下几个方面：一是休闲调适作为压力与健康的调节、中介作用研究；二是休闲对疾病患者康复的调适研究；三是休闲游憩项目作为一种辅助治疗手段，对一些特殊疾病或亚健康患者的治疗作用研究；四是休闲与生活质量特别是健康质量、主观幸福感关系的研究。由此构建了休闲调适、休闲治疗理论。可见，休闲调适、休闲治疗对于缓解、减轻、消除压力，恢复、维持、增进健康具有积极的正向作用。旅游度假休闲调适策略或方式的四个维度变量，也可能对整体健康具有积极的正面影响，据此又分别提出度假休闲调适策略或方式中的四个维度变量与整体健康的关系假设。

首先，身心舒缓式休闲作为一种在忙碌工作、日常生活外的一种定向逃避式休闲放松策略（Iwasaki and Mannell，2000），通过暂时闲暇休闲（如喝杯咖啡、外出度假）可以暂时逃避压力事件、压抑环境，让人们感到重焕活力、重整精神以更好地处理问题（Caldwell and Smith，1995；Driver et al.，1991；Iso-Ahola and Crowley，1991；Mannell and Kleiber，1997；Patterson and Carpenter，1994；Sharp and Mannell，1996；Weissinger，

1995）。因此，以舒缓身心为目的的度假无疑对生理、心理健康具有积极作用；而依据认知心理学的具身认知理论，生理体验与心理状态、社会行为之间有着强烈的联系（Niedenthal et al.，2005；Landau et al.，2010）。因此，以舒缓身心为目的的度假可能对社会健康也具有积极作用。

其次，人际互动式休闲作为一种实际社会行动支持的休闲方式提供了一种自由而愉快的分享经历，并对减轻压力、增进健康具有调适作用（Iso-Ahola and Park，1996）；研究发现，人们相互之间自由随意的活动联系是对生活压力的有效缓冲（Bolger and Eckenrode，1991；Moen，Dempster-McClain and Williams，1989；Rook，1987）。因此，以人际互动为目的的度假对社会健康具有积极影响。

再其次，心灵或精神体悟式休闲是通过休闲体验获得精神感悟，包括价值信仰或信念、人生意义或目的，以及人与人、人与自然、人与自己等方面有开悟、建设性的关系，如度假休闲中找到兴趣爱好、领会自由独立、感受另类生活，以及悟道天人合一、身心合一、人我合一，等等。尽管目前在压力、休闲、健康正式实证研究文献中很少提到心灵或精神对于减压、健康的作用，但在东方哲学中，以及各国宗教信仰中大量提到的稳定的信仰或信念、明确的人生意义或目的，和谐的人人、天人、身心关系看法，有利于内心平和、生活积极，进而影响人的行为、情绪，乃至生理健康，即“现实是心灵的投影”，其实“身体也是心灵的投影”。同时也体现了我国度假旅游的综合性特征和精神性特征，如坊间流行的“用眼睛去观光，用身体去旅行，用灵魂去度假”。

最后，在情绪改善式休闲方面，早在压力应对研究中就发现了压力与情绪间的相互联系（Lazarus，1991；Stone，Kennedy-Moore and Neale，1995）。情绪改善式休闲作为通过休闲来提升积极情绪与减少消极情绪的一种休闲策略（Iwasaki and Mannell，2000），研究发现某些休闲如基于自然的休闲游憩就具有减压，也就是减少负面情绪、提升正面情绪的潜力（Hull，1990；Hull and Michael，1995）。

因此，鉴于身体、心智、情绪、精神、人际对生理、心理、社会行为的影响，分别提出度假休闲调适策略或方式的四个维度变量（身心舒缓式、人际互动式、心灵或精神体悟式、情绪改善式休闲）与整体健康关系的四个假设。

H4：度假休闲调适策略或方式对整体健康具有正向影响。

H4a：身心舒缓式休闲对整体健康具有正向影响；

H4b：人际互动式休闲对整体健康具有正向影响；

H4c：心灵或精神体悟式休闲对整体健康具有正向影响；

H4d：情绪改善式休闲对整体健康具有正向影响。

6.2.5 假设模型

依据概念模型（见图6－1）及关系假设（见表6－2），构建假设模型，如图6－2所示，其中生活环境压力二维度变量是焦虑疲惫感、忧虑失望感，度假休闲调适策略或方式四维度是身心舒缓式休闲、人际互动式休闲、心灵或精神体悟式休闲、情绪改善式休闲。按照关系分析提出17个假设。

表6－2　　各变量关系假设汇总

假设	假设路径	显著影响
H1	功能类休闲→情绪类休闲	正向
H1a	身心舒缓→情绪改善	正向
H1b	人际互动→情绪改善	正向
H1C	心灵或精神体悟→情绪改善	正向
H2	环境压力知觉→整体健康	负向
H2a	焦虑疲愈感→整体健康	负向
H2b	忧虑失望感→整体健康	负向
H3	环境压力知觉→度假休闲调适	正向
H3. 1a	焦虑疲愈感→身心舒缓	正向
H3. 1b	焦虑疲愈感→人际互动	正向
H3. 1c	焦虑疲愈感→心灵或精神体悟	正向
H3. 1d	焦虑疲愈感→情绪改善	正向
H3. 2a	忧虑失望感→身心舒缓	正向
H3. 2b	忧虑失望感→人际互动	正向
H3. 2c	忧虑失望感→心灵或精神体悟	正向

续表

假设	假设路径	显著影响
H3. 2d	忧虑失望感→情绪改善	正向
H4	度假休闲调适→整体健康	正向
H4a	身心舒缓→整体健康	正向
H4b	人际互动→整体健康	正向
H4c	心灵或精神体悟→整体健康	正向
H4d	情绪改善→整体健康	正向

注：结果变量—整体健康作为一个整体考虑，不再分维度变量。

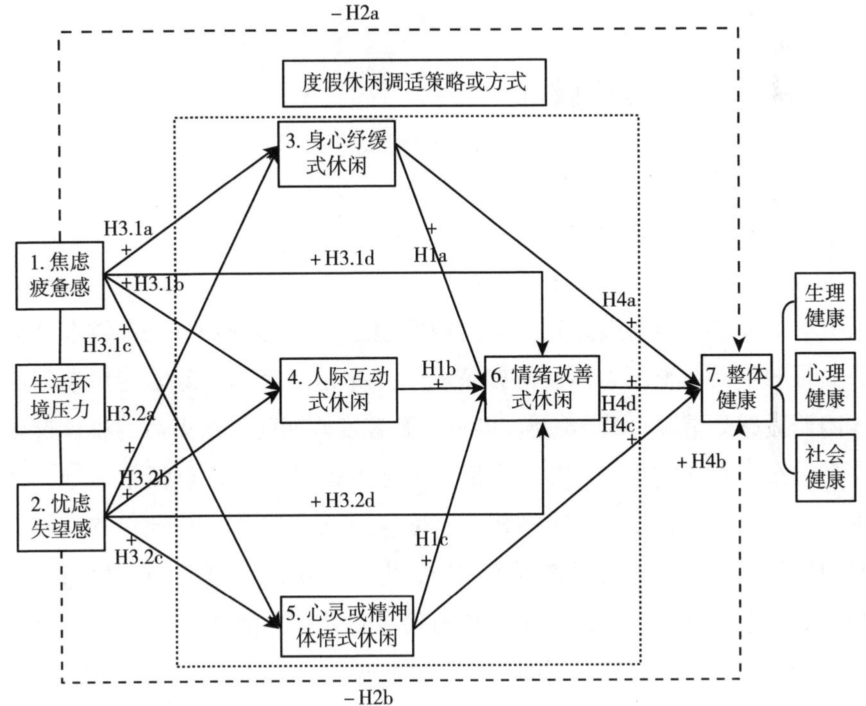

图 6-2　假设模型

第7章

度假休闲调适作用机制的实证研究

7.1 正式问卷设计

7.1.1 问卷测量方法

本书采用问卷调查方式，问卷内容包括五大部分：第一，游客度假前数月的生活环境压力体验感知情况，共9题；第二，游客度假期间的休闲调适感受情况，共18题；第三，游客度假期间或结束后的整体健康感受情况，共14题；第四，游客个人基本信息情况，包括常居地、性别、年龄、文化程度、家庭结构、家庭年收入、职业、外出旅游度假的时间间隔；第五，自由回答两个问题，即您本次旅游度假的动机与目的是什么？您对本次旅游度假地发展有何意见建议？其中前三部分指标评价采用五点 Likert 量表测量，1～5分别对应“从不”“偶尔”“有时”“经常”“总是”（生活环境压力知觉量表、整体健康感知量表），以及“很不同意”“不同意”“一般”“同意”“很同意”（度假休闲调适策略或方式量表）。

7.1.2 调查问卷设计

除了生活环境压力知觉量表、整体健康感知量表、度假休闲调适策略或方式量表，以及个人基本信息属于结构式问题外，还需另加上两个自由回答的开放式问题，以及对旅游度假或度假旅游概念加以说明的前言（见附录3）。

7.2　样本数据采集

7.2.1　样本选择与问卷调查

本书旨在了解中国文化情境与转型社会背景下城市居民特别是中等收入阶层通过度假休闲调适缓解生活环境压力、达到整体健康的作用机制，以便深刻理解旅游度假休闲体验的本质。因此，抽样样本选择包括以下原则。一是针对一线城市中等收入阶层人群，如广州、深圳等。二是要在度假旅游情境中，即在度假旅游期间或结束后让度假游客填写“刺激—反应”问卷，以便具有场景感。三是尽量兼顾各类度假游客，并针对珠三角城市居民度假旅游的选择特点，以滨海、温泉度假地为主，环城市群（粤港澳大湾区城市群）度假游憩带近程、短途、短时（周末、黄金周）度假为主，并兼顾出省出国的远程、长途、长时（黄金周、带薪休假、寒暑假）度假。四是兼顾便利原则，熟悉度假地、度假企业高层管理人员，便于展开实地问卷。

由于问卷题项较多，所以分散在多个度假地进行，主要包括：（1）号称珠三角“后花园”的清远（奇洞温泉小镇、聚龙湾温泉度假村、熹乐谷温泉度假区）；（2）号称广州市“后花园”的从化（碧水湾温泉度假区）；（3）号称深圳市“后花园”的惠州（大亚湾艾美五星级度假酒店）；（4）海外度假胜地——越南、新加坡、泰国、印度尼西亚、马尔代夫、毛里求斯、斯里兰卡、帕劳等地）。调研时间选择在2017年元旦、春节黄金周，以及元宵节前后的一段时间。这是考虑到中国人特别是广东人讲究一年一度休闲放松，享受过年的心情，也是人们一年中习俗节律，以及年度工作结束后家庭休闲的需要。同时，从心理学角度看，作为一个承前启后的时间节点，人们对于这个“明显的界限”有一种乐观的感觉，觉得新的一年到来了，会有一个“全新的自己”。具体地点、时间、问卷份数、游客类型如表 7 -1 所示。本次调研共计发放问卷 670 份，回收问卷 630 份，其中有效问卷 559 份，有效率为 88.73%。

表 7 -1　　　　正式研究问卷情况

序号	地点	时间	回收问卷（份）	有效问卷（份）	有效率（%）	对象	度假类型	备注
1	清远佛冈聚龙湾温泉度假村（AAAA）	2017.1.1 ~5（元旦）	80	65	81.25	广州游客	温泉度假	清远—珠三角后花园，中端度假游客
2	清远英德奇洞温泉小镇（AAAA）	2017.1.1 ~5（元旦）	80	65	81.25	广州游客	温泉度假	清远—珠三角后花园，中端度假游客
3	广州从化碧水湾温泉度假区（AAAA）	2017.1.1 ~5（元旦）	80	69	86.25	广州游客	温泉度假	从化—广州后花园，高端度假游客
4	清远佛冈熹乐谷温泉度假区（准 AAAA）	2017.1.1 ~2.11（元旦—春节—元宵节）	80	74	92.5	广州游客	温泉度假	清远—珠三角后花园，高端度假游客
5	惠州大亚湾艾美国际度假酒店（法国品牌、五星标准）	2017.1.1 ~2.11（元旦—春节—元宵节）	100	91	91	深圳游客	滨海度假	大亚湾—深圳后花园，高端度假游客
6	东莞青旅出境旅游部（越南、新加坡、泰国、印度尼西亚、马尔代夫、毛里求斯、斯里兰卡、帕劳等地）	2017.1.28 ~2.11（春节—元宵节）	210	195	92.86	东莞游客	滨海度假海岛度假	中青旅—全国百强国际旅行社，中高端度假游客
合计		元旦—春节—元宵节	630	559	88.73	穗、深、莞	温泉滨海	度假休闲后花园

注：东莞青旅实际发放 250 份，回收 210 份。

从问卷方式看，主要通过联系有关企业负责人，经由调研组培训有关部门经理及服务员，以及本校实习学生，并要求调研主要以面对面形式展开，具体调研方式如表 7 -2 所示。

表7-2 **正式研究问卷调研方式**

序号	地点	联系企业负责人岗位	负责问卷部门及人员	问卷技巧	备注
1	清远佛冈聚龙湾温泉度假村（AAAA）	总经理助理兼人力资源总监	人力资源部、前台及服务员	退房结账到离开酒店时间，赠送价值5~10元饮料1瓶	亲自送卷培训
2	清远英德奇洞温泉小镇（AAAA）	总经理	餐饮部及服务员	中晚餐点菜—上菜之间，赠送价值5~10元饮料1瓶	亲自送卷培训
3	广州从化碧水湾温泉度假区（AAAA）	副总经理	餐饮部及服务员	中晚餐点菜—上菜之间，赠送价值10~15元饮料1瓶	亲自送卷培训
4	清远佛冈熹乐谷温泉度假区（准AAAA）	总经理	前台及服务员	退房结账到离开酒店时间，赠送价值5~10元饮料1瓶	亲自送卷培训
5	惠州大亚湾艾美国际度假酒店（法国品牌、五星标准）	招聘经理	广财大2015级旅游管理1~2班14位实习生	客房部入住后、餐饮部就餐时、前台退房时，赠送价值5~10元饮料1瓶	亲自送卷培训
6	东莞青旅出境旅游部（越南、新加坡、泰国、印度尼西亚、马尔代夫、毛里求斯、斯里兰卡、帕劳等地）	人力资源总监	出境旅游部度假线路领队	回程途中，赠送价值10~15元饮料1瓶	与总监一起送卷培训

7.2.2 样本容量分析

在验证性因子分析或结构方程模型中，样本容量CN最小应为多少？每个潜变量至少要多少个指标？学者们都认为SEM适用于大样本分析，样本数越多，统计分析的稳定性与各种指标的适用性也越佳。波姆斯玛（Boomsma，1983）研究发现CN越大越好，建议CN最少大于100，但大于200更好。吴明隆（2001）认为CN值在200以上表示该理论模型可以适当反映实际样本的性质。农纳利（Nunnally，1994）的研究建议是：被试人数是变量的10倍。也有学者如本特勒（Bentler，1989）认为被试者为自由参数的5倍即可。休梅克（Shumaker，1996）认为应在200~500比较合适。如果从模型观察变量数来分析样本数，则两者比值至少应为1：10或1：15。从可识别的角度看，侯杰泰等（2004）认为每个因子最少应该有3个指标，如果只有2个指标，那么这些因子要与其他因子有关，模型才可以识别。

本章量表涉及变量7个、题项50个，每个变量的指标至少有3个，调研获取的有效样本数为559份，无论按照上述哪种观点认定的样本容量和指标数判断，都符合要求。

7.3 描述性统计分析

描述性统计是对样本数据的数学方式表述，将众多不同的数据提炼形成新的认识。一般主要对样本基本资料，包括被调查者人口特征，以及各变量数据的基本特征，包括平均数和标准差等进行描述。通过Excel录入数据后，运用统计软件SPSS 19.0进行数据录入和分析。录入复核完毕后，对样本人口特征进行了描述性统计分析，以了解样本基本情况并对样本的代表性进行评估。

7.3.1 样本人口的统计特征

被调查者的人口特征从常居地、性别、年龄、文化程度、家庭结构、家庭收入、职业、期望旅游度假间隔进行描述，结果如表7-3所示。（1）常居地：以直辖市、副省级大城市，以及地级市、县级中小城市为主，各占38.64%、55.46%；其中主要是珠三角城市，在已填写城市的362份问卷中，主要有广州（126人，22.54%）、深圳（41人，7.33%）、东莞（153人，27.37%）、惠州（19人，3.40%）、中山（7人，1.25%）、

表7-3　　正式问卷样本的人口统计特征

	项目	数量（人）	比率（%）
1. 常居地	直辖市、副省级大城市	216	38.64
	地级、县级中小城市	310	55.46
	乡镇	23	4.11
	乡村	10	1.79
2. 性别	男	256	45.80
	女	303	54.20
3. 年龄	青年（18~35岁）	345	61.72
	壮年（36~45岁）	45	8.05
	中年（46~60岁）	149	26.65
	老年（61岁及以上）	20	3.58
4. 文化程度	小学及以下	17	3.04
	中学（初中、高中或中专）	157	28.09
	大学（大专、本科）	359	64.22
	研究生及以上	26	4.65
5. 家庭结构	单身	225	40.25
	已婚无小孩	65	11.63
	已婚小孩未成年	171	30.59
	已婚小孩已成年	76	13.60
	其他	22	3.93

	项目	数量（人）	比率（%）
6. 家庭收入	≤10万元	267	47.76
	11万~30万元	177	31.66
	31万~50万元	72	12.88
	51万~100万元	32	5.73
	>100万元	11	1.97
7. 职业	大型企业董事/经理	10	1.79
	中小企业主/经理	67	11.98
	公司职员	224	40.07
	公务员	19	3.40
	专业技术人员	49	8.76
	离退休人员	15	2.68
	自由职业者	48	8.59
	农民	12	2.15
	工人	11	1.97
	学生	3	0.54
	其他	53	9.48
8. 期望度假间隔	一周	88	15.74
	一月	73	13.06
	一季度	163	29.16
	半年	145	25.94
	一年	90	16.10

佛山（6人，1.07%）、江门（4人，0.72%）、肇庆（3人，0.54%）、珠海（3人，0.54%）等地。可能部分游客没有意识到深圳也是副省级大城市，因而导致直辖市、副省级城市人数比例略低于地级市、县级中小城市比例。以上说明被调查者绝大部分属于城市居民，即便是乡村居民，其实也主要是城中村居民。（2）性别：几乎各占一半。（3）年龄：青年（18~35岁）为主，中年（46~60岁）为次，各占61.72%、26.65%。这表明青年生活环境压力与整体健康诉求不可忽视，特别是工作压力与心理健康。（4）文化程度：大学（大专、本科）为主，占64.22%。这表明文化程度

与旅游度假存在一定关系。(5) 家庭结构：单身为主，已婚小孩未成年次之，分别占40.25%、30.59%。这可能与单身者的工作压力和整体健康诉求，以及已结婚小孩未成年者的家庭休闲需要有关。(6) 家庭收入：小于10万元者居多，11万~30万元者次之，各占47.76%、31.66%。其中家庭收入小于10万元者居多似乎不太可信，可能因为被调研者单身居多，把家庭收入理解为个人收入了。可见，被调研者主要为中等收入阶层的中下层。(7) 职业：公司职员、中小企业主/经理、专业技术人员、自由职业者居多，各占40.07%、11.98%、8.76%、8.59%。可见基本属于雇员阶层，需要休假度假。(8) 期望度假间隔：以一季度、半年居多。这可能与我国春夏秋冬的季节性旅游度假规律（如春天赏花、夏天避暑、秋天摘果、冬天避寒），以及寒暑假（特别是带小孩度假者）有关。总体而言，样本具有一定代表性，特别是反映了城市居民中等收入阶层的中下层人员之度假游客特征。

7.3.2 问卷题项的描述性统计

研究采用Excel软件统计分析，主要用均值和标准差来对量表题项进行描述统计，分析结果如表7-4所示。各题项均值只有6项小于2.5，多数大于3；标准差在1左右。

表7-4　　正式研究问卷题项的描述性统计分析

测量变量		题项编号	均值	标准差
生活环境压力知觉	焦虑疲惫感	S1	2.52	1.02
		S2	2.63	1.02
		S3	2.54	1.04
		S4	2.72	1.05
	忧虑失望感	S5	2.35	1.13
		S6	2.48	1.10
		S7	2.44	1.13
		S8	2.42	1.04
		S9	2.47	1.15

续表

测量变量		题项编号	均值	标准差
度假休闲调适策略	身心舒缓式休闲	L1	3. 52	1. 00
		L2	3. 23	1. 04
		L3	3. 58	0. 95
		L4	3. 65	0. 94
		L5	3. 47	0. 89
		L6	3. 52	0. 88
	人际互动式休闲	L7	3. 51	0. 92
		L8	3. 41	0. 89
		L9	3. 48	0. 91
	情绪改善式休闲	L10	3. 83	0. 85
		L11	3. 87	0. 88
		L12	3. 77	0. 97
	心灵或精神体悟式休闲	L13	3. 64	0. 94
		L14	3. 67	0. 97
		L15	3. 83	0. 92
		L16	3. 84	0. 91
		L17	3. 71	0. 91
		L18	3. 81	0. 92
整体健康	生理健康	H1	3. 08	0. 97
		H2	2. 94	0. 99
		H3	3. 13	1. 20
	心理健康	H4	3. 28	1. 11
		H5	3. 21	1. 06
		H6	2. 87	1. 06
		H7	2. 48	0. 95
		H8	2. 58	0. 97
		H9	2. 65	1. 01
		H10	3. 26	1. 11
		H11	3. 47	1. 07
	社会健康	H12	3. 41	1. 10
		H13	3. 52	1. 09
		H14	3. 38	1. 15

7.4 量表信度和效度检验

在 SEM 分析前对量表进行信度和效度分析，以检验量表的可靠性和测量的正确性。本部分采用 Cronbach's α 值和组合信度进行信度检验，采用因子分析和平均方差抽取量进行效度检验。

7.4.1 信度检验

信度检验是描述观察变量对潜在变量表达的程度，判断量表的一致性和稳定性。这里先采用 Cronbach's α 值进行分析，如表 7－5 所示。数据显示各题项相关系数（CITC）值都在 0.4 以上（除 H1、H2，H7、H8、H9 反向问题外），总体量表、分量表 Cronbach's α 值都在 0.791～0.924，说明量表内部一致性较高，信度较好。

表 7－5　　　　正式问卷样本数据的信度分析

变量		题项	分项对总项的相关系数	删除该题项后的 Cronbach's α 值	Cronbach's α 值
总量表		41			0.860
分量表 1		9			0.880
生活环境压力知觉	焦虑疲惫感	S1	0.504	0.877	0.789
		S2	0.571	0.872	
		S3	0.639	0.866	
		S4	0.661	0.864	
	忧虑失望感	S5	0.669	0.863	0.848
		S6	0.680	0.862	
		S7	0.682	0.862	
		S8	0.669	0.864	
		S9	0.553	0.874	
分量表 2		18			0.924

续表

变量		题项	分项对总项的相关系数	删除该题项后的 Cronbach's α 值	Cronbach's α 值
度假休闲调适策略	身心舒缓式休闲	L1	0.659	0.919	0.863
		L2	0.490	0.924	
		L3	0.662	0.919	
		L4	0.665	0.919	
		L5	0.604	0.920	
		L6	0.638	0.920	
	人际互动式休闲	L7	0.570	0.921	0.750
		L8	0.497	0.923	
		L9	0.511	0.923	
	情绪改善式休闲	L10	0.605	0.920	0.847
		L11	0.679	0.919	
		L12	0.602	0.920	
	心灵或精神体悟式休闲	L13	0.557	0.922	0.884
		L14	0.647	0.919	
		L15	0.688	0.918	
		L16	0.661	0.919	
		L17	0.621	0.920	
		L18	0.651	0.919	
分量表 3		14			0.791
整体健康	生理健康	H1	0.040	0.805	
		H2	0.044	0.806	
		H3	0.405	0.779	
	心理健康	H4	0.562	0.764	
		H5	0.555	0.765	
		H6	0.475	0.772	
		H7	0.235	0.791	
		H8	0.215	0.793	
		H9	0.139	0.799	
		H10	0.541	0.766	
		H11	0.611	0.760	
	社会健康	H12	0.625	0.758	
		H13	0.665	0.755	
		H14	0.558	0.764	

注：H1、H2、H7、H8、H9 为反向问题，可能因误读导致 CITC 值较低，并因在验证性因子分析中因子负荷量小于 0.6 而被删除。这里将整体健康当作一个总体变量考虑。

资料来源：据 SPSS 19.0 软件统计结果整理。

7.4.2　效度检验

本部分除整体健康量表外，生活环境压力、度假休闲调适量表是基于文献研究、深度访谈、焦点访谈等方式生成，具有表面效度和内容效度，在此对结构效度进行检验。在探索性因子分析（EFA）的基础上进行验证性因子分析（CFA），确定指标与变量间的结构关系，再通过组合信度（CR）、平均方差抽取量（AVE）因子载荷分析聚合效度。

1. 探索性因子分析

运用 EFA 进行效度检验，依据变量不同分小组进行分析。研究采用 SPSS19.0 软件分别对度假休闲调适策略或方式、生活环境压力知觉、整体健康感知进行探索性因子分析。

（1）度假休闲调适策略或方式的 EFA 分析。研究先对度假休闲调适策略或方式的 18 个指标进行了 KMO 和 Bartlett's 检验，检验其是否适合做因子分析，结果如表 7－6 所示。该组数据 KMO 值为 0.930 大于 0.7；同时，Bartlett's 检验的 X^2 统计值 P 的显著性概率是 0.000，小于 0.01，证明样本集中度好，数据之间具有相关性，说明适合做因子分析。

表 7－6　　KMO 和 Bartlett's 检验

取样足够度的 Kaiser-Meyer-Olkin 度量		0.930
Bartlett's 的球形检验	近似卡方	5292.272
	df	153
	Sig.	0.000

然后采用方差最大化正交旋转标准化指标的载荷，抽取了身心舒缓式休闲、人际互动式休闲、心灵或精神体悟式休闲、情绪改善式休闲四个变量，如表 7－7 所示。

依据表 7－7 中数据可知，EFA 分析的结果得到 4 个因子（身心舒缓式休闲、人际互动式休闲、心灵或精神体悟式休闲、情绪改善式休闲），总共解释了 65.774% 数据信息，说明涵盖了变量测量指标的大部分信息。

表 7－7　　　　　正交旋转后的因子载荷成分矩阵

维度及题项		成分			
		1	2	3	4
心灵或精神体悟式休闲	L16	0.799	0.233	0.237	0.018
	L15	0.776	0.233	0.254	0.094
	L17	0.725	0.182	0.254	0.085
	L14	0.711	0.173	0.169	0.265
	L18	0.704	0.210	0.247	0.156
	L13	0.640	0.161	0.077	0.266
身心舒缓式休闲	L2	0.074	0.761	0.023	0.167
	L1	0.299	0.733	0.208	0.082
	L3	0.250	0.720	0.206	0.186
	L5	0.205	0.662	0.113	0.293
	L4	0.281	0.649	0.248	0.202
	L6	0.207	0.563	0.177	0.439
人际互动式休闲	L10	0.304	0.182	0.800	0.107
	L12	0.255	0.191	0.772	0.190
	L11	0.375	0.217	0.751	0.172
情绪改善式休闲	L8	0.186	0.158	0.077	0.792
	L9	0.146	0.241	0.120	0.727
	L7	0.138	0.316	0.209	0.690
方差贡献率（%）		44.242	10.036	5.889	5.606
累计解释率（%）		65.774			

注：提取方法为主成分分析法；旋转法为具有 Kaiser 标准化的正交旋转法。

而且各因子的特征值均大于 1，且各指标在所属因子上的载荷分布在 0.563～0.800，都大于 0.5 的要求，说明各成分中原始指标具有比较显著的相关性。

（2）生活环境压力知觉的 EFA 分析。首先我们对生活环境压力知觉的 9 个指标进行了 KMO 和 Bartlett's 检验，检验其是否适合做因子分析，结果如表 7－8 所示。该组数据 KMO 值为 0.884 大于 0.7；Bartlett's 检验的 X^2 统计值 P 的显著性概率是 0.000，小于 0.01，证明样本集中度好，数据之间具有相关性，说明适合做因子分析。

表 7－8　　　　KMO 和 Bartlett's 的检验

取样足够度的 Kaiser-Meyer-Olkin 度量		0.884
Bartlett's 的球度检验	近似卡方	1258.658
	df	36
	Sig.	0.000

采用方差最大化正交旋转标准化指标的载荷，如表 7－9 所示，因子分析的结果是得到 2 个因子，共解释了 61.312% 的数据信息，且各指标在此因子上的载荷都大于 0.5，说明各指标具有较好的相关性。这与初步研究调查问卷所得出的 2 个成分（焦虑疲惫感、忧虑失望感）相同，只有 S4 在两个维度上的值不相上下，这可能与国民对转型社会价值观失序既有担忧的一面，又有焦虑的一面有关。

表 7－9　　　　正交旋转后的因子载荷成分矩阵

维度及题项		成分	
		1	2
忧虑失望感	S8	0.824	0.168
	S7	0.774	0.232
	S6	0.730	0.285
	S5	0.716	0.346
	S9	0.682	0.122
焦虑疲惫感	S4	0.480	0.560
	S3	0.262	0.822
	S2	0.191	0.787
	S1	0.186	0.673
方差贡献率（%）		49.411	11.902
累计解释率（%）		61.312	

注：提取方法为主成分分析法；旋转法为具有 Kaiser 标准化的正交旋转法。

（3）整体健康感知的 EFA 分析。首先我们对整体健康感知的 14 个指标进行了 KMO 和 Bartlett's 检验，检验其是否适合做因子分析，结果如表 7－10 所示。该组数据 KMO 值为 0.864，大于 0.7；Bartlett's 检验的 X^2

统计值P的显著性概率是0.000，小于0.01，证明样本集中度好，数据之间具有相关性，说明适合做因子分析。

表7-10　　KMO和Bartlett's的检验

取样足够度的 Kaiser-Meyer-Olkin 度量		0.864
Bartlett's 的球形度检验	近似卡方	3840.654
	df	91
	Sig.	0.000

采用方差最大化正交旋转标准化指标的载荷，如表7-11所示，因子分析的结果是得到3个因子，共解释了63.965%的数据信息，且各指标在此因子上的载荷都大于0.5，说明各指标具有较好的相关性。

表7-11　　正交旋转后的因子载荷成分矩阵

维度及指标		成分		
		1	2	3
社会健康	H12	0.858	-0.049	0.229
	H13	0.839	-0.001	0.274
	H14	0.835	-0.030	0.144
	H11	0.774	-0.076	0.316
	H10	0.571	-0.030	0.411
生理健康	H8	0.003	0.804	0.047
	H7	-0.025	0.795	0.125
	H9	0.004	0.739	-0.063
	H1	-0.088	0.689	-0.143
	H2	-0.065	0.684	-0.163
心理健康	H5	0.349	-0.132	0.784
	H4	0.361	-0.156	0.780
	H3	0.269	-0.221	0.675
	H6	0.166	0.239	0.662
方差贡献率（%）		36.358	19.928	7.679
累计解释率（%）		63.965		

注：提取方法为主成分分析法；旋转法为具有Kaiser标准化的正交旋转法。

2. 验证性因子分析

验证性因子分析用于检验各测量变量可以构成潜在变量的程度，此部分将分别对度假休闲调适策略或方式、生活环境压力知觉、整体健康感知各维度进行聚合效度检验。

（1）度假休闲调适策略或方式验证性因子分析。度假休闲调适策略或方式由四个维度构成，身心舒缓式休闲、人际互动式休闲、改善情绪式休闲、心灵或精神体悟式休闲分别由指标 L1、L2、L3、L4、L5、L6，L7、L8、L9，L10、L11、L12，L14、L15、L16、L17、L18 测量，指标是基于文献分析和深度访谈生成，在模型识别上符合三指标法则要求，其因子载荷、组合信度 CR、平均方差抽取量 AVE 如表 7－12 所示。

表 7－12　度假休闲调适策略或方式验证性因子分析

维度及指标		因子载荷 λ	组合信度 CR	平均方差抽取量 AVE
身心舒缓式休闲	L1	0.741***	0.863	0.512
	L2	0.619***		
	L3	0.774***		
	L4	0.744***		
	L5	0.701***		
	L6	0.706***		
人际互动式休闲	L7	0.749***	0.750	0.500
	L8	0.699***		
	L9	0.671***		
情绪改善式休闲	L10	0.794***	0.847	0.650
	L11	0.871***		
	L12	0.749***		
心灵或精神体悟式休闲	L14	0.702***	0.884	0.605
	L15	0.816***		
	L16	0.843***		
	L17	0.764***		
	L18	0.755***		

注：*** 表示 P<0.001。因 L13 的因子载荷量小于 0.6 被删除。

由表7－12可以看出，各题项因子载荷均在0.6以上，并且在0.05显著性水平下通过检验；另外，四个构念的组合信度CR均大于0.7，且平均方差抽取量AVE均大于0.5的判断标准，表明度假休闲调适策略或方式CFA模型的聚合效度达到要求。

（2）生活环境压力知觉验证性因子分析。生活环境压力知觉由两个维度构成，焦虑疲惫感、忧虑失望感分别由指标S1、S2、S3、S4和S5、S6、S7、S8、S9测量，指标是基于文献分析和深度访谈生成，在模型识别上符合三指标法则要求，其因子载荷、组合信度CR、平均方差抽取量AVE如表7－13所示。

表7－13　　　　生活环境压力知觉验证性因子分析

维度及指标		因子载荷λ	组合信度CR	平均方差抽取量AVE
焦虑疲惫感	S1	0.675***	0.789	0.488
	S2	0.838***		
	S3	0.704***		
	S4	0.566***		
忧虑失望感	S5	0.700***	0.848	0.530
	S6	0.764***		
	S7	0.778***		
	S8	0.781***		
	S9	0.600***		

注：***表示P<0.001。

由表7－13可以看出，各题项因子载荷均在0.6以上，并且在0.05的显著性水平下通过检验；另外，两个构念的组合信度CR均大于0.7，且平均方差抽取量AVE一个大于0.5的判断标准，另一个接近0.5的判断标准，表明生活环境压力知觉量表CFA模型的聚合效度基本达到要求。

（3）整体健康感知验证性因子分析。整体健康感知尽管在理论上由三个维度（生理健康、心理健康、社会健康）构成，但这里作为压力调适的效果将其作为一个维度处理，而且从构成指标来看，主要由广义心理健康指标（狭义心理健康、社会健康）H4、H5、H10、H11、H12、H13、

H14 测量，指标是基于现有普适量表生成，在模型识别上符合三指标法则要求，其因子载荷、组合信度 CR、平均方差抽取量 AVE 如表 7－14 所示。

表 7－14　　整体健康感知验证性因子分析

维度及指标		因子载荷 λ	组合信度 CR	平均方差抽取量 AVE
整体健康	H4	0.601***	0.887	0.535
	H5	0.599***		
	H10	0.579***		
	H11	0.764***		
	H12	0.860***		
	H13	0.869***		
	H14	0.782***		

注：*** 表示 $P<0.001$。这里将整体健康感知作为一个总体变量看待，不分维度变量。其中 H1、H2、H3、H6、H7、H8、H9 的因子载荷量小于 0.6 而被删除。

由表 7－14 可以看出，各题项因子载荷均在 0.6 以上，并且在 0.05 的显著性水平下通过检验；另外，整体健康的组合信度 CR 大于 0.8，且平均方差抽取量 AVE 大于 0.5 的判断标准，表明整体健康感知量表 CFA 模型的聚合效度达到要求。

3. 相关矩阵及 AVE 分析

本部分采用 Pearson 相关分析法测量，相关系数越大，则变量间的相关程度越高。分析结果如表 7－15 所示，7 个变量大都在 0.05 的显著性水平上相关，相关程度尚可。

使用 AVE 考察模型的判别效度，依据福内尔（1981）和吴明隆（2013）的观点，AVE 大于 0.5 的标准，并且各因子的平均方差抽取量 AVE 的平方根要大于交叉变量的相关系数才符合判别效度的要求。本节 7 个变量的 AVE 及其相关矩阵分析数据如表 7－15 所示，AVE 大于 0.5 的判断标准且其平方根都大于交叉变量的相关系数。

表 7－15　　变量相关矩阵及 AVE 分析

变量	忧虑失望感	焦虑疲惫感	心灵体悟	人际互动	身心舒缓	情绪改善	整体健康
忧虑失望感	0.728						
焦虑疲惫感	0	0.699					
心灵体悟	－0.043	0.186***	0.778				
人际互动	－0.016	0.108*	0.521	0.707			
身心舒缓	－0.073	0.121*	0.657	0.745	0.716		
情绪改善	－0.133**	0.138	0.732***	0.541	0.631**	0.806	
整体健康	－0.1	0.021	0.369**	0.209	0.244	0.397***	0.731

注：*** 表示 P<0.001，** 表示 0.001<P<0.01，* 表示 0.01<P<0.05。灰度表示 AVE 的平方根，其他数据为各变量之间的相关系数。

7.5　结构方程模型分析与假设检验

SEM 分析主要包括两大部分：测量模型分析与结构模型分析，在前面信度和效度检验部分已对测量模型进行了验证，这里将对结构模型进行分析并对研究假设进行检验。

7.5.1　结构方程模型适配检验

研究采用 AMOS 20.0 软件运行分析，构建的结构方程中含有 7 个结构变量，其中焦虑疲惫感、忧虑失望感属于生活环境压力知觉维度，身心舒缓式休闲、人际互动式休闲、心灵或精神体悟式休闲、情绪改善式休闲属于度假休闲调适策略或方式变量，另外加上包含心理健康、社会健康在内的整体健康变量——实际上属于广义心理健康，因为其中三个生理健康指标在验证性因子分析中的因子载荷量小于 0.6 而被删除（见图 7－1）。

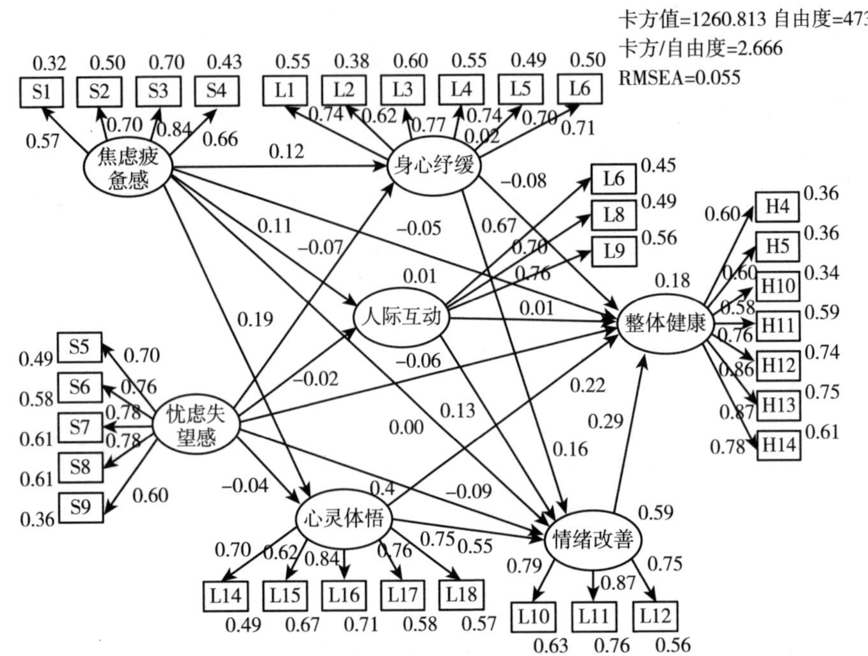

图 7-1　生活环境压力—度假休闲调适—整体健康关系的结构方程模型

注：指标之于维度的因子载荷量一般大于 0.6，个别指标大于 0.5 也可以。通过评价整个模型并对回归结果有关参数进行考察，如用最初的，则检验结果不太理想，于是通过适当拉残差对相关参数进行调整，检测参数才符合理想值，结果使忧虑失望感与身心舒缓、人际互动、心灵体悟间的路径系数值由原来的正值变为负值，改变了路径系数值方向。

本节对模型适配检验的指标为：绝对适配度指标 NC（CMIN/DF）、RMSEA、GFI；增值适配度指数 CFI、TLI；简约适配度指数 PNFI、CN。如前所述，吴明隆（2013）、侯杰泰（2004）和布朗恩（2001）等学者的观点认为：卡方自由度 NC（CMIN/DF 或 X^2/df）值若在 1～3 表示模型适配良好；渐进残差平方和的平方根 RMSEA 值在 0.05～0.08 表示模型适配良好，在 0.05 以下表示适配非常好；适配度指数 GFI 值一般判别的标准为大于 0.90 表示适配理想，大于 0.80 可以接受；增值适配度指数 CFI、非规准适配指数 TLI 判别标准均为 0.90 以上，越接近 1 表示模型适配度越好；简约调整后的规准适配指数 PNFI 值大于 0.50 作为模型适配通过与否的标准；样本数 CN 一般认为应该大于 200。

运行 AMOS 20.0 软件对研究模型与实际数据进行适配检验，结果如

表 7 - 16 所示。

表 7 - 16　　　　模型适配检验结果

适配度指标及其判断标准	指标值	适配情况
绝对适配度指数		
NC（CMIN/DF 或 X^2/df）：1≤适配良好≤3	2.666	适配良好
RMSEA：0 < 适配很好≤0.05 < 适配良好≤0.08	0.055	适配良好
GFI：适配理想≥0.90，可以接受≥0.80	0.888	适配合理
增值适配度指数		
CFI：≥0.90，≤1	0.908	适配理想
TLI：≥0.90，≤1	0.917	适配理想
简约适配度指数		
PNFI：≥0.50	0.783	适配良好
CN：≥200	559	样本数量符合要求

结果显示：卡方自由度 NC 值为 2.666，小于参考值要求 3；渐进残差平方和的平方根 RMSEA 值为 0.055，小于参考值要求 0.08；适配度指数 GFI 值为 0.888，位于 0.8 ~ 0.9 之间；增值适配度指数 CFI 为 0.908，大于 0.9；非规准适配指数 TLI 为 0.917，大于 0.9；简约调整后的规准适配指数 PNFI 值为 0.783，大于参考值要求 0.5；样本数 559，远大于 200 的要求。得出结论：各项指标适配达到要求，整体模型适配良好。

7.5.2　路径分析与假设检验

1. 路径分析

利用 AMOS 20.0 软件运算得到结构模型路径系数和 R^2 值，如表 7 - 17 所示。路径系数 β 反映了潜变量之间的关系和影响程度；R^2 值表示因变量被自变量解释的程度，也反映了模型的预测能力。在行为科学中，当 $0.01 < R^2 < 0.09$ 时，解释效应量为小效应；当 $0.09 < R^2 < 0.25$ 时，解释效应量为中等效应；当 $R^2 > 0.25$ 时，解释效应量为大效应。模型内潜变量身心舒缓式休闲、人际互动式休闲、心灵或精神体悟式休闲、情绪改善式休闲、整体健康的被解释度 R^2 分别是 0.02、0.01、0.04、0.59、0.18，其中情绪改善式休闲被功能类休闲解释的程度很高，整体健康被功能类休闲、情绪类休闲解释的程度较高。

表 7－17　　　　标准化回归系数和方差参数估计

假设路径	回归系数	标准化回归系数 β	S. E.	C. R.	P
H1 功能类休闲对情绪类休闲的直接正向影响					
H1a 身心舒缓→情绪改善	0. 160	0. 163	0. 075	2. 120	0. 034
H1b 人际互动→情绪改善	0. 154	0. 130	0. 083	1. 850	0. 064
H1C 心灵体悟→情绪改善	0. 580	0. 553	0. 062	9. 337	***
H2 环境压力知觉对整体健康的直接负向影响					
H2a 焦虑疲惫感→整体健康	－0. 057	－0. 050	0. 054	－1. 063	0. 288
H2b 忧虑失望感→整体健康	－0. 056	－0. 059	0. 044	－1. 280	0. 201
H3 环境压力知觉对度假休闲调适的直接正向影响					
H3. 1a 焦虑疲惫感→身心舒缓	0. 156	0. 121	0. 065	2. 384	0. 017
H3. 1b 焦虑疲惫感→人际互动	0. 114	0. 108	0. 058	1. 979	0. 048
H3. 1c 焦虑疲惫感→心灵体悟	0. 224	0. 186	0. 061	3. 652	***
H3. 1d 焦虑疲惫感→情绪改善	0. 002	0. 002	0. 048	0. 052	0. 958
H3. 2a 忧虑失望感→身心舒缓	－0. 078	－0. 073	0. 052	－1. 482	0. 138
H3. 2b 忧虑失望感→人际互动	－0. 014	－0. 016	0. 046	－0. 312	0. 755
H3. 2c 忧虑失望感→心灵体悟	－0. 043	－0. 043	0. 048	－0. 905	0. 365
H3. 2d 忧虑失望感→情绪改善	－0. 099	－0. 095	0. 039	－2. 566	0. 010
H4 度假休闲调适对整体健康的直接正向影响					
H4a 身心舒缓→整体健康	－0. 073	－0. 082	0. 085	－0. 864	0. 388
H4b 人际互动→整体健康	0. 008	0. 008	0. 094	0. 090	0. 929
H4c 心灵体悟→整体健康	0. 207	0. 216	0. 078	2. 653	0. 008
H4d 情绪改善→整体健康	0. 261	0. 285	0. 075	3. 485	***

注：P＜0. 10（＋）轻微显著；P＜0. 001（***）显著。

在结构方程建模中，临界比例是判别回归系数是否显著的标准，根据侯杰泰等（2004）的观点，当 C. R. 绝对值大于等于 1. 96 时，即可认定为在显著性水平 0. 05 下存在显著差异。模型运行得到的标准化回归系数和方差参数估计如表 7－17 所示。

2. 假设检验

依据上表所列的标准化路径系数及 P 值，对研究中提出的 17 项假设逐一进行检验，结果显示有 8 项假设获得支持，另外 1 项 P 值为 0.064，在 0.10 ~ 0.05 之间，属于轻微显著；8 项假设没有获得支持。具体如表 7 – 18 所示。

表 7 – 18　　研究假设检验结果

假设		路径系数	P 值	检验结果
H1	功能类休闲对情绪类休闲有直接正向的影响			
H1a	身心舒缓式对情绪改善式休闲有直接的正向影响	0.163	0.034	支持
H1b	人际互动式对情绪改善式休闲有直接的正向影响	0.130	0.064	不支持
H1c	心灵体悟式对情绪改善式休闲有直接的正向影响	0.553	***	支持
H2	环境压力知觉对整体健康有直接负向影响			
H2a	焦虑疲惫感对整体健康有直接的负向影响	-0.050	0.288	不支持
H2b	忧虑失望感对整体健康有直接的负向影响	-0.059	0.201	不支持
H3	环境压力知觉对度假休闲调适有直接正向影响			
H3.1a	焦虑疲惫感对身心舒缓有直接的正向影响	0.121	0.017	支持
H3.1b	焦虑疲惫感对人际互动有直接的正向影响	0.108	0.048	支持
H3.1c	焦虑疲惫感对心灵体悟有直接的正向影响	0.186	***	支持
H3.1d	焦虑疲惫感对情绪改善有直接的正向影响	0.002	0.958	不支持
H3.2a	忧虑失望感对身心舒缓有直接的正向影响	-1.482	0.138	不支持
H3.2b	忧虑失望感对人际互动有直接的正向影响	-0.312	0.755	不支持
H3.2c	忧虑失望感对心灵体悟有直接的正向影响	-0.905	0.365	不支持
H3.2d	忧虑失望感对情绪改善有直接的正向影响	-2.566	0.010	支持
H4	度假休闲调适对整体健康有直接正向影响			
H4a	身心舒缓式休闲对整体健康有直接的正向影响	-0.082	0.388	不支持
H4b	人际互动式休闲对整体健康有直接的正向影响	0.008	0.929	不支持
H4c	心灵体悟式休闲对整体健康有直接的正向影响	0.216	0.008	支持
H4d	情绪改善式休闲对整体健康有直接的正向影响	0.285	***	支持

注：P<0.10（+）轻微显著；P<0.001（***）显著。

7.5.3 中介效应分析

从表7－18可知，情绪类休闲为功能类休闲与整体健康的完全中介，但除心灵或精神体悟式休闲外，情绪改善式休闲是心灵或精神体悟式休闲与整体健康的部分中介；度假休闲调适策略或方式是生活环境压力体验的焦虑疲惫感与整体健康的完全中介。

依据如前提出的中介效应检验程序，对结构方程模型分析后发现，心灵或精神体悟式休闲直接对整体健康产生影响，也可能通过情绪改善式休闲影响整体健康，但中介效应是否明显，仅靠路径分析无法验证，因此有必要在SEM路径分析基础上，通过中介效应检验确定可能存在的中介作用（见表7－19）。

表7－19　　　　情绪改善式休闲的部分中介效应分析

路径	中介效应参数			中介效应占比（%）
	直接影响路径系数	标准化直接影响路径系数	标准误差	
心灵体悟→整体健康（c）	0.207 **	0.216	0.058	42.24
心灵体悟→情绪改善（a）	0.580 ***	0.553	0.027	
情绪改善→整体健康（b）	0.261 ***	0.285	0.024	

注：中介效应占总效应之比为 P = ab/（c + ab）；双侧检验 *** 表示 P<0.001，** 表示 P<0.01。

由表7－19分析可知，心灵或精神体悟式休闲既对整体健康具有直接影响，又通过情绪改善式休闲对整体健康产生间接影响。

7.5.4 检验结果分析

1. 功能类休闲对情绪类休闲具有显著的直接正向影响

通过路径系数和P值显著性水平检验，功能类休闲对情绪类休闲有直接正向影响的三个假设（H1a、H1b、H1c）除H1b在0.1水平上显著外，其他两个假设成立（见表7－18），验证了度假休闲调适策略或方式结构维度内部具有层次性。这一阶段的影响验证说明功能类休闲策略是情绪类休闲策略展开的基础，功能类休闲效果有利于情绪类休闲效果的提升。度假游客在身体获得休息、放松、享受（如睡眠、洗浴、按摩），心智自由、清爽（如清理垃圾信息、吸纳自然绿色、展开自由想象），人际友好交往、互动交流（如与家人、亲戚、朋友、同事、邻居结伴，与游客、社区居民交流），心灵或精神体验、感悟（如人生意义价值感悟，价值信仰信念领悟，天人、人人、身心关系开悟）后，负面感觉、负面情绪会进一步得到改善，正面感觉、正面情绪会进一步得到提升。

在度假休闲调适之功能类休闲与情绪类休闲关系间，功能类休闲也通过情绪类休闲对整体健康产生间接影响，即情绪改善式休闲成为身心舒缓式休闲、人际互动式休闲、心灵或精神体悟式休闲对整体健康产生间接影响的中介，对于身心舒缓式休闲、人际互动式休闲为完全中介，对于心灵或精神体悟式休闲为部分中介，这表明身心舒缓、人际互动、心灵或精神体悟等方面的休闲还能作用于情绪情感，即降低或消除负面感觉、情绪，提升正面感觉、情绪，进而影响整体健康，这说明构成整体健康系统的各个部分——生理、心智、情绪、精神、行为之间互相依存、互动影响的特征。

2. 生活环境压力对整体健康具有直接的负向影响

通过路径系数和P值显著性水平检验，尽管路径系数显示生活环境压力知觉与整体健康关系为负向，但生活环境压力知觉两个维度——焦虑疲惫感、忧虑失望感对整体健康的直接负向影响并不显著，两个假设（H2a、H2b）没有得到支持。这表明城市居民生活环境压力还没有影响到整体健康状况或只是亚健康而已；也可能与本次调研的度假旅游者以青年居多有关，他们不一定都是“压力山大”者。实际上，旅游度假并不一定都是被动的减压放松、改善负面情绪，也有主动的人际互动、精神追求、正面情绪提升。

3. 生活环境压力对度假休闲调适具有直接的正向影响

一般而言，如果城市居民对微观生活困扰与宏观社会事件等慢性压力源的感知越多，那么就越想通过休闲游憩特别是异地旅游度假休闲游憩来减压放松，故生活环境压力对度假休闲调适具有直接的正向影响。本节在生活环境压力知觉两个维度变量与度假休闲调适四个维度变量关系之间提出了八个假设。

（1）焦虑疲惫感对身心舒缓、人际互动、心灵或精神体悟休闲具有显著的直接正向影响（H3. 1a、H3. 1b、H3. 1c），从而间接影响情绪改善式休闲及整体健康，而对情绪改善式休闲的直接影响（H3. 1d）并不显著。这说明超负荷感、焦虑失控感方面的压力体验者希望以功能类度假休闲来减轻微观生活困扰所带来的压力，这在深度访谈中也得到佐证，即相当部分的被访者希望通过异地度假来摆脱工作、生活、学习中的困扰，特别希望在某项任务完成后能够外出休闲放松。

（2）忧虑失望感对身心舒缓、人际互动、心灵或精神体悟休闲的直接正向影响[①]（H3. 2a、H3. 2b、H3. 2c）并不显著，而对情绪改善式休闲却具有显著的直接负向影响（H3. 2d）。这可能与旅游度假作为一种积极的生活方式，反映了度假旅游者积极的生活态度，而忧虑失望者却多存在消极的生活态度；至于忧虑失望感与情绪改善式休闲显著负相关，可能还与本书中情绪改善式休闲维度指标都是正面情绪指标[②]有关，即消极态度、负面情绪的忧虑失望者首先需要改变消极态度、改善负面情绪，而不是强化积极态度、提升正面情绪。另外，在深度访谈中，相当部分的被访者认同超负荷感、焦虑失控感属于压力，而认为失望感、无聊感并不属于压力，不需要调适。

总之，生活环境压力特别是焦虑疲惫感对情绪类休闲的影响需要功能类休闲的中介作用，并经功能类休闲、情绪类休闲进一步影响整体健康。

4. 度假休闲调适四维度变量对整体健康具有直接的正向影响

在度假休闲调适的四个维度变量中，涉及功能类休闲（身心舒缓式休

---

① 这三个路径系数值在结构方程模型图上为负，乃因在对整个模型回归结果的有关参数进行考察时，发现用最初的数值检验结果不理想，便通过适当拉残差进行相关调整，检测参数才符合理想值，导致这三个路径系数值方向有所改变。

② 在旅游度假途中，乃至旅游度假开始前，游客就已表现为正面感觉、正面情绪，故在情绪改善式休闲维度中剔除了负面感觉、负面情绪指标。

闲、人际互动式休闲、心灵或精神体悟式休闲）、情绪类休闲（情绪改善式休闲）两个层面。在对整体健康的影响中：（1）身心舒缓式休闲对整体健康的直接正向影响并不显著（H4a），这可能与整体健康量表中测量生理健康的三个指标的因子载荷量小于0.6而被删除有关，同时对整体健康的影响需要通过情绪类休闲的中介作用实现；（2）人际互动式休闲对整体健康的直接正向影响也不显著（H4b），这可能是因为外在、短时的人际互动式休闲对整体健康的直接影响有限，并同时需要情绪类休闲来做中介；（3）心灵或精神体悟式休闲对整体健康具有显著的直接正向影响（H4c），表明心灵或精神体悟作为人们心灵或精神层面的信息，如人生意义的感悟，价值、信仰、信念的领悟等，对人们的心智认知、情绪情感、社会行为乃至生理机能具有直接的调控作用，还可以通过情绪类休闲的中介作用对整体健康产生影响；（4）情绪改善式休闲对整体健康具有显著的直接正向影响（H4d），表明情绪情感对人们生理、认知、心灵、行为具有直接的调控作用。可见，功能类休闲主要通过情绪类休闲的中介作用而对整体健康产生影响。

7.5.5 “生活环境压力→度假休闲调适→整体健康”模型确立

基于上述检验结果，将结构方程模型中影响不显著的路径隐去，另加上在0.05水平上不显著，但在0.1水平上显著的H1b（人际互动→情绪改善，P=0.064），则可以确立“生活环境压力→度假休闲调适→整体健康”模型（见图7-2）。度假休闲调适策略或方式维度分为功能类休闲与情绪类休闲，前者包含身心舒缓、人际互动、心灵或精神体悟式休闲，后者为情绪改善式休闲。其中，功能类休闲对情绪类休闲具有显著的直接正向作用，情绪类休闲在身心舒缓、人际互动与整体健康之间具有完全中介效应，在心灵或精神体悟式休闲与整体健康之间具有部分中介效应；生活环境压力中焦虑疲惫感对功能类休闲具有显著的直接正向作用，度假休闲调适又承担着生活环境压力中焦虑疲惫感与整体健康之间的完全中介作用。另外，生活环境压力中忧虑失望感对情绪类休闲具有显著的直接负向作用。

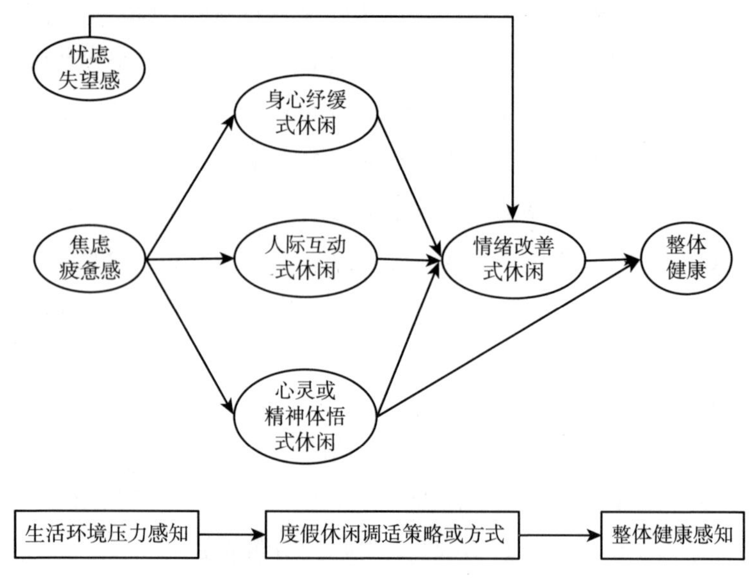

图7－2　“生活环境压力→度假休闲调适→整体健康”模型

此模型是基于旅游度假的实证研究而提出并验证，还将在其他旅游休闲类型（如休闲游憩、观光旅游、生态旅游、文化旅游、产业旅游等）研究中进行验证。“生活环境压力→度假休闲调适→整体健康”模型为休闲旅游特别是度假旅游以生活压力调适、整体健康增进为内驱力的“转型升级、提质增效”发展提供了理论指导。

第8章

研究结论与实践启示

8.1 研究结论与讨论

8.1.1 度假休闲调适策略或方式的四维度结构及测量量表

本书是在度假旅游情境中，以珠三角城市居民中等收入阶层中的度假游客为样本收集数据，通过实证研究，开发出一个适用于我国度假旅游情境的休闲调适策略量表，以验证度假休闲体验之于生活环境压力的调适作用与整体健康的增进作用。首先，采用文献研究、深度访谈与焦点小组访谈等多种定性研究方法，生成度假休闲调适策略或方式的初始测量项目。其次，通过小样本的预测试和初步研究，对度假休闲调适策略或方式的测量项目进行修正，并对其结构维度与测量项目进行探索性研究。再其次，通过大样本的正式调研对度假休闲调适策略或方式的结构维度与测量项目进行探索性、验证性因子分析及理论验证。最后，对开发的度假休闲调适策略或方式量表与西方基于单个休闲活动项目而开发的休闲调适策略量表进行比较，发现后者明显缺乏“心灵或精神体悟式休闲”这一个维度。

本书得到的度假休闲调适策略或方式量表包括4个维度和18个测量项目，4个维度分别是舒缓身心式休闲、人际互动式休闲、心灵或精神体悟式休闲、情绪改善式休闲，体现了整体健康的三层面（即生理、心理、社会）、五维度（即生理、心智、心情、心灵、行为）的内容，可见度假休闲调适策略或方式的综合性、整合性特征。舒缓身心式休闲包括6个测量项目，人际互动式休闲包括3个测量项目，心灵或精神体悟式休闲包括6个测量项目，情绪改善式休闲包括3个测量项目。

度假休闲调适可以被看作一种在异地旅游情境下之于生活环境压力、身心整体健康的一种转换性、整合性休闲调适或治疗，是现代社会城市居民中等收入阶层典型的休闲生活方式和社会生活象征，也是对非自然化城市生活环境的暂时逃离。因此，休闲调适或治疗理论，以及整体健康理论为度假休闲调适策略或方式的四维度结构确立提供了强有力的理论支持。在休闲调适或治疗中，尽管西方研究主要是针对具体游憩项目展开，但休闲调适或治疗实际上属于一种包括生理、心理和社会调适在内的一种整合调适或治疗，特别是就度假休闲调适而言，是一种涉及情境、行为、认知、情绪、心灵、角色、团体调适或治疗等在内的整合调适或治疗，并由岩崎吉之和罗杰（2000）归纳为一个休闲调适（或应对）维度层次体系，休闲调适策略包括身心舒缓式休闲、友伴式休闲、改善情绪式休闲，关注了生理与智能、情绪情感、人际关系方面的休闲调适，但缺少整体健康中的“心灵或精神体悟式休闲”层面的内容。依据整体健康理论，压力调适、健康增进不仅针对生理、心智或智能、心情或情绪、社会行为各层面，还包括心灵或精神层面（即价值信仰或信念的树立形成，生命意义或目的的积极思考，以及天人、人人、身心关系方面的智慧开悟），从而形成整体健康的经典三维度——生理健康、心理健康、社会健康。度假休闲调适策略或方式的结构维度与整体健康、幸福快乐密切相关。正如人本主义心理学家德西与瑞安（Deci and Ryan，1981；1985；2002）所提出的“自我决定”动机理论一样，当一个人被满足了“自主、能力、关联”这三种心理需求时，将最为健康幸福。在旅游度假中，人们不仅拥有休假时间、可自由支配收入、休闲技能，可以自主选择地方、自由安排时间、自由开展活动、自由感悟人生、自由释放情绪等，而且能与出行伙伴、当地居民、旅途游客友好互动，这也正体现出旅游度假是健康幸福的本质。

值得注意的是，在度假休闲调适策略或方式的四维度中，情绪改善式休闲可以在度假前发生，也可以在度假中或度假后发生，并不一定都是身心舒缓、人际互动、心灵或精神体悟等功能性休闲作用的结果，尽管身心舒缓、人际互动、心灵或精神体悟也非常有助于进一步改善情绪情感，但一些度假达人提到在度假之后回到原生活环境经常出现情绪回落的现象，这在深度访谈中也得到了证实。显然，情绪还与度假前后的环境或情境转换变化及心理自由想象有关，而不仅仅是身心舒适放松、社会互动与认知体悟作用的结果。作为功能性休闲层面——身心舒缓、人际互动、心灵或精神体悟也存在功能差异，其中身心舒缓、人际互动体现了度假的实用价值，而心灵或精神体悟则体现了度假的文化身份认同或符号象征意义，进而诱发旅游度假的情绪改变、情感偏好，甚至情感依恋，也难怪现实中很多旅游度假者那么羡慕“桃源”“天堂”般的理想度假胜地，那么看重开心快乐。这样便使四大维度统一于对生活压力、整体健康的休闲调适系统中。

8.1.2　生活环境压力知觉的二维度结构及测量量表

国内外有关压力知觉量表数不胜数，并主要从压力源与压力体验两个方向展开编制，前者如基于生活变故单位或关键生活压力事件的社会再适应量表（Holmes and Rahe，1967；Rahe and Miller，1997），后者基于一般压力编制的知觉量表（Cohen et al.，1983）。为了科学测量个体对生活压力的感知（Cohen et al.，1983），针对个体因对生活的超负荷，以及不可控制、不可预知而引起的心理压力程度编制了一般压力知觉量表，并成为世界范围内的普适性压力知觉测量量表。尽管如此，这些压力知觉量表主要针对突发性事件压力源而编制，而对持续性刺激事件即压抑环境则不够重视。现代城市社会不仅因为流动性增加而导致个人生涯中遭遇的突发性事件越来越多，如出行交通事故、社会冲突事件，就连持续性事件所导致的生活环境压力也有显著增加，如工作生活节奏加快、生态环境质量下降、经济收入不稳、名利攀比困惑、文化价值失序等。为有效测量以城市居民特别是中等收入阶层为主的度假游客压力程度，真实反映中国文化情境及转型社会背景下城市居民特别是中等收入阶层的生活环境压力。本书主要以珠三角地区的一、二线城市居民特别是中等收入阶层的度假游客为访谈和问卷对象收集数据，通过实证研究，参照一般压力知觉量表、社会再适应量表，依据持续性事件，即微观生活困扰、宏观社会事件慢性压力源，形成一个适用于中国文化情境与转型社会背景下的生活环境压力知觉量表，以便验证度假休闲之于生活环境压力的调适作用。首先，采用文献研究、深度访谈与焦点小组访谈等多种定性研究方法，生成生活环境压力知觉的初始测量项目。其次，通过小样本的初步研究调查问卷，对生活环境压力知觉的结构维度与测量项目进行探索性因子分析。再其次，通过大样本的正式调研问卷对生活环境压力知觉的结构维度与测量项目进行探索性、验证性因子分析及理论验证。最后，对开发的生活环境压力知觉量表与一般压力知觉量表进行比较，发现生活环境压力知觉量表二维度（即焦虑疲惫感、忧虑失望感）与一般压力知觉量表三维度（即超负荷感、不可控制感、不可预知感）表达不同，但实际内涵相近，即焦虑疲惫感反映了一般压力知觉量表中的超负荷感、不可控制感内涵；忧虑失望感反映了一般压力知觉量表中不可预知感内涵。

本书得出的生活环境压力知觉量表包括 2 个维度和 9 个测量项目。其中焦虑疲惫感维度包括 4 个测量项目；忧虑失望感维度包括 5 个测量项目。

生活环境压力知觉被看作是人们对慢性压力源——持续性事件，即压抑环境，以及应对慢性压力源的内外资源的认知评价。中国文化情境及转型社会背景下城市居民中等收入阶层的压力体验与一般人存在一些差异，除对突发刺激事件的压力反应外，更对生活环境，如家庭琐事、工作、自然环境、经济收入、社会福利、社会安全、社会“潜规则”、价值冲突等方面问题十分敏感，并对本人所拥有的应对资源，包括体格资源、人格资源、社会资源有着清醒的认识。但由于生活环境压力非一时能够改变，外部应对资源也十分有限，因此压力体验也不仅体现在超负、疲惫感，而且涉及紧张、焦虑、失控感，以及忧虑、压抑、失望感，明显反映了城市生活环境的压力作用，从而为转换环境或情境的旅游度假提供了内在的本能动力——恢复、维持整体健康，满足生理、安全等本能方面的需要，这从“发生源”视角为旅游度假发展找到了经验证据，即生活环境压力→身心健康不适→度假休闲调适→恢复、维持整体健康。当然，越来越多的旅游度假行为正出于社会、精神、情感等高级需要，表现了度假旅游行为的社会、精神、情感动力，如追求社会归属、社会地位、独立自由、独立发展、自我实现、自我超越、人生意义、人生价值等，即生活环境压力→身心健康激发→度假休闲调适→增进整体健康。其中，前者体现了压力人群对负性压力的被动适应，反映了消极心理学观点；后者则体现了非压力人群对正性压力的主动调整，反映了积极心理学观点（见图 8－1）。

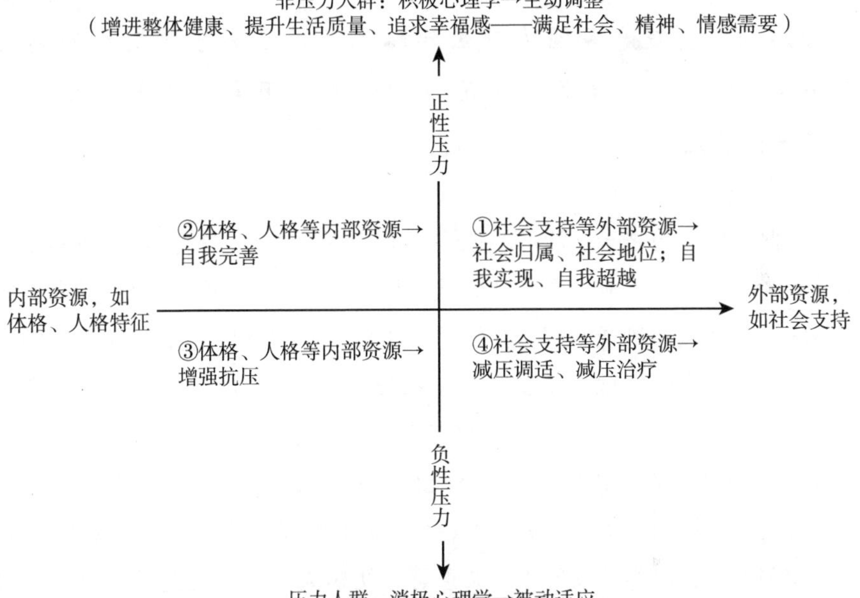

图 8－1　压力人群与非压力人群的度假休闲调适的差异

8.1.3　度假休闲调适策略或方式内部各维度具有层次作用

在度假休闲调适策略或方式的四维度中，存在功能类休闲与情绪类休闲两大层面，基于需求层次理论和压力知觉理论，研究在构建度假休闲调适策略或方式四维度体系的基础上，尝试在结构方程模型构建中提出功能类休闲对情绪类休闲具有直接的正向影响，并提出三个假设。（1）H1a：身心舒缓式休闲对情绪改善式休闲具有正向影响。（2）H1b：人际互动式休闲对情绪改善式休闲具有正向影响。（3）H1c：心灵或精神体悟式休闲对情绪改善式休闲具有正向影响。

实证结果显示，三个假设都得到验证，具有显著的直接正向影响。这说明度假休闲调适策略或方式内部四维度中也具有层次作用，功能类休闲既可能对整体健康产生直接影响，也可以经情绪类休闲对整体健康产生间接影响，即功能类休闲（如身心舒缓、人际互动、心灵体悟式休闲）具有降低负面感觉、负面情绪，提升正面感觉、正面情绪的作用。

8.1.4 度假休闲调适在生活环境压力与整体健康之间起着中介缓冲作用，而情绪类休闲在功能类休闲与整体健康之间也具有中介效应

度假休闲体验之于生活环境压力具有生理、心理、社会等方面的整合调适效果，旅游度假成为现代社会城市居民摆脱生活环境压力、增进整体健康的一种间歇性整合调适。在生活环境压力知觉维度变量与度假休闲调适策略或方式维度变量，以及整体健康之间的关系方面，本书提出了17个假设。实证结果显示，17个假设中有8个得到支持，另外还有1个属于轻微显著，P=0.064，在0.10~0.05之间，8个未得到支持。

首先，从理论与生活经验来看，生活环境压力知觉与整体健康状态属于负相关关系，但实证发现焦虑疲惫感、忧虑失望感维度变量对整体健康直接的负向影响并不显著。这是否与中国游客对生活环境压力、整体健康的理解存在偏差有关，如更关注突发事件压力、身体健康方面，忽略生活环境压力、心理健康方面。

其次，从生活经验来看，生活环境压力知觉与度假休闲调适属于正相关关系，但实证发现，焦虑疲惫感对身心舒缓、人际互动、心灵或精神体悟休闲具有显著的直接正向影响，而对情绪改善式休闲的直接影响并不显著，这可能与需要功能类休闲的中介作用有关。而忧虑失望感对舒缓身心、人际互动、心灵或精神体悟式休闲的直接影响并不显著，对情绪改善式休闲却有显著的直接负向影响。这可能与被调研对象多属18~35岁的青年有关，他们对微观生活困扰压力敏感，对宏观社会事件压力不敏感。其中部分青年并不存在多少压力或不认同失望、无聊属于压力，只是为了个体成长而度假旅游而已，当然也可能与忧虑失望人群的消极态度有关。

再其次，从理论与生活经验来看，度假休闲调适与整体健康状态属于

正相关关系，实证发现心灵或精神感悟式休闲、情绪改善式休闲对整体健康具有显著的直接正向影响，而身心舒缓、人际互动式休闲对整体健康的直接影响并不显著。这可能与整体健康量表指标中以心理健康指标为主有关，当然也可能与功能类休闲对整体健康产生影响需要通过情绪类休闲作为中介有关。

可见，度假休闲调适在生活环境压力与整体健康之间起着中介作用，情绪类休闲又在功能类休闲与整体健康之间起着中介作用。

对此实证研究结论的探讨，一方面需要回到休闲（压力、健康）调适或治疗理论，以及认知心理学的具身认知理论中理解。在西方压力—休闲—健康研究中，比较偏重单个休闲游憩活动项目的休闲调适或治疗研究，如野营、骑行、马术等。对于综合性的度假休闲调适或治疗作用则缺乏研究。度假休闲调适无疑对整体健康具有积极的正向作用，这正体现了度假旅游是一种囊括了包括情境、行为、认知、情绪、心灵、角色、团体调适或治疗等在内的间歇性整合调适，是对个体整体健康的关注，而不像基于单个休闲游憩活动项目的休闲治疗只关注某方面健康不适。同时，度假旅游中的生理调适、心理调适、社会调适之间互相影响，互相作用，统一于身心这个物质—意识系统之中。例如，度假户外游憩活动可以锻炼身体、放空大脑、和谐人际关系，进而发现兴趣爱好，感受生命价值，从而改善负面情绪、增强正面情绪、促进整体健康。在度假地对地方特色空间、自由闲暇时间、非功利人际互动、多样活动项目、舒适设施设备等的认知评价也会产生对度假地实用价值的依赖感，以及象征或身份符号的认同感，并进一步形成情感依恋关系，这也是度假旅游迥异于纯风景名胜地的因素之一。

另一方面需要回到我国度假旅游业发展的实践中。海滨和温泉度假旅游被视为欧美发达国家度假旅游先驱，我国亦然，并因山水旅游传统而延伸出山地避暑度假旅游。可见，我国度假旅游是在传统观光旅游、文化体验旅游的基础上发展起来、延伸开来的，并与现代生态旅游、产业旅游等同步发展，因此度假游客需求更为多种多样，度假旅游内容更为丰富多彩，不仅希望得到身心放松放空、舒适享受，还希望提供生态绿色空间、社会互动空间、文化体验空间，以及风景观光游、人文民俗游、生态体验游、生活体验游、生产体验游等项目，以便进行文化交流、人际交往、情绪释放、精神感悟，达到休闲放松、生活享受，以及精神成长、社会交往、情绪改善等多重目的，从而使度假旅游地成为区域旅游发展的一个整体健康体验消费平台。

8.1.5 异地度假休闲调适包含了心灵或精神体悟式休闲，并在生活环境压力与情绪类休闲、整体健康之间起着中介作用

在心灵或精神体悟式休闲维度变量与生活环境压力知觉各维度、整体健康关系方面，本书提出了 4 个假设。实证分析结果显示，4 个假设中有 3 个得到支持，1 个未得到支持。

研究发现，焦虑疲惫感对心灵或精神体悟式休闲具有显著的直接正向影响，忧虑失望感则没有；心灵或精神体悟式休闲对情绪类休闲、整体健康具有显著的正向影响。可见心灵或精神体悟式休闲在生活环境压力与整体健康之间的中介作用。对此实证研究结论的探讨要回到认知心理学的具身认知理论中理解，研究已经证实生理体验、心理体验、社会行为体验之间有着强烈的联系（Niedenthal et al.，2005；Landau et al.，2010），而且在哲学中的宗教、道德层面上，它们也强调价值信念、精神信仰对内心平和、情绪稳定，进而对生理功能、社会行为的积极影响，正如现实乃意识的投影一样，身体、行为也是心情、心智、心灵的投影，体现了整体健康系统各组成部分的一致性、和谐性。

另外要回到我国度假旅游的综合性、社会性、精神性、情感性特征上把握，旅游度假不仅是被动的休闲放松、生活享受的需要或动机，也是主动的社会互动、心灵或精神体悟、情绪改善，是应对现代社会城市生活环境压力的一种间歇性整合调适、转换调适，包括情境、认知、情绪、价值、角色等方面的整合调适、转换调适（见表 8－1），因为度假调适作为一种休息休闲方式，实际上就是一种或被动或主动的整合转换过程，使城市标准人、单向人、异化人暂时演变为一个度假多元人、天性人、理想人。

表 8－1　　度假旅游动机、目的、本质的新探讨

比较方面	以往研究结论	本书研究结论	马斯洛需要六层次	整体健康五维度
本能需要动机	紧张疲惫感→减压放松、舒适享受	紧张疲惫感→减压放松、舒适享受	生理、安全等基本需要、本能需要	身体、心智调适
社会需要动机	社交补偿	焦虑失控感→释放情绪、情感归属、自尊与尊人、自我控制（社会）	归属、尊重等社会需要	情绪情感、社会行为调适
精神需要动机	自我完善	压抑失望感→目标希望、信仰信念、智慧开悟、人生意义（精神）	自我实现（潜能、理想）、自我超越（快乐高峰体验、神圣高原体验）等精神需要	心灵或精神调适
目的目标	恢复、维持身心健康	增进整体健康		
本质	现代城市社会人们身心再生产	现代城市社会人们对生活压力与整体健康的间歇性整合调适	生理、安全、归属、尊重、自我实现、自我超越六层次	身体（生理健康）、心智、情绪、精神（心理健康）、行为（社会健康）五层次
差异	休闲性—身心休闲放松	休闲性＋社会性、精神性、情感性—综合性、整合性		

正如著名神话研究学者约瑟夫·坎贝尔（Joseph Campbell）在其《千面英雄》（*The Hero With a Thousand Faces*）一书中所描写的由“出走、启蒙、回归”组成的“英雄之旅”，以及由“出行、朝圣、回俗”组成的“朝圣之旅”一样，度假其实也是现代人追求心灵或精神完善的一场心灵之旅，是经过度假旅程的集中反思，清空尘念，注入新的灵感，获得真、善、美、爱、乐等普遍联系的一个过程，为整体健康不可或缺的有机部分。

从旅游度假的心灵或精神体悟这个特点来看，旅游度假正是对现代功利社会、理性逻辑的一种反叛，通过暂时走向精神世界、感性体验、直觉顿悟，发现人生意义、生活价值的过程，也是城市定居与度假旅居世界的关系，是紧张与放松、他控与自控、现实与理想、理性与感性、逻辑与体验、规则与人情、物质与精神、人工与自然等的关系（见表 8－2）。

表 8－2　　城市定居生活与度假旅居生活的差异

项目比较	城市定居生活	郊野闲居生活	度假旅居生活
生活空间	第一居所	第二居所	第三居所（临时度假居所）
地理梯度	城市	郊区	旅游城市、特色城镇、美丽乡村、生态旷野
聚落类型	城市聚落	城郊聚落	乡村聚落、度假聚落
劳逸关系	合一	分离	分离
天人关系	分离	有限合一	合一
人际关系	世俗功利	休闲非功利	休闲非功利
身、心、灵关系	分离	有限合一	三位一体（智慧开悟）
时间状态	一周之劳作时间：非周末	一周之闲暇：周末	月、季、年之闲暇：带薪休假、节假日、寒暑假
活动状态	定居＋休闲游憩	闲居＋休闲游憩	旅居＋休闲游憩
社会状态	现代性：理性—刚性	现代性：知性—刚柔相济	后现代性：感性、天性、本性，灵性、德性、神性—柔性
个人状态	紧张、他控、现实——理性自我	放松、自控、理想——知性自我	放松、自控、理想——感性、本性、天性之本我；灵性、德性、神性之超我——原型之我
存在方式	苟且烦世生活——天、人、神分裂	诗意休闲生活——天、人、神合一	诗意旅游生活——天、人、神合一
想象世界	现实欲望主义＋消费主义的功利世界，如金钱、权力、名誉	小农田园主义＋消费主义的生活世界，如回归自然、农业种植、享受生活	理想浪漫主义＋消费主义的精神家园，如乌托邦、理想国、人间天堂、伊甸园、世外桃源、极乐世界

可见，现代工业社会、城市社会过分强调了理性的力量，而忽视了感性的力量，但理性的力量没办法给生命以价值、人生以意义。正如一个完整的人格必须兼具理性与感性气质一样，一个完整的社会，也是一种理性和感性平衡的社会，这就是现代定居社会与旅居社会的分工协同——前者过于世俗理性，需要后者自然感性来中和。

其实，这个世界是我们意识中的世界，从意识世界中拯救出来，那就离健康幸福的人生近了。如何在一个世俗功利、理性规则的环境里独善其身地生活下去，尽管哲学、宗教、文学、艺术、娱乐也为我们提供了一种感性生存之道，但暂时摆脱现实自我的世俗物欲、烦琐规则、理性逻辑的束缚，进入自然神圣、自由自在、天马行空的度假世界，以凸显天性本我、德性超我，打破现实自我，却是城市居民特别是中等收入阶层的理想，这正是游客度假体悟的深度追求，也是度假胜地的发展方向。正如人们想象中的人间天堂、世外桃源、伊甸园、理想国、乌托邦等意境一样，得到片刻的慰藉，真正体悟到人生除了日常的“生活苟且”，还有非日常的“诗与远方”，从而找到生活意义、生活价值。恰如人生要不断通过各种仪式而达到不断成长一样，生活也需要不断通过间歇度假而超越世俗平凡。可见，在现代世俗社会中，人们如何在经济、社会、文化许可的范围内创造一种有意义、有价值的生活成为一种追求、一种理想，这不仅是积极心理学所要面临的问题，也是旅游休闲学所要解决的问题。

8.2　理论贡献或创新点

8.2.1　旅游度假行为逻辑是对近现代社会的产业雇佣制度与城市环境所造成的压抑的一种逃避逃离

本书尝试从休闲行为发生学视角深刻理解休闲游憩、旅游度假的人性逻辑，认清其起源与本质，并在对我国城市居民中等收入阶层度假达人的压力访谈的基础上，重点针对中国文化情境和转型社会背景下城市居民中等收入阶层生活环境压力特征，参照国际上普适性的社会再适应量表、一般压力知觉量表，开发并检验了生活环境压力知觉量表及压力体验焦虑疲惫感、忧虑失望感二维度结构，为环境或情境转换的异地旅游度假提供了经验证据与理论支持。即从“雇用制下工作压力→休闲娱憩”到“城市化下环境压抑→旅游度假”，提炼出现代城市社会人们在面对持续性刺激事件即环境压抑慢性压力源时将会出现“爆发释放或逃避逃离”的压抑反应(见图 8－2)，进而发现旅游度假的内在本能动力——减压或抗压。从休闲行为发生学视角丰富了旅游度假驱力理论，从而为构建城市居民减压、抗压效果在空间、时间、活动等方面阶梯性差异的休闲—旅游连续谱

（见图8-5），以舒缓城市发展所带来的“压力锅”效应（见图1-1），为促进国民身心再生产、减少社会冲突奠定了理论基础。

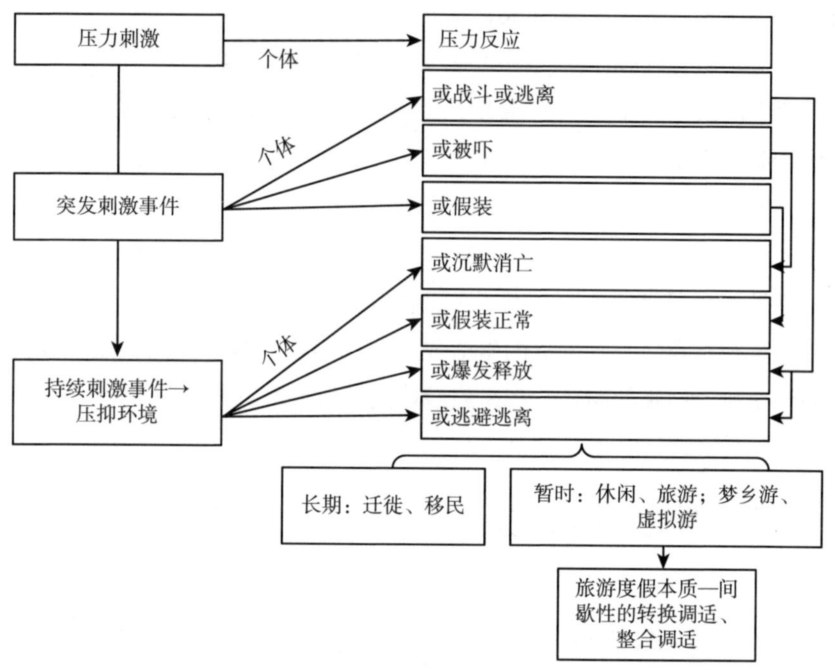

图8-2　城市环境压力源下的压抑反应

从发生学来看，事物起源和本质本来就密不可分：一方面探究事物起源即事物如何诞生的秘密，也可以发现事物本质；另一方面搞清事物本质，就可以知道事物起源。二者之间存在互释性。因为各种事物本质或其不同于其他所有事物的特殊性，都是在其诞生时就具备的，如有机物之所以为有机物，就是因为它含有碳元素这种特殊性。这对于压力、休闲、旅游、度假的理解同样适用。尽管休闲、旅游、度假深受现代鼓励多元多样的消费主义与理想诗意的浪漫主义影响，但就内在本能动力而言，主要是生活压力，特别是现代城市社会生活环境压抑下身心整体健康需要的结果，为个体角色与集体角色、个体自由与集体权力冲突失衡的产物。如果说人类如候鸟般迁徙主要是生存环境压力的产物，事务性旅行主要是工作事务、生活事务、社会事务压力的结果，那么休闲性旅游则主要是生活环境压力压抑使然。

压力是生命有机体面对事件与环境威胁或挑战的产物，对于人类而言，压力与个体生命、人类社会与生俱来，而作为压力所造成的紧张疲惫的应对方式——休息休闲也一样，只不过不同社会、不同时代随着时间与环境威胁或挑战的变化，其应对方式存在差异而已。在原始社会，人们主要面对的是自然生存压力，劳作与休闲不分，在群体劳作中随着身体疲惫感的到来随时休息休闲，如打猎后的休憩庆祝、捕鱼劳累后的休整交流、采集结束后的休息放松等；在古代农业社会，人们主要面对的是农业生产的重复劳动压力，劳动与休闲逐渐分离，出现农忙与农闲季节，但依然是自然自由的；进入现代城市工商社会后，由于效率化雇用制的成熟与普及，以及生活环境人工化发展，人们面临着前所未有的生活压力，特别是工作压力与环境压抑（如家庭、组织、文化习俗环境）等。因此，逃离工作的休闲游憩，以及逃离城市的旅游度假成为流行时尚，进而形成“钟摆”式的“劳作—休闲—度假”的二度生活空间（见表 8－3），为了自由而间歇性地逃离城市生活环境“牢笼”，但为了生计又不得不回到这个“牢笼”。

表 8－3　　　　“劳作—休闲—度假”二度生活空间

项目		定居空间（工作＋家庭＋社会）	游憩空间（本地休闲游憩）	旅游空间（异地休闲旅游）	度假空间（异地休闲度假）
环境		惯常环境	惯常环境	非惯常环境	超惯常环境
情境		非自由的义务情境	本地规范下自由休闲情境	异地规范下自由休闲情境	异地规范下自由休闲情境
吸引		工作、家庭	室内、户外游憩空间	异地旅游吸引物	异地度假环境
整体健康	总体	身心灵失衡	身体平衡	身心（心智、心情）平衡	身、心（心智、心情）、灵（心灵）平衡
	身体	僵死、失调，如重复动作	放松协调	更自由放松	更舒适放松
	心智	超负、迟滞，如信息超载	放松激活	更清爽清晰	更自由灵活
	心情	急躁、负面	平和	更兴奋激动	更积极正面
	心灵	世俗功利、空虚孤独	兴趣爱好	求知求新	开悟性、建设性
	人际	世俗功利化	友好	更开放	更友善

在我国传统文化情境与转型社会背景下，现代城市社会居民压力不仅有来自突发事件的压力，如一次事故，一次冲突；更有来自持续性事件，如家庭琐事、工作责任、市场变化、经济负担、社会保障等，这样不仅可能导致被激发的欲望难以满足，甚至可能导致连正常的需要也被剥夺，从而造成社会压抑、本能压抑，产生压抑反应（见图8－3）。

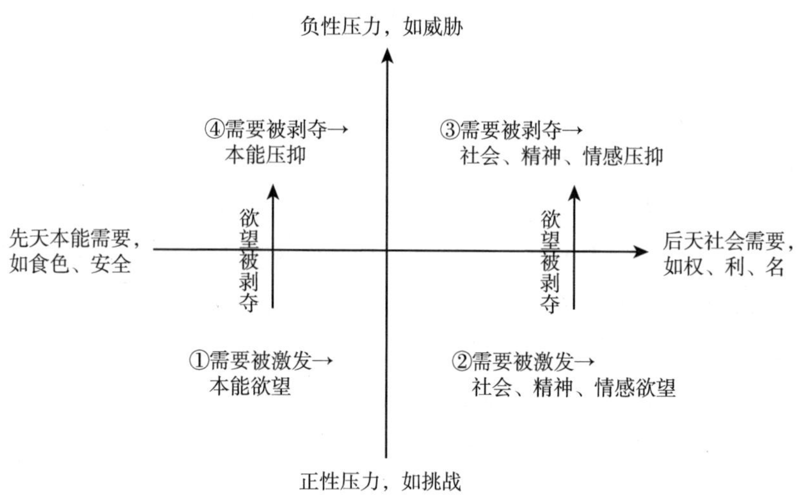

图8－3　城市生活环境压力源下心理压抑体验

突发性事件急性压力源导致明显的“战斗或逃离”压力反应；持续性事件慢性压力源会出现爆发释放、逃避逃离、沉默消亡、假装正常的压抑反应。在现代城市生活环境压抑下，如果不选择逃避逃离，除了继续假装正常外，结果将不是在压抑中爆发，就是在压抑中沉默消亡（见图8－4）。因此，旅游度假的暂时逃避逃离成为最佳休闲调适选项，即城市环境压抑→健康不适反应→本地游憩、异地度假休闲调适→整体健康。

过去的压力量表偏重突发性事件所造成的压力测量，而对压抑环境所造成的压力测量相对忽视，特别是在我国转型社会背景下大中城市“压力锅”效应的情况下。因此，针对城市居民中等收入阶层在深度访谈的基础上，参照国际上普适性的社会再适应量表、一般压力知觉量表，面向城市压抑环境（微观生活困扰、宏观社会事件）开发生活环境压力知觉量表，在一般压力体验三维度（超负感、不可控制感、不可预知感）的基础上，

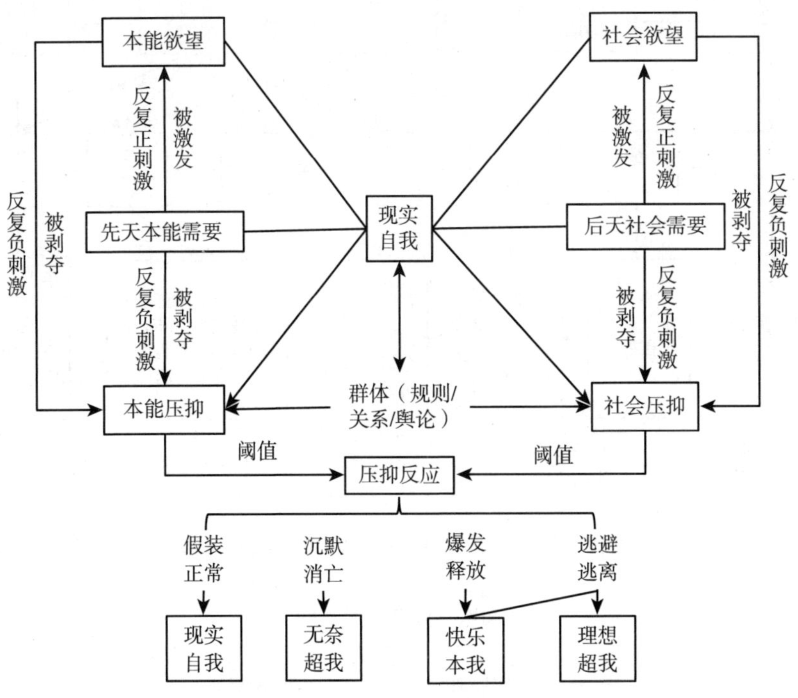

图 8-4　“需要”“欲望”被群体剥夺下的压抑反应

形成压力体验二维度（焦虑疲惫感、忧虑失望感），以反映城市居民生活环境压力状况。

如果说在原始采集渔猎社会、古代农业社会主要是“压力—休息休闲”一元生活空间，那么在人类社会发展的现代城市社会阶段将走向“压力—休息休闲—旅游度假”二元生活空间，逐步以城市定居地为中心形成包括家庭、社区、城区、郊区休闲游憩，以及乡村乡野、异地旅游休闲游憩在内的“休闲—旅游”连续谱（见图 8-5）。从这个城市定居中心到度假休闲中心的连续谱中，一方面是游客感性、天性、本性的回归，彰显了本我；另一方面则是游客灵性、德性、神性的成长，彰显了超我。可见，现代城市社会居民，特别是中等收入阶层休闲游憩、休闲旅游、休闲度假需求，实际上就是换一个环境进行集情境、行为、认知、情绪、心灵、角色、团体调适或治疗于一体的整合调适或治疗，以达到整体健康目的（见表 8-4）。

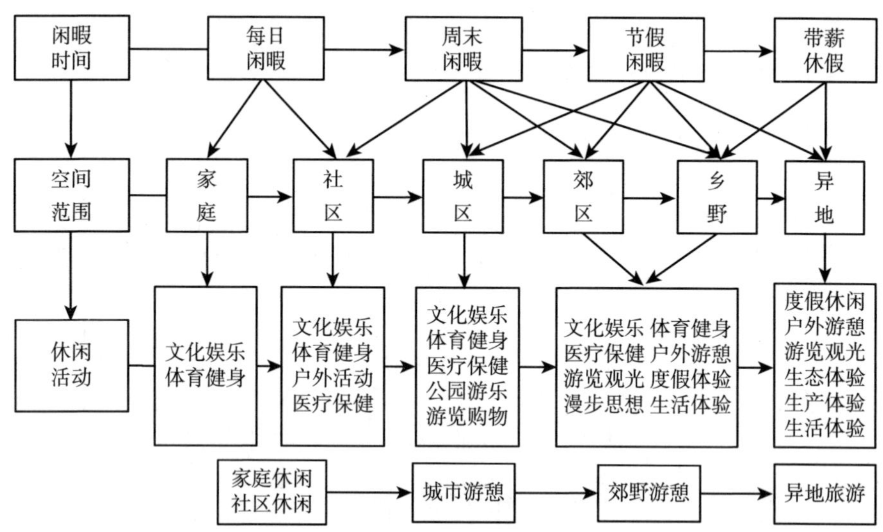

图 8－5　城市居民压力调适与健康增进的“休闲—旅游”连续谱

表 8－4　间歇性整合调适表征

序号	旅游度假转换内容	城市定居地	度假旅居地	调适或治疗
1	生活空间转换	城市第一居所、郊区第二居所	乡村、原野度假第三居所	情境调适或治疗
2	生活时间转换	日常工作时间	节假日，如周末＋节假日，带薪休假，寒暑假	闲暇调适或治疗
3	自然环境转换	灰色人工环境	绿色自然环境	情境调适或治疗
4	社会环境转换	现代性，即理性—刚性	后现代性，即感性、天性、本性，灵性、德性、神性—柔性	情境调适或治疗
5	活动项目转换	定居＋工作、生活，休闲游憩	度假旅居＋休闲游憩	项目调适或治疗
6	人际角色转换	多重角色、功利关系	自由角色、非功利关系	角色调适或治疗 团体调适或治疗
7	咨询信息转换	超负超载	清空吸纳	认知调适或治疗
8	个体人格转换	现实自我，即理性之我	感性、天性，即本我；灵性、德性、神性，即超我	人格调适或治疗
9	存在方式转换	日常的城市苟且烦世生活，即身体与灵魂分裂	非日常的乡野诗意幸福生活，即身体与灵魂合一	情境调适或治疗 行为调适或治疗

当然，在现代城市社会，如果经济、闲暇条件许可，有压力者一定需

要休闲游憩特别是旅游度假休闲游憩，但旅游度假者却不一定是有压力者；减压旅游度假主要出自本能的减压放松需要，非减压旅游度假者则主要与追求自我成长、自我发展需要或欲望有关，并受到大众消费主义、理想浪漫主义的影响。

8.2.2　旅游度假动力不仅在于解压放松的本能动力，还包括社会互动、精神成长、情绪改善在内的社会、精神、情感动力

本书尝试从整体健康医学视角在度假旅游领域对“休闲调适”进行本土化研究，完善了度假休闲调适策略或方式的结构维度，并提出“心灵或精神体悟式休闲”维度变量，验证了度假休闲调适维度的内部层次作用，开发了适用于我国度假旅游情境下度假休闲调适策略或方式量表，丰富了学术界对休闲调适概念内涵和结构维度的认知，以及旅游度假“推—拉”动力的理解。旅游度假动力不仅局限于游客被动的解压放松的本能动力，也包括游客主动的社会互动、精神成长、情绪改善的社会、精神、情感动力。当然在我国因受传统观光旅游、文化旅游，以及现代生态旅游、产业旅游影响，还离不开旅游度假地的资环吸引力，体现了旅游度假“推—拉”动力的合力作用（见图 8－6），从整体健康医学视角丰富了旅游度假动力理论。

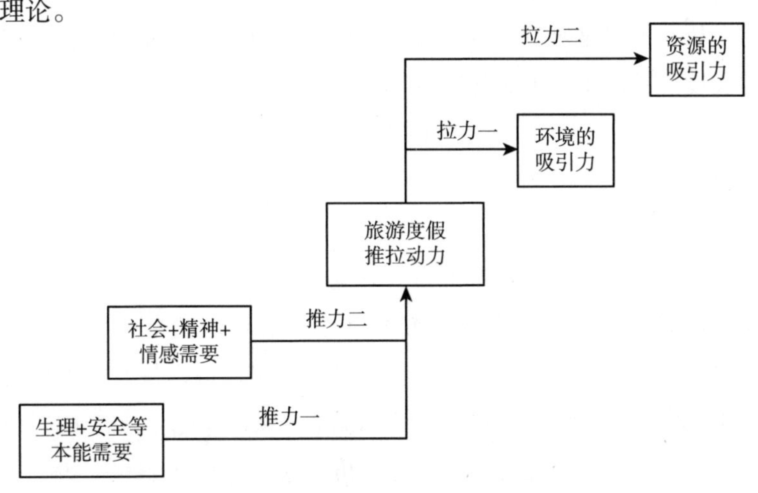

图 8－6　旅游度假的“推—拉”动力

本书选取现代社会城市居民特别是中等收入阶层的典型休闲方式与社会生活象征——度假旅游，作为切入口来研究休闲对压力、健康的调适作用机制。但实际上，现代社会城市居民的异地旅游度假已不仅是产业雇佣制的产物，也是过度城市化特别是城市自然环境退化的产物。在我国，由于传统风景观光旅游、文化旅游，以及现代生态旅游、产业旅游的影响，度假旅游者又自然地将度假与风景观光、文化旅游、生态旅游、产业旅游等旅游形式融为一体。因此，从整体健康角度出发，现代社会城市居民的度假休闲调适已不仅局限于被动的减压放松、舒适享受，也向主动的人际互动、情绪改善、心灵或精神体悟发展。这样，将休闲调适、休闲治疗、整体健康等概念引入度假旅游领域，对度假旅游需要、动机、目的、目标、价值、本质的认识将是一个全新的视角，也有利于我国度假旅游健康发展。

本书在休闲调适策略结构维度及量表研究的基础上，对度假休闲调适策略或方式结构维度及量表展开研究。发现度假休闲调适涵盖生理调适、心理调适、社会调适三个层面，以及身心舒缓式休闲、人际互动式休闲、心灵或精神体悟式休闲、情绪改善式休闲四个维度，特别是发现“心灵或精神体悟式休闲”是不同于本地休闲调适的重要维度。这无疑反映了度假休闲调适与环境或情境转换中的生态体验、文化交流、风景欣赏、产业旅游、另类生活体悟等方面相关，从而说明度假旅游不仅是舒缓身心的本能需要与动机，也具有人际交往、改善情绪、体悟生活的社会、情感、精神需要与动机；不仅是对游客压力的休闲调适，也是对整体健康的增进。这在某种程度上呼应了中国文化情境与转型社会背景下人们对天人和谐、人人和谐、身心和谐的关注，也是中国传统中医整体施治的方法论。以及儒（人人和谐）、释（身心和谐）、道（天人和谐）哲学思想在现代旅游度假中的体现，还是当下文旅融合发展追求“诗与远方”意境的应有之义，从而进一步丰富了旅游度假的“推力”理论。

从访谈对象来看，度假旅游者本身也深受异地的自然生态、大美风景、在地文化、产业旅游、另类慢乐生活所吸引，特别是人到中年的度假游客，正如梁实秋于散文《中年》中所言，中年的妙趣，在于相当地认识人生，认识自己，从而做自己所能做的事，享受自己所能享受的生活。可见，度假旅游的社会性、精神性、情感性特征，从度假旅游者对人间天堂、世外桃源、伊甸园、乌托邦等方面的意境想象与理想追寻中可见一斑。因此，度假本质上是本能性与社会性、精神性、情感性需要或动机的统一，即度假旅游或旅游度假可定义为现代城市社会人们在本能、社会、精神、情感需要或动机推动下，以实现整体健康为目的的一种综合性或专业性典型休闲旅游方式。

8.2.3 旅游度假是对人们生活压力与整体健康的一种间歇性整合调适或治疗

本书尝试从广义心理调适学视角，基于休闲调适或治疗理论，进一步验证了基于环境或情境转换基础上的度假休闲体验对生活环境压力与整体健康的间歇性整合调适、转换调适作用，检验了度假休闲调适对生活环境压力缓解、整体健康增进的中介作用，以及心灵或精神体悟式休闲与生活环境压力及整体健康的关系，构建并检验了“生活环境压力感知→度假休闲调适策略→整体健康感知”模型，提炼了现代城市社会下旅游度假对生活压力及整体健康的间歇性整合调适理论（见图8－7）、幸福人生“钟摆”模式（见图8－8），从旅游度假视角丰富了休闲调适、休闲治疗理论，为国民特别是城市居民的健康幸福生活提供了理论指导。

本书基于休闲调适或治疗理论，在度假休闲调适、生活环境压力维度完善及量表开发的基础上，以城市居民特别是中等收入阶层度假游客为对象，运用结构方程，检验了生活环境压力、度假休闲调适、整体健康之间的关系，特别是因果关系。生活环境压力经度假休闲调适而缓解、减轻、消除的机制，即身心从“失衡—度假—平衡”到“新失衡—再度假—新平衡”的度假休闲调适机制。尤其是首次检验了心灵或精神体悟式休闲与生活环境压力及整体健康的关系，发现度假休闲调适对于城市居民生活环境压力不仅具有被动的减压放松作用，即从紧张疲惫感到放松舒适感，而且也具有积极的抗压挑战作用，即从焦虑失控、忧虑失望感到提升自我控制感、目标希望感，从而恢复、维持、增进整体健康。可见度假休闲调适或治疗本质上是集情境、行为、认知、情绪、心灵、角色、团体调适或治疗于一体的整合调适或治疗（Castobguay et al.，2003；Greben，2004），即旅

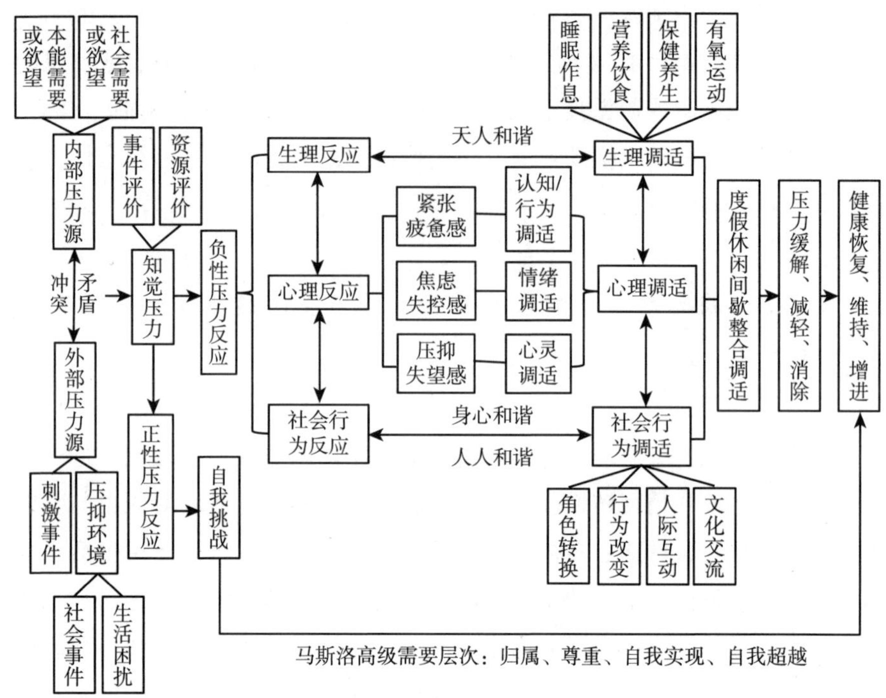

图 8－7　旅游度假对生活压力与整体健康的间歇性整合调适机制

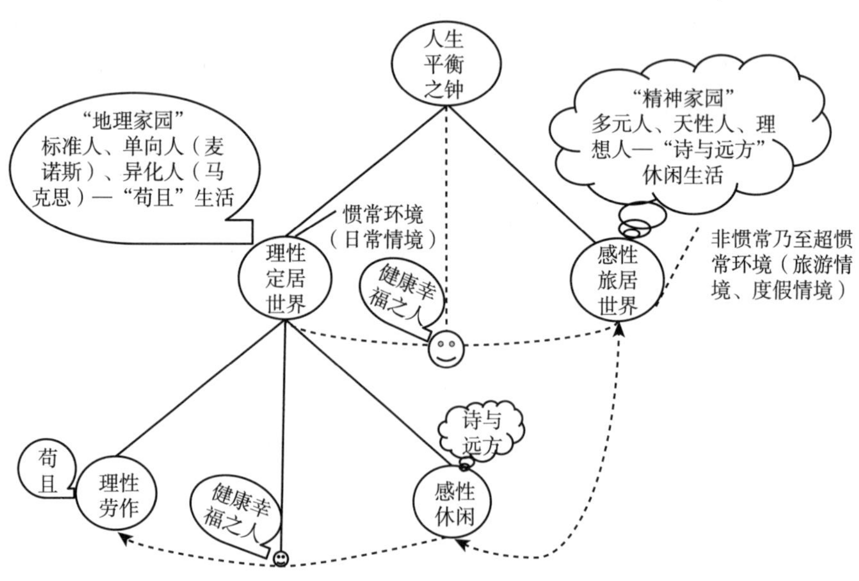

图 8－8　幸福人生之“钟摆”模式

游度假实际上是在超惯常环境或情境下的身体、心智、心情、心灵、行为的洗礼。不仅是身体机能的放松唤醒、大脑信息的吐故纳新、情绪情感的发泄释放与满足满意的过程，也是一个人心灵或精神成长的过程，属于“上医治未病、中医治欲病”——通过旅游度假调适身心压力，激发真善美爱乐，增进整体健康，达致养生保健。与“下医治已病”——维护、增强人体自愈系统，激发、扶持人体自愈力（如免疫力、排异能力、愈合和再生能力、内分泌调节能力、应激能力等）相配合。进而在休闲调适或治疗理论的基础上，提出了基于环境或情境转换的旅游度假对生活压力与整体健康的间歇性整合调适理论，以及幸福人生之“钟摆”模式，反映了旅游度假对以私有制为基础的，具有市场经济的现代社会（Parsons，1937）的一种新适应。

8.3　实践启示

从整体健康视角对度假休闲之于压力调适作用的研究发现，在现代城市生活环境中，旅游度假本质上属于一种缓解、减轻、消除生活压力以恢复、维持、增进整体健康的间歇性生理、心理、社会调适乃至治疗过程，也是城市居民特别是追求健康幸福的中等收入阶层恢复被现代城市生活环境扰乱了的自然节律、社会节律（见表 8 –5），找回天人合一的自然原型、人人和谐的社会原型、身心一体的自我原型的过程，这才是旅游度假的深层次追求（见图 8 –9）。

表 8 –5　自然—社会节律、生理—心理节律与旅游度假间歇性整合调适之间的关系

宇宙自然节律	动物节律行为（习性）	人类节律行为（个体习惯）	现代社会节律（文化风俗）	对旅游度假行为的影响
地球自转→昼夜节律（24 小时）	昼行性、夜行性、晨昏性等	生物钟节律，如睡眠—清醒节律、饮食—劳动—休息—休闲节律等	如日聘雇用制、八小时工作制等	节律性健康度假体验：超惯常环境→高质量睡眠、健康营养饮食、健康休息休闲等

续表

宇宙自然节律	动物节律行为（习性）	人类节律行为（个体习惯）	现代社会节律（文化风俗）	对旅游度假行为的影响
月球公转→月运节律（29～30天）	如潮汐影响下海洋动物的活动规律等	体力、智力、情绪、直觉高低潮节律，如女性月经节律、男女性爱节律等	如月聘雇用制、七天星期制、周40～44小时工作制、月度计划等	周末双休日或小黄金周的近程环城度假游憩
地球公转+自转→季节节律(90天)	如动物交配、候鸟迁徙、两栖类与爬行类动物冬眠、鱼类洄游行为等	生育节律、成长节律、季节性情绪失调或情感障碍等	如季聘雇用制、季节性节日、季度计划等	冬夏避寒、避暑胜地的休闲度假，春秋风景胜地的观光度假等
地球公转→年运节律（365天）	如猎食活动	狩猎采集、种植养殖、工业生产、商业贸易活动节律等	如年聘雇用制、年带薪休假制、年度纪念日、年度计划	国庆、春节大黄金周远程度假；一年一度奖励旅游度假等

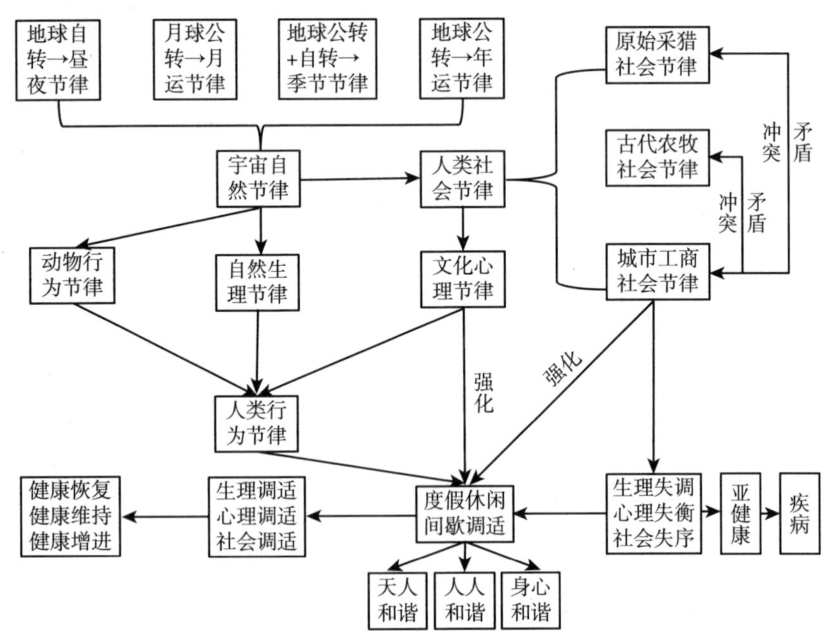

图8-9　从“自然节律”角度看旅游度假的间歇性整合调适本质

8.3.1　有助于引导城市居民科学合理安排休闲游憩、旅游度假，形成健康生活方式

从我国转型社会城市居民生活压力源——突发性事件急性压力源、持续性事件慢性压力源的调研发现来看，通过环境或情境转换来调适压力已成为城市居民生活中不可或缺的有机组成部分。

正如玩耍是动物、孩童的适应性行为一样，休假、度假也是人类主要针对近现代雇用制、城市化社会的一种适应性行为。作为现代社会雇用制下雇员身心再生产的方式，休假、度假已成为国民的一种基本人权——休闲人权、健康人权。现代城市居民在压力之下的休闲，要么是一日的闲暇，即工作 8 小时外的家庭或社区休闲；要么是一周的闲暇，即周末的城区或郊区休闲；要么是一年的闲暇，即节假日特别是带薪休假的异地旅游度假休闲。压力调适效果与环境或情境转换有密切关系，异地旅游度假比本地休闲游憩更能调节身心，说明旅游度假环境下的情境调适是解压的有效途径。这为休闲游憩和旅游度假健康发展提供了内在动力与政策依据。

首先，在休息日、节假日安排方面，现代雇用制下国家、单位、个人有关休息休假安排需要结合身心节律，进行休闲压力调适。一方面是适应自然节律，如昼夜节律、月运节律、季运节律、年运节律；另一方面适合社会文化节律，如国家、民族、地方传统节日，以及个人、家庭纪念日，体现原则性与灵活性的统一，促进劳逸结合，科学休闲减压，增进身心健康，达到通过休闲而“上医治未病”的目的。例如，一日有社区休闲娱乐，一周有城市城郊休闲游憩，一月、一季有环城度假游憩，半年、一年有异地度假游憩，周而复始，生生不息，不断焕发生命活力，既提高工作效率，也提升生活质量，使工作与生活特别是休闲生活互为手段与目的，构建起中国特色休闲话语与制度体系。

其次，在度假产品、服务供给方面，一方面要针对我国度假旅游的综合体验特征，促进度假旅游与风景欣赏、文化旅游、生态体验、产业旅游等多种旅游形式融为一体，正如基于定居平台的丰富多彩的休闲游憩活动项目一样，形成基于度假旅居平台的丰富多彩的休闲旅游活动项目，使度假地成为另外一个主题乐园。另一方面要针对度假旅游的整体健康特征，

不仅重视度假旅游舒缓身心的减压功能，更要重视度假旅游促进人际互动、心灵体悟、情绪改善等社会性、精神性、情感性功能，将旅游度假逐渐发展为国民福利，而不仅是中等、高等收入阶层的生活象征。也就是说，度假旅游不能一味走中高端路线，也可以适度提供中低端产品，包括环城市度假游憩、乡村民宿度假、户外营地度假、自驾车营地度假、房车营地度假、森林木屋度假，乃至非营利性的福利疗养产品等。政府需要通过配套公共设施服务，为国民特别是儿童、少年、青年提供一个户外游憩、亲近自然的机会，以及为老年、患病者提供一个康疗养生场所。特别值得注意的是，由于度假旅游具有对患病者的休闲治疗作用，一些公共度假游憩资源，如温泉、矿泉、森林，也不能完全市场化经营，需要从公共医疗角度出发，部分恢复福利性质，至少是非营利性质，如温泉、矿泉、森林疗养院，以便为“压力山大”职业岗位人员，如科研人员、医生、教师、公务人员、飞行员、司机等提供周期性的疗养康复服务。

最后，在休闲、度假的意识、技能培育方面，政府、社会各界需要大力关注带薪休假普法宣传、健康休闲启蒙教育、休闲游憩技能培育，不断提升休闲压力调适的层次水平（见图 8－10），并积极利用大众媒体、教育

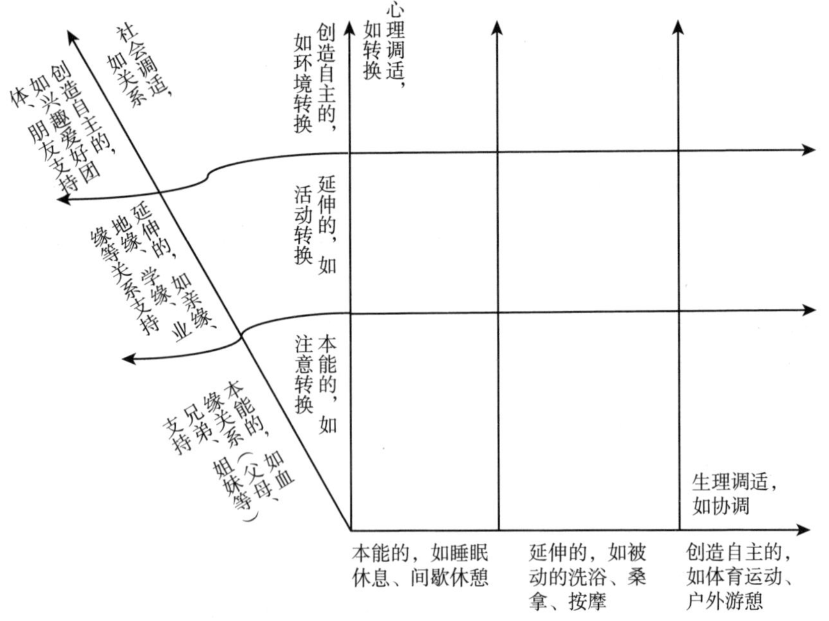

图 8－10　休闲调适应对的层次水平

平台，提高公民带薪休假权利观念与健康旅游休闲意识及休闲游憩技能水平。特别是要求将带薪休假权利纳入单位职工手册和劳动合同中，使单位组织、公民个体明确权利与义务，了解健康旅游休闲对个体身心恢复发展、组织运营效率、社会和谐进步的意义。

8.3.2　有助于推动度假地、度假业的健康经营管理，从整体健康高度来发展集预防、治疗、康养于一体的大健康产业产品

从度假休闲涉及的生理、心理、社会调适三个方面，以及身心舒缓式、人际互动式、心灵或精神体悟式、情绪改善式调适四个维度的调研发现来看，旅游度假已经不是人们被动的简单的放松享受，而是主动的人际互动、心灵或精神体悟、情绪改善，因此从整体健康视角出发推动度假旅游胜地健康管理、度假旅游产业健康升级、度假旅游企业健康经营将成为未来努力的方向。度假旅游胜地、度假旅游企业可以依据自己的目标市场、资源环境、空间范围，或从整体健康调适角度出发综合发展，如海南三亚；或从整体健康维度调适角度出发专项发展，如温泉度假、运动度假关注身心舒缓疗养，生态度假、乐园度假关注情绪改善，宗教度假、乡村度假、文化度假、风景度假关注心灵或精神体悟，城市、城镇度假关注社交互动（地中海俱乐部也聚焦社交），等等。特别是国家政府需要针对国民重塑公平正义，国民特别是城市居民也要正视自己膨胀的欲望，关注心灵或精神的满足，不能舍本逐末，让无边无际的欲望剥夺了本该属于自己的健康幸福。

无论是学界还是商界，过去都强调旅游度假休闲放松、生活享受的本能需要与动机，而相对忽视了度假旅游对整体健康积极主动调适的一面，对游客的社会性、精神性、情感性需求明显关注不够。我国度假旅游发展与西方不同，一开始就与传统观光旅游、人文民俗旅游、现代生态旅游、产业旅游等旅游形式密切联系在一起，无论是清末民初的北戴河滨海度假、庐山山地避暑度假、从化温泉度假，还是 20 世纪 90 年代来发展起来的环城市游憩带休闲度假、滨海度假、风景胜地度假，如 1992 年国家旅游局批准建设的 12 个国家级旅游度假区。随着城市居民生活压力越来越大，使国民日益意识到旅游休闲对于缓解压力、增进健康的价值意义，如近年

来基于度假平台的徒步、骑行、自驾、漂流等风潮就可见一斑。因此从整体健康视角来促进度假旅游业健康升级、度假旅游地健康管理、度假旅游企业健康经营已被提上日程。

首先，将整体健康理念融入度假目的地管理，实行度假旅游地的健康管理。作为一个包含了观光、文化、生态、产业，以及其他专项旅游在内的综合性度假地，不仅是一个休闲放松的地方，也是一个体验自然生态、欣赏大美风景、了解人文民俗、展开人际交流、释放压抑心情的地方；不仅是一个休闲消费空间，也是一个异地生活体验空间、情境调适空间。因此，保持环境健康、社会健康、形象健康（如垃圾环卫、公共厕所、社会治安、公共交通、路牌标识、停车场所、残障设施等）成为度假旅游地可持续发展的基本底线。

其次，将大健康产业融入度假平台，促进度假产业与健康产业的融合创新集聚。从整体健康医学入手，基于度假住宿体验消费平台，大力发展健康产业，促进旅游产业与大健康产业的融合创新集聚，这也是旅游产业转型升级、提质增效的基本方向之一。例如，在生理调适方面，关注住宿睡眠相关产业（如家具家电、床上用品、灯光、装饰、园林、香水、音乐、中医等）、营养美食相关产业、休闲运动相关产业、保健养生相关产业（如中医调理、西医检测）发展；在心理调适方面，关注户外游憩、游戏游乐、文化娱乐、文化体验、学习培训、实践感知等项目发展；在社会调适方面，关注商业购物、社区体验、文化交流、团体治疗等项目发展。

最后，将整体健康体验融入企业服务管理，实现度假企业的健康经营。度假旅游企业不仅要适应身体健康需求，而且要从整体健康角度出发关注游客心理健康、社会健康，以促进身体健康，用一流环境、特色项目、体验服务来引导健康消费，特别是结合我国城市居民人际互动的缺乏、学习能力的不足、精神世界的贫乏，以及过度的环境压抑，注意通过人际互动、学习培训、精神体悟、情绪改善来加强游客的自我控制感、目标希望感，而不仅是消除紧张疲惫感（见表 8 – 6）。例如，将风景观光、文化体验、社区交流、生态旅游、户外游憩、农业实践、技能培训等纳入旅游度假平台，可以达到人际互动、学习提升、精神体悟、情绪改善的目的。特别是需要从物感美学、服务美学、生活美学出发，将环境、设施设备、商品、服务植入文创，促进文化消费，诱发游客心灵或精神体悟，正如从“看山是山，看水是水”到“看山不是山，看水不是水”再到“看山仍是山，看水仍是水”，直至智慧开悟，达到精神愉悦，形成建设性价值观。

表8-6　度假旅游企业的健康经营要素体系

对象	项目	经营要素	管理要求	管理目的
健康环境体验	气候	温度、湿度等	避暑、避寒，空调	提升舒适度
	生态	土壤、水质、空气、植物、动物等	负氧离子、自净能力，物质循环、能量转换，拒绝污染、回归自然	生态体验
	人文	设施、设备、装饰、布置等	主题、品位、内涵、生态	文化审美体验
	园林	山、石、水、花木、动物、路径、休憩设施、建筑小品、楹联、匾额等	主题、品位、内涵、生态	园林审美体验 园林娱憩体验
	景观	自然景观、人文景观等	吸引力、观光游览、保护利用	景观审美体验
健康产品体验	住宿	睡眠、沐浴、环境、设施、设备、装饰、氛围等	促进睡眠	休息体验 身心恢复
	餐饮	饮品、食品、设施设备、就餐用具、用餐环境等	安全卫生，绿色饮食、营养配餐、膳食平衡，营造氛围	味觉、嗅觉、视觉体验
	购物	旅游商品、购物场所等	绿色商品、特色商品	回忆体验
	交通	道路、标识、工具等	安全，洁化、绿化、文化、美化、趣化，环保	一站式体验
	文化娱乐	项目、环境、设备、服务等	安全保险、积极向上、营造氛围、沟通交流	娱乐体验 精神愉悦
	保健养生	项目、环境、设施设备、保健物品、服务	体检、安全、放松、氛围、培训	放松享受
	心理咨询	咨询、治疗、静心、养性等	身心平衡、修身养性	心理健康
	康体健身	项目、环境、设施设备、服务等	安全、适度、参与、陪练	身心发展
	教育培训	健康教育、健康培训	知识性、趣味性、实用性	精神愉悦
	观光游览	景观、讲解	有效组织	景观审美体验
	户外活动	吸氧气、晒太阳、散步、徒步、骑行等	提供场所、创设环境	身心放松

续表

对象	项目	经营要素	管理要求	管理目的
健康服务体验	员工对顾客服务	服务活动、服务环境、服务设施设备、服务支持物品等	一站式，标准化、个性化，激情、贴心	完美体验
	企业对社会服务	政府、社区、公众等	体现社会责任、传播品牌形象	社会和谐
健康管理体验	物质管理	环境、资源、设施设备、物品等	循环节约，绿色环保	节约型社会
	财务管理	会计、财务，投资、融资	廉洁高效	合理利润
	项目管理	健康客房、营养配餐、有氧运动、温泉沐浴、中西医理疗、中医养生、心理保健、文化娱乐等	安全健康	身心恢复、放松、发展、享受
	员工管理	管理人员、服务人员、技术人员等	身心健康、快乐向上，专业精神、职业道德	组织文化建设 体验服务发展
健康社区体验	生态体验	环卫、水源、土壤、植被、绿色产业	辅助建设，深度体验	旅游社区营造及体验
	生活体验	建筑、历史、民俗、休闲、文明	辅助开发，深度体验	
	生产体验	农业、（手）工业、商业	辅助发展，农、工、商、旅互动融合	

资料来源：刘少和，李秀斌. 度假酒店（村）的健康体验经营管理研究［J］. 旅游论坛，2009，2（23）：384－389。有修改。

8.3.3 有助于指导度假地、度假业科学发展休闲调适、休闲治疗策略及技术

从度假休闲调适的作用机制看，即度假休闲调适作为生活环境压力与整体健康的中介，有助于缓解、减轻、消除压力，恢复、维持、增进健康，可见度假休闲本质上是集情境、行为、认知、情绪、心灵、角色、团体调适或治疗于一体的整合调适或治疗，对游客整体健康产生了积极影响。因此，这为度假旅游企业发展针对压力缓解与整体健康增进的休闲调适策略及技术提供了理论支持和实践指导（见表8－7）。

表8-7 基于整体健康管理的度假休闲调适应对策略及技术

<table>
<tr><th colspan="2">调适</th><th>压力反应特征</th><th>休闲调适方向</th><th>应对策略思考</th><th>应对技术举例</th><th>本质</th></tr>
<tr><td colspan="2" rowspan="2">生理调适</td><td>肌肉组织紧张、疲惫</td><td>放松、休息</td><td>保健休闲、睡眠休息</td><td>洗浴、桑拿、按摩、推拿，充足睡眠</td><td rowspan="2">行为调适与治疗
饮食调适与治疗
情绪调适与治疗</td></tr>
<tr><td>器官系统失调、失衡</td><td>协调、平衡</td><td>体育运动、营养饮食</td><td>球类、田径类、健美类，生态饮食，文化娱乐</td></tr>
<tr><td rowspan="7">心理调适</td><td rowspan="2">心智调适</td><td>信息垃圾超负</td><td>梳理、清空</td><td>生态体验、风景审美、沐浴</td><td>森林吸氧、风景观光，森林、阳光、水体浴</td><td>情境调适与治疗</td></tr>
<tr><td>大脑反应迟钝</td><td>吸纳、调整（如感知、逻辑、判断力方面）</td><td>认知训练，如文化体验、学习、创意、项目挑战等</td><td>交流平台、团体学习、DIY活动、挑战项目、游戏项目</td><td>认知调适与治疗</td></tr>
<tr><td rowspan="2">情绪调适</td><td>负面感觉</td><td>正面感觉</td><td>改换情境、认知重构（如重释自我与他物价值）、户外游憩</td><td>户外游憩活动，如爬山、汽车、兜风、露营</td><td rowspan="2">认知调适与治疗
情境调适与治疗
色彩调适与治疗
情绪调适与治疗
精神动力学疗法</td></tr>
<tr><td>负面情绪</td><td>正面情绪</td><td>机械游乐、文化娱乐、艺术欣赏、自由联想、压抑宣泄</td><td>机械游乐、欢乐剧场、卡拉OK、宣泄室</td></tr>
<tr><td rowspan="3">心灵调适</td><td>天人失衡、人人功利、身心失调</td><td>精神集中→梳理清空→重新吸纳→普遍联系</td><td>以“爱”应对（如爱自然、爱他人、爱自己）。以启示开悟：万物有灵，众生平等，动物权利福利；惜缘、尊己、爱人；三我（本我、自我、超我）合一</td><td>冥想、瑜伽、太极、宗教灵修、禅定渐悟、智慧顿悟、见闻觉知、心理意象、文创</td><td rowspan="3">心灵调适与治疗
情境调适与治疗</td></tr>
<tr><td>信仰迷茫、信念缺失</td><td>宗教信仰、价值信念</td><td>以“善”应对，如朝圣</td><td>宗教朝拜、名人瞻仰</td></tr>
<tr><td>人生意义、生活价值方面缺失目的目标、希望期望</td><td>独立自由、兴趣爱好、家庭牵挂、组织依托、社会支持</td><td>以“美、真”应对，如大美体验、文艺熏陶、思想启迪、科学探索、技能训练、亲子童趣</td><td>大美风景观光、土著文化体验，文艺欣赏、思维盛宴、科普旅游、活动参与、亲子项目</td></tr>
</table>

续表

调适	压力反应特征	休闲调适方向	应对策略思考	应对技术举例	本质
社会调适	多重角色	角色转换——自由人	朋友出游、自由安排	角色扮演活动	角色调适
	人际功利	非功利转换——兴趣爱好交往	主客间、游客间、游客土著间诚信互动	亲情家庭活动、团体互动活动，体验服务互动、诚信购物交易	家庭调适与治疗 团体调适与治疗 信任调适与治疗
	价值冲突	换位思考	文化交流	在地文化体验、游客交流	文化调适

8.4 研究局限与展望

8.4.1 研究局限

本书虽然希望一步一个脚印，力争细致完美地完成所有研究工作，但还是不可避免地存在一些研究局限，主要表现在如下几个方面。

（1）在问题方面，本书研究范围偏大，聚焦不够，驾驭难度大，导致一些概念研究不够深入，变量测量不够全面。例如，由于考虑到受访者对问题的承受程度，生活环境压力知觉量表中针对生活环境压力的题项细化程度不够，如工作压力、家庭压力、居住环境压力、社会环境压力等；度假休闲调适策略或方式量表中心灵体悟方面的题项细化程度不够，如人人、天人、身心关系体悟，价值信仰信念领悟，人生意义目的开悟等。

（2）在方法方面，本书是从心理体验感知的角度对生活环境压力知觉程度、度假休闲调适策略或方式选择、整体健康状态展开深度访谈与问卷调查，显然缺少生物检测数据以及实验观察数据的支持，特别是在生理、情绪、行为调适方面。

（3）在样本方面，本书样本取样希望瞄准珠三角城市居民中中高端度假游客，取样点包括环城市游憩带度假游客、出省出国度假游客，度假地主要以温泉与滨海为主，代表性存在一些不足，特别是工作强度大的职业群体游客、中高端度假游客数量不足，加上量表问卷问题较多、部分游客责任感不强，使游客填写的问卷质量没有完全达到预期要求。特别是生活环境压力知觉量表提示要求回忆3～6个月以来的压力感知可能被忽略，被理解为当下压力状况，从而影响了研究假设检验与概念模型建构。

（4）在概念及变量处理方面，在研究生活环境压力知觉与度假休闲调适策略或方式、整体健康关系时，基于研究目标，减少假设个数，便将整体健康作为一个整体考虑，而忽视整体健康维度变量与生活环境压力知觉、度假休闲调适策略维度变量之间的关系。

（5）在旅游度假内容选取方面，尽管把度假情境、度假睡眠休息作为休闲活动的背景、前提，但环境或情境转换、睡眠休息所产生的调适作用需要深入研究，以便与一日游的“休闲游憩”的压力调适进行比较。

8.4.2　研究展望

在本书研究的基础上，作者将进一步形成团队持续关注并深入展开国民生活压力—休闲、旅游、度假—整体健康关系，即国民生活压力与整体健康的旅游休闲调适的研究，为国民健康幸福谋福利，造福社会。

近期重点关注并展开国民生活压力—旅游度假—整体健康关系方面的研究，其中包括：（1）进一步聚焦工作强度大的职业群体（如公务员、教师、医生、高管等），进一步完善生活环境压力量表，深入研究度假休闲体验的减压放松效果；（2）从整体健康的维度变量（如生理、心智、情绪、心灵、行为健康）入手，进一步聚焦低压力旅游度假人群，深入研究度假休闲体验的整体健康增进效果，以及与后续诸多变量，如体验质量、生活质量、主观幸福感的关系；（3）选择“世外桃源”“人间天堂”类旅游度假地，瞄准“心灵或精神体悟式”旅游度假者展开深度访谈与问卷调查，进一步研究度假休闲体验的精神价值；（4）从旅游度假对生活压力、整体健康调适视角，进一步测试一个旅游度假周期后游客的压力状态、整体健康状态的变化；（5）对“一日游”休闲游憩、“过夜游”度假游憩进行调适效果的比较研究，特别是度假睡眠、度假情境调适的研究。

中期重点关注并展开国民生活压力—休闲旅游—整体健康关系方面的研究，包括观光旅游、特色专项旅游的压力调适、健康增进研究。

远期重点关注并展开国民生活压力—休闲游憩—整体健康关系方面的研究，重点针对具有特殊减压效果的休闲活动的减压机理研究，如瑜伽、太极、冥想、宗教灵修、禅定开悟、艺术欣赏等。

附录1　基本情况问卷

编号______

旅游度假对生活压力及整体健康的调适感受

——访谈调研

尊敬的先生/女士：您好！

请原谅我们占用您一点宝贵的时间，非常感谢您对我们学术调研的理解支持！下面希望了解旅游度假对您生活压力调适的感受。

备注：旅游度假（或度假旅游）是利用假期（如周末休假、法定节假、带薪休假、寒暑假等）外出进行令身体与精神放松的康体休闲方式，如海滨、海岛、邮轮、湖泊、湿地、温泉、滑雪、森林、山地度假，以及风景胜地、休闲城市、特色小镇、美丽乡村度假等，通常在一个地方停留时间较长，并进行有益于身心放松的休闲体验活动，如体育运动、保健养生、文化娱乐、项目游乐、户外游憩、风景观赏、生态体验、地方或民族文化体验等。

知觉压力（或压力知觉）即对突发刺激事件或持续性刺激事件即压抑环境（生活困扰、社会事件）及其内外应对资源的认知评价，包括正性压力、中性压力、负性压力，只有负性压力（急性压力、慢性压力）才是通常意义上所说的压力（狭义压力），其中慢性压力主要因压抑环境而起。休闲调适即以休闲体验方式来应对压力，调整自己适应生活，主要包括生理、心理、社会调适，其专业化发展即为休闲治疗；整体健康是生物—心理—社会整体医学的健康观，涉及个体生理、心理（心智、心情、心灵）、社会等多方面的良好状态。

暨南大学旅游管理系

2016年7月1日

一、访谈问题

1. 在过去半年或三个月内，您生活中的负面压力主要来自哪些方面（如健康、家庭、工作、生活节奏、城市环境、经济状况、科技发展、社会保障、人际关系、信息爆炸、法治状况、信仰信念等方面）？是否有处于似病非病的亚健康状态的感觉？

2. 一年中各种节假期（如周末＋节假、带薪休假、寒暑假等）一般是如何度过的？外出旅游度假的主要动机与目的是什么？

3. 每次旅游度假出发前、期间、结束后，在身心（如身体功能、心智反应、情绪变化、精神感悟、言语行为、人际关系等）方面，您有什么不同的体验感受？您最喜欢旅游度假地什么样的休闲体验项目？

4. 您感觉在本地休闲游憩（城区、郊区“一日游”）与异地旅游度假（一地过夜“多日游”）有什么不一样？这种从日常生活惯常环境到旅游非惯常环境的转变，您感觉身心有什么变化？对您休息睡眠、休闲减压有作用吗？

5. 每次旅游度假回来后，您能更好地工作、生活、学习吗？多久以后才会出现新的不适应，又想外出旅游度假？

6. 您觉得在工作、家庭义务、社会义务之余经常外出旅游度假是生活必须吗？您认为我国休假特别是带薪休假制如何调整才更为科学合理？

二、访谈者基本情况

1. 常居地：城市________郊区________乡村________

2. 性别：男________女________

3. 学历：小学及以下________；中学（含中专）________；大学（含大专）________；研究生及以上________

4. 年龄：________

5. 职业：________

6. 最近一次旅游度假地：________

附录2　初步研究调查问卷

编号______地点______

旅游度假对生活压力及整体健康的调适感受
——问卷调查

尊敬的先生/女士：您好！

非常感谢您能在百忙之中抽出宝贵的时间来接受这次问卷调查！您填写的资料将绝对保密，仅用于科学研究，不会对个体进行分析。请根据您的实际情况与真实想法在相应选项上打“√”，衷心感谢您的理解与支持。

备注：旅游度假或度假旅游是指利用假期（如周末休假、法定节假、带薪休假、寒暑假等）外出进行令身体与精神放松的康体休闲方式，如在海滨、海岛、湖泊、湿地、温泉、滑雪、森林、山地度假，以及风景胜地、休闲城市、特色小镇、美丽乡村度假等；通常在一个地方停留时间较长，并进行有益于身心放松的休闲体验活动，如体育运动、保健养生、文化娱乐、项目游乐、户外游憩、风景观赏、生态体验、地方或民族文化体验等。

暨南大学旅游管理系

2016年11月5~6日

第一部分　个人基本信息（共8题，单选题）

1. 您的常居地：

□直辖市、副省级大城市（地名________）　□地级、县级中小城市（地名________）□乡镇 □乡村——请停止往下填写

2. 您的性别：□男　□女

3. 您的年龄：□青年（18~35岁）　□壮年（36~45岁）　□中年（46~60岁）　□老年（61岁及以上）

4. 您的文化程度：□小学及以下 □中学（初中、高中或中专） □大学（大专、本科） □研究生及以上

5. 您的家庭结构：□单身 □已婚无小孩 □已婚小孩未成年 □已婚小孩已成年 □其他________

6. 您的家庭年收入（元）：□≤10 万 □11 万～30 万 □31 万～50 万 □51 万～100 万 □>100 万

7. 您的职业：□大型企业董事/经理 □中小企业主/经理 □公司职员 □公务员 □专业技术人员（律师/医生/护士/教师/会计师/工程师/建筑师/演员等）□离退休人员 □自由职业者 □农民 □工人 □军人 □学生 □其他________

8. 您外出旅游度假的时间间隔大约是：□一周 □一月 □一季度 □半年 □一年

第二部分 城市生活环境压力体验感受（共 14 题，单选题）

请回忆半年来您的生活环境压力感受，依据实际体验感受，在您认为最合适的数字上打“√”，其中 1 表示“从不”，2 表示“偶尔”，3 表示“有时”，4 表示“经常”，5 表示“总是”。

题号	问项	从不←→总是				
S1	能成功处理恼人的生活麻烦或困扰	1	2	3	4	5
S2	经常想到必须完成的事情或有待解决的问题而难以入睡	1	2	3	4	5
S3	担心自己的健康状况	1	2	3	4	5
S4	感到家庭义务压力大而忙于应付	1	2	3	4	5
S5	感到单位工作压力大而疲于应付	1	2	3	4	5
S6	担心别人对自己表现的评价	1	2	3	4	5
S7	对社会价值观混乱、是非不明的现象，感到无所适从	1	2	3	4	5
S8	感觉欲望得不到满足，“人比人气死人”	1	2	3	4	5
S9	感到单位、社会人际关系复杂而难以应付	1	2	3	4	5
S10	担心社会安全及社会福利保障	1	2	3	4	5
S11	担心自己的经济状况	1	2	3	4	5

续表

题号	问项	从不←→总是				
S12	市场、科技、信息变化太快，感觉跟不上生活的步伐	1	2	3	4	5
S13	在社会“潜规则”面前感到无能为力，上升空间有限	1	2	3	4	5
S14	感到定居地的自然生态环境质量令人担忧	1	2	3	4	5

第三部分　旅游度假地休闲调适体验感受（共 18 题，单选题）

与常居地休闲体验相比，度假地休闲体验带给您怎样的感受？请依据实际体验感受，在您认为最合适的数字上打“√”，其中 1、2、3、4、5 分别表示“很不同意、不同意、一般、同意、很同意”。

题号	问项	很不同意←→很同意				
L1	我会利用度假旅游来暂时避开压力问题	1	2	3	4	5
L2	以度假旅游逃避现实是我调适压力的一种方式	1	2	3	4	5
L3	度假旅游是让我调适忙碌生活的重要方式之一	1	2	3	4	5
L4	度假旅游能让我在面对问题时有新的视角	1	2	3	4	5
L5	以度假旅游逃避压力能让我重整精神来解决问题	1	2	3	4	5
L6	我会以短期度假休憩方式来解决压力	1	2	3	4	5
L7	度假旅游让我能跟支持我的家人、朋友在一起	1	2	3	4	5
L8	度假旅游中与他人交往是我处理压力的方式之一	1	2	3	4	5
L9	我与他人一起从事度假旅游活动调解压力	1	2	3	4	5
L10	度假旅游让我保持好心情	1	2	3	4	5
L11	度假旅游让我感觉好多了	1	2	3	4	5
L12	度假旅游让我拥有正面情绪	1	2	3	4	5
L13	度假旅游能让我摆脱日常工作、生活的单调乏味，发现兴趣爱好	1	2	3	4	5
L14	度假旅游让我从工作生活的多重角色中转换出来，成为旅游自由人	1	2	3	4	5
L15	度假旅游让我能从容欣赏、亲近大自然，更加热爱大自然	1	2	3	4	5

续表

题号	问项	很不同意⟵⟶很同意				
L16	度假旅游让我能深入体验到不同地方与民族的真、善、美	1	2	3	4	5
L17	度假旅游“慢生活”“乐生活”让我觉得人生更有价值、生活更有意义	1	2	3	4	5
L18	度假旅游唤起了我曾经的记忆与追求，促使我不断反思自己	1	2	3	4	5

第四部分　旅游度假期间整体健康状态体验感受（16 题，单选题）

您对度假旅游期间的健康状态有何感受？请依据实际体验感受，在您认为最合适的数字上打“√”，其中 1 表示“从不”，2 表示“偶尔”，3 表示“有时”，4 表示“经常”，5 表示“总是”。

题号	问项	从不⟵⟶总是				
H1	我好象比别人更容易生病	1	2	3	4	5
H2	与任何一个我认识的人相比，我和他们一样健康	1	2	3	4	5
H3	我觉得自己的健康情况越来越差	1	2	3	4	5
H4	我的健康状况很好	1	2	3	4	5
H5	我感到生活充实、充满活力	1	2	3	4	5
H6	我感到精力充沛	1	2	3	4	5
H7	我觉得身累心不累	1	2	3	4	5
H8	我觉得疲惫不堪	1	2	3	4	5
H9	我觉得精神紧张	1	2	3	4	5
H10	我觉得灰心丧气和忧郁	1	2	3	4	5
H11	我觉得心情安宁又平和	1	2	3	4	5
H12	我觉得沮丧，没有任何事情能让我高兴起来	1	2	3	4	5
H13	我觉得快乐幸福	1	2	3	4	5
H14	我对自己与亲戚、邻居、同事、朋友、社团间的人际关系感到满意	1	2	3	4	5
H15	我对自己帮助、支持他人的能力感到满意	1	2	3	4	5
H16	我对自己与异性的关系感到满意	1	2	3	4	5

问卷到此结束，衷心感谢您的理解支持！

附录3　正式研究调查问卷

编号______地点______

旅游度假对生活压力及整体健康的调适感受
——问卷调查

尊敬的先生/女士：您好！

衷心感谢您能接受这次问卷调查！本调研以促进我国旅游度假休闲事业的健康发展、增进国民健康幸福提供科学支持为目的。您填写的资料将绝对保密，仅供科学研究与政策建议之用。请务必根据您的真实想法在最合适的选项上打"√"。

备注：旅游度假或度假旅游是利用假期（如周末休假、法定节假、带薪休假、寒暑假等）外出进行令身体与精神放松的康体休闲方式，如在海滨、海岛、邮轮、湖泊、湿地、温泉、滑雪、森林、山地度假，以及风景胜地、休闲城市、特色小镇、美丽乡村度假等；通常在一个地方停留时间较长，并进行有益于身心放松的休闲体验活动，如体育运动、保健养生、文化娱乐、项目游乐、户外游憩、风景观赏、生态体验、地方或民族文化体验等。

暨南大学旅游管理系

2016 年 12 月 30 日

第一部分　城市居民生活环境压力的体验感受（共9题，单选题）

请回忆过去半年或三个月以来您的生活环境压力体验，务必依据您的实际感受，在您认为最合适的数字上打"√"。

题号	问项	从不	偶尔	有时	经常	总是
S1	经常想到必须完成的事情或有待解决的问题而难以入睡	1	2	3	4	5
S2	感到家庭压力大而忙于应付	1	2	3	4	5
S3	感到工作压力大而疲于应付	1	2	3	4	5
S4	对社会价值观混乱、是非不明现象感到无所适从	1	2	3	4	5
S5	担心社会福利及安全保障	1	2	3	4	5
S6	担心自己及家庭的经济状况	1	2	3	4	5
S7	市场、科技、信息变化太快，感觉跟不上生活的步伐	1	2	3	4	5
S8	在社会“潜规则”面前感到无能为力，上升空间有限	1	2	3	4	5
S9	感到定居地的自然环境质量令人担忧	1	2	3	4	5

第二部分　旅游度假期间的整体健康状态体验感受（14 题，单选题）

在旅游度假期间乃至结束后您的健康状态如何？请务必依据您的实际感受，在您认为最合适的数字上打“√”。

题号	问项	从不	偶尔	有时	经常	总是
H1	我好像比别人更容易生病	1	2	3	4	5
H2	我觉得自己的健康情况越来越差	1	2	3	4	5
H3	我的健康状况很好	1	2	3	4	5
H4	我感到生活充实、充满活力	1	2	3	4	5
H5	我感到精力充沛	1	2	3	4	5
H6	我觉得身累心不累	1	2	3	4	5
H7	我觉得疲惫不堪	1	2	3	4	5
H8	我觉得精神紧张	1	2	3	4	5
H9	我觉得灰心丧气和忧郁	1	2	3	4	5
H10	我觉得心情安宁又平和	1	2	3	4	5
H11	我觉得快乐幸福	1	2	3	4	5
H12	我对日常居住地与非日常旅居地的人际关系感到满意	1	2	3	4	5
H13	我对自己帮助、支持他人的能力感到满意	1	2	3	4	5
H14	我对自己与异性的关系感到满意	1	2	3	4	5

第三部分　旅游度假地休闲调适体验感受（共18题，单选题）

与常居地休闲体验相比，度假地休闲体验带给您怎样的感受？请务必依据实际感受，在您认为最合适的数字上打“√”。

题号	问项	很不同意	不同意	一般	同意	很同意
L1	我会利用度假来暂时避开压力问题	1	2	3	4	5
L2	以度假来逃离现实是我调适压力的一种方式	1	2	3	4	5
L3	度假是我调适忙碌生活的重要方式之一	1	2	3	4	5
L4	度假让我在面对问题时有新的视角	1	2	3	4	5
L5	以度假来逃避压力让我重整精神来解决问题	1	2	3	4	5
L6	我会以短期度假休憩方式来缓解身心压力	1	2	3	4	5
L7	度假让我能跟支持我的家人、朋友在一起	1	2	3	4	5
L8	度假中与他人交往是我处理压力的方式之一	1	2	3	4	5
L9	我与他人一起旅游度假来调解压力	1	2	3	4	5
L10	度假让我保持好心情	1	2	3	4	5
L11	度假让我感觉好多了	1	2	3	4	5
L12	度假让我拥有正面情绪	1	2	3	4	5
L13	度假让我摆脱日常工作生活的单调乏味，满足兴趣爱好	1	2	3	4	5
L14	度假让我从工作生活的多重角色中走出来成为旅游自由人	1	2	3	4	5
L15	度假让我从容欣赏、亲近大自然，更加热爱大自然	1	2	3	4	5
L16	度假让我深入体验到不同地方与民族的真、善、美	1	2	3	4	5
L17	度假唤起我曾经的记忆与追求，让我不断反思自己	1	2	3	4	5
L18	度假“慢生活”“乐生活”让我觉得人生更有价值、意义	1	2	3	4	5

第四部分　个人基本信息（共8题，单选题）

1. 您常居地：□直辖市、副省级大城市（地名________）　□地级、县级中小城市（地名________）□乡镇　□乡村

2. 您性别：□男　□女

3. 您年龄：□青年（18～35岁）　□壮年（36～45岁）　□中年（46～60岁）　□老年（61岁及以上）

4. 您文化程度：□小学及以下　□中学（初中、高中或中专）　□大学（大专、本科）　□研究生及以上

5. 您家庭结构：□单身　□已婚无小孩　□已婚小孩未成年　□已婚小孩已成年　□其他________

6. 您家庭年收入（元）：□≤10万　□11万～30万　□31万～50万　□51万～100万　□＞100万

7. 您职业：□大型企业董事/经理　□中小企业主/经理　□公司职员　□公务员　□专业技术人员（律师/医生/护士/教师/会计师/工程师/建筑师/演员等）□离退休人员　□自由职业者　□农民　□工人　□军人　□学生　□其他________

8. 您外出旅游度假的时间间隔大约是：□一周　□一月　□一季度　□半年　□一年

请确认已答完所有问题，衷心感谢您的支持与合作！另如对下面问题有所想法，也请简要写在横线上。

您本次旅游度假的动机和目的是什么？

____

您对本次旅游度假地的发展有何意见建议？

____

参考文献

一、中文

[1]［英］J.C. 霍洛韦．论旅游业：二十一世纪旅游教程［M］．孔祥义译．北京：中国大百科全书出版社，1997.

[2]［美］J.M. 华莱士．战胜压力［M］．北京：商务印书馆，1992.

[3]［美］P.C. 麦肯瑞，S.J. 普赖斯．家庭压力［M］．郑维，杨康临，黄郁婷译．台北：五南图书出版股份有限公司，2004.

[4]［美］W.B. 坎农，范岳年、魏有仁，译．躯体的智慧［M］．北京：商务印书馆，1982.

[5] 白玉苓．工作压力与工作倦怠关系［M］．北京：经济管理出版社，2011.

[6] 卞显红，张树夫，王苏洁．旅游发展中居民态度与社区问题研究［J］．人文地理，2005，84（4）：95－101.

[7]［美］布赖恩·卢克·西沃德．压力管理策略——健康幸福之道［M］．许燕等译．北京：中国轻工业出版社，2008：4.

[8] 陈钢华，保继刚．旅游度假区开发模式变迁的路径依赖及其生成机制——三亚亚龙湾案例［J］．旅游学刊，2013，28（8）：58－68.

[9] 陈南江．滨水旅游度假区旅游规划创新研究［D］．上海：华东师范大学，2005.

[10] 初丽娟，高尚仁．压力知觉对负面心理健康影响——静坐经验、情绪智能调节效果之探讨［J］．中华心理学刊，2005，47（2）：157－179.

[11] 崔节荣．乡村休闲旅游促进健康的新策略［J］．韶关学院学报（社会科学版），2013，34（9）：109－111.

[12] 邓丽芳，许琴，郑日昌．中国白领精神压力量表的编制［J］．中国健康心理学杂志，2008，16（6）：697－700.

[13] 董培海，李伟．旅游、现代性与怀旧：旅游社会学的理论探索［J］．旅游学刊，2013，28（4）：111－120.

[14] 范钧，邱宏亮，吴雪飞．旅游地意象、地方依恋与旅游者环境责任行为——以浙江省旅游度假区为例［J］．旅游学刊，2014，29（1）：55－66.

[15]［英］弗雷德·劳森（FredLawson）．酒店与度假村：规划、设计和重建［M］．张秋艳译．大连：大连理工大学出版社，2003.

[16] 辜洁妮，朱惠莲，许斌，江汀．广州市越秀区部分公务员亚健康相关影响因素分析［J］．中国预防医学杂志（Chinese Preventive Medicine），2014，15（2）：124－127.

[17] 谷传华，张文新．情境的心理学内涵探微［J］．山东师范大学学报（人文社科版），2003，48（5）：99－102.

[18] 韩东屏．国家起源问题研究［J］．华中师范大学学报（人文社科版），2014，53（4）：61－69.

[19] 郝树伟，徐红红，周丽丽，谢中垚，洪炜．公务员压力量表编制及信效度分析［J］．中国公共卫生，2014，30（10）：1289－1292.

[20] 贺寨平．国外社会支持网研究综述［J］．国外社会科学，2001（1）：76－82.

[21]［美］亨廷顿著，王冠华译．变化社会中的政治秩序［M］．上海：上海人民出版社，2017.

[22] 侯杰泰，温忠麟，成子娟，张雷．结构方程及其应用［M］．北京：教育科学出版社，2004.

[23] 侯满平，周艳丽．我国休闲旅游发展的共轭影响因素浅析［C］．//北京联合大学旅游学院．现代休闲方式与旅游发展．北京：中国旅游出版社，2007.

[24] 贾晓波．心理适应的本质与机制［J］．天津师范大学学报（社会科学版），2001（1）：19－23.

[25] 蒋伟．基于生态人文理念的湖泊型旅游度假区规划研究［D］．天津：天津大学，2014.

[26] 乐国安．咨询心理学［M］．天津：南开大学出版社，2002.

[27] 李光丽．工作压力、工作动机对 R&D 人员创造力影响研究[M]．西安：西安交通大学出版社，2013.

[28] 李虹，梅锦荣．大学生压力量表的编制[J]．应用心理学（Chinese Journal of Applied Psychology），2002，8（1）：27-32.

[29] 李虹．大学教师工作压力量表的编制及其信效度指标[J]．心理发展与教育，2005（4）：105-109.

[30] 李江敏，严良．环城游憩行为[M]．北京：光明日报出版社，2012.

[31] 李强．社会支持与个体心理健康[J]．天津社会科学，1998（1）：67-70.

[32] 李卫飞．教师心理健康与休闲治疗研究[J]．现代交际（Modern Society），2016，424（2）：155-156.

[33] 李玮娜．度假旅游者目的地选择行为研究[M]．北京：中国社会科学出版社，2013.

[34] 李雪峰．中国国家旅游度假区发展战略研究[D]．上海：复旦大学，2010.

[35] 梁宝勇．精神压力、应对与健康：应激与应对的临床心理学研究[M]．北京：教育科学出版社，2006.

[36] 刘家明，季任钧．旅游度假区开发的选址研究[J]．人文地理，2001，16（5）：49-53.

[37] 刘家明．旅游度假区的景观生态设计思路[J]．人文地理，2004，19（1）：82-85.

[38] 刘家明．旅游度假区发展演化规律的初步探讨[J]．地理科学进展，2003，22（2）：212-218.

[39] 刘家明．旅游度假区规划设计研究[D]．北京：北京大学，1999.

[40] 刘家明．旅游度假区土地利用规划[J]．国外城市规划，2000（3）：13-16.

[41] 刘俊．海滨旅游度假区发展模式比较研究[J]．人文地理，2010，114（4）：115-119.

［42］刘俊．中国旅游度假区治理结构及变迁［J］．旅游科学，2007，21（4）：82－85.

［43］刘少和，李秀斌．度假酒店（村）的健康体验经营管理研究［J］．旅游论坛，2009，2（3）：384－389.

［44］刘少和，吴建华，桂拉旦．度假旅游与观光旅游的差异及其服务主张［C］．//中国区域科学协会区域旅游开发专业委员会，海南省旅游发展委员会，海南大学．区域旅游：创新与转型—第十四届全国区域旅游开发学术研讨会暨第二届海南国际旅游岛大论坛论文集，2009：277－278.

［45］刘硕．露营旅游缓解露营者工作压力的影响因素研究［D］．昆明：昆明理工大学，2013.

［46］刘伟，田玉堂，冯景林．度假村与酒店的区别［J］．广州市财贸管理干部学院学报，2000，54（2）：51－53.

［47］刘晓平，孙姗姗．度假酒店的场域营造与特色表达——当代度假酒店设计趋势与实践［J］．中外建筑，2013（7）：99－103.

［48］吕宛青．从度假旅游看昆明滇池国家级旅游度假区建设［J］．思想战线，1998（8）：30－35.

［49］［美］罗伯特·A. 金特里．共管公寓度假村和度假产权管理［M］．钟海生，杜军平，译．北京：中国旅游出版社，2002.

［50］［美］罗伯特·克里斯蒂·米尔（Robert Christie Mill）．度假村管理与运营［M］．李正喜译．大连：大连理工大学出版社，2002.

［51］骆宏，马剑虹．大学生抑郁症状、问题解决能力与压力感知的关系分析［J］．中国临床心理学杂志，2004，12（4）：367－368.

［52］骆文韬．走向21世纪的中国度假旅游［M］．北京：中国旅游出版社，1997.

［53］马惠娣．未来10年中国休闲旅游业发展前景瞭望［J］．齐鲁学刊，2002，167（2）：19－26.

［54］彭玲琳．休闲体育旅游缓解铁路一线职工心理压力效应的实验研［D］．扬州：扬州大学，2012.

［55］［瑞士］皮亚杰著，王宪钿译．发生认识论原理［M］．上海：商务印书馆，1981.

[56]［美］恰克·Y. 吉. 度假酒店的开发及其管理［M］. 向萍译. 北京：中国旅游出版社，2003.

[57] 邵际树. 养生功能主导型旅游度假区调适性研究——以武当山太极湖旅游度假区为例［D］. 武汉：武汉大学，2013.

[58] 沈进成，曾慈慧，吴雅筠. 休闲对压力是种压抑或者缓冲效果？压力压抑与缓冲模式之比较［J］. 户外游憩研究，2008，21（4）：59－92.

[59]［英］史蒂芬·佩吉，乔·康奈尔. 现代旅游管理导论［M］. 黄代梅，李兆敏，苏琳译. 北京：电子工业出版社，2009.

[60] 舒晓兵. 管理人员的工作压力与工作效率研究［M］. 武汉：武汉大学出版社，2007.

[61] 孙尚清. 面向二十一世纪的选择［M］. 北京：人民出版社，1992.

[62] 孙玉卿. 休闲体育活动对老年人健康的影响［J］. 运动人体科学，2013，32（3）：24－25.

[63] 谭家伦，汤幸芬，宋金平. 乡村旅游游客生活压力知觉、休闲调适策略与健康关系［J］. 旅游学刊，2010，25（2）：66－71.

[64]［美］特里·A. 布里顿（Terry A. Britton）. 体验：从平凡到卓越的产品策略［M］. 王成等译. 北京：中信出版社，2003.

[65] 田玉堂. 度假村的理念与操作实务［M］. 北京：中国旅游出版社，2003.

[66] 王大悟. 旅游度假区开发观论析——对当前旅游规划中若干问题的思考［J］. 旅游科学，2006，20（2）：13－17.

[67] 王开玺. 晚清政治史：数千年未有之变局（上卷）［M］. 北京：东方出版社，2016.

[68] 王凯，何国霞，朱韫钰，胡永善. 休闲娱乐康复——一种独特的康复治疗方法［J］. 第六次全国运动疗法学术会议，中国南京，2002－11.

[69] 王凯，何国霞，朱韫钰，胡永善. 休闲娱乐康复治疗方法介绍［J］. 中国临床康复（Chinese Journal of Clinical Rehabilitation），2004（28）：217－219.

[70] 王菘，韩振华. 探索我国度假旅游的发展道路［M］. 商业研究，

2004，304（20）：121－124.

[71] 王婉飞．分时度假研究［M］．北京：经济科学出版社，2005.

[72] 王晓红．旅游行为与压力转移整合模型研究［D］．成都：西南财经大学，2009.

[73] 王莹．杭州国内休闲度假旅游市场调查及启示［M］．旅游学刊，2006，21（6）：44－48.

[74] 王育学．亚健康问题纵横谈［J］．解放军健康，2005(1)：6－9.

[75] 魏小安，冯宗苏．旅游产品的基础、条件与创新［M］．//国家旅游局．中国旅游年鉴 1991，北京：中国旅游出版社，1992.

[76] 魏小安．对发展中国环城市旅游度假带的思考［N］．中国旅游报，2001－9－7（11）.

[77] 吴必虎．大城市环城游憩（ReBAM）带研究——以上海市为例［J］．地理科学，2001，21（4）：354－359.

[78] 吴必虎．区域旅游规划原理［M］．北京：中国旅游出版社，2002.

[79] 吴明隆．结构方程模型［M］．重庆：重庆大学出版社，2013.

[80] 吴淑女，梁文嘉．道游及领队人员工作压力、家庭压力与休闲行为之关系［J］．户外游憩研究，1998，11（1）：23－42.

[81] 肖潜辉．我国旅游业的产品反思及其战略［J］．旅游学刊，1991(2)：7－13.

[82] 肖潜辉．中外旅游业管理［M］．北京：中国旅游出版社，1993.

[83] 肖潜辉．对策篇：市场开拓与产品创新［M］．//孙尚清．面向 21 世纪的选择．北京：人民出版社，1992.

[84] 谢春山，邱爽．观光旅游与度假旅游的差异分析［J］．旅游研究，2015，7（4）：11－15.

[85] 谢彦君．旅游体验的情境模型：旅游场［J］．财经问题研究，2005，265（12）：64－69.

[86] 谢彦君．旅游体验研究——一种现象学的视角［M］．天津：南开大学出版社，2005：107－110.

[87] 徐菊凤．中国休闲度假旅游研究［M］．大连：东北财经大学出版社，2008：97.

[88] 许义忠，余绪德．休闲、压力与调适研究——以中华航空女性空服员为例［J］．户外游憩研究，2005，18（2）：1－24.

[89] 杨延忠．社会转型中城市居民心理压力的流行病学研究［J］．中华流行病学杂志，2003，24（9）：760－764.

[90] 杨振之．度假研究引论——为海南国际旅游岛建设提供借鉴［J］．旅游学刊，2010，25（9）：12－18.

[91] 叶圣涛．基于手段－目的视角的休闲、游憩和旅游的概念辨析［J］．广西民族大学学报（哲社版），2009，31：26－30.

[92] 俞海滨．度假酒店（村）的开发与管理［M］．北京：经济管理出版社，2008.

[93] 俞海滨．度假酒店与商务酒店的边界及其服务主张［J］．改革，2007（4）：96－101.

[94]［美］约翰·W. 桑特洛克．心理调适［M］．王建中等译．北京：高等教育出版社，2008：116.

[95]［英］约翰·斯沃布鲁克. 旅游景区开发与管理［M］．张文译．大连：东北财经大学出版社，2005.

[96]［英］约翰·斯沃布鲁克. 旅游消费者行为学［M］．俞慧君，张鸥，漆小艳译．北京：水利电力出版社，2004.

[97] 张广瑞，宋瑞．关于休闲的研究［J］．社会科学家，2000，9（9）：17.

[98] 张凌云．非惯常环境：旅游核心概念的再研究——建构旅游学研究框架的一种尝试［J］．旅游学刊，2009，24（7）：12－17.

[99] 张秀花，栗滢波，鲍作臣．人体亚健康与调适［M］．北京：人民卫生出版社，2007.

[100] 赵宏杰，吴必虎．台资企业台籍人员职业倦怠、休闲调适策略与休闲知觉自由关系研究［J］．人文地理，2013，133（5）：129－138.

[101] 赵宁宁，廉永昕，董婧姝．景观治疗在空勤人员疗养中的作用和意义［J］．中国疗养医学，2013，22（6）：496－497.

[102] 周建明．旅游度假区的发展趋势与规划特点［J］．国外城市规划，2003，18（1）：25－29.

［103］周尚意．文化地理学研究方法及学科影响［J］．中国社会科学院院刊，2011，26（4）：415－422.

［104］左冰，陈威博．旅游度假区开发对拆迁村民生计状况影响——以珠海长隆国际海洋度假区为例［J］．热带地理，2016，36（5）：776－785.

二、英文

［1］Anne-Marie d'Haut Eserre. Lessons in managed destination competitiveness：the case of Foxwoods Casino Resort［J］. Tourism Management，2000，21（1）：23－32.

［2］Argyle M，Frunham A，Graham J A. Social Situations［M］. NY：Cambridge University Press，1981.

［3］Arnold E M. Factors that influence consideration of hastening death among people with life-threatening illnesses［J］. Health and Social Work，2004，29（1）：17－26.

［4］Aspinwall L G and Taylor S E. A stitch in time：Self-regulation and proactive coping［J］. Psychological Bulletin，1997，121（3）：417－436.

［5］Athinodoros Chronis. Between place and story：Gettysburg as tourism imaginary［J］. Annals of Tourism Research，2012，39（4）：1797－1816.

［6］Austin D R，Crawford M E，McCormick B P，Van Puymbroeck M. Recreational Therapy：An Introduction（4thed）［M］. Urbana，IL：Sagamore Publishing，2015.

［7］Averill J R. Personal control over aversive stimuli and its relationship to stress［J］. Psychological Bulletin，1973，80（80）：286－303.

［8］Barreea M，Ainlay S L. The structure of social support：a conceptual and empirical analysis［J］. Journal of community psychology，1983，11（2）：133－143.

［9］Barsalou L W. Grounded cognition［J］. Annual Review of Psychology，2008，59（1）：617－645.

［10］Billings A G，Moos R H. The role of coping responses and social resources in attributing the stress of life events［J］. Journal of Behavioral Medicine, 1981, 4 (2): 139 –157.

[11] Bolger N, Eckenrode J. Social relationships, personality and anxiety during a major stressful event [J]. Journal of Personality and Social Psychology, 1991, 61 (3): 440 –449.

[12] Brian Luke Seaward. Managing stress: Principles and strategies for health and well-being [M]. Sudbury, United States: Jones and Bartlett Publishers, Inc, 1994.

[13] Bruce Prideaux. The resort development spectrum—a new approach to resort development [J]. Tourism Management, 2000, 21 (3): 225 –240.

[14] Browne, Cudeck. Alternative ways of assessing model fit. In. K A Bollen and J S Long. testing structural equation models, newbury park, CA. 2001: 136 –162.

[15] Burrhus Frederic Skinner. The Behavior of Organisms: An Experimental Analysis [M]. Cambridge: The B. F. Skinner Foundation, 1938.

[16] Butler R W. The concept of a tourist area cycle of evolution: Implications for management of resources [J]. Canadian Geographer, 1980, 24 (1): 5 –12.

[17] Caldwell L L, Smith E A. Health behaviors of leisure alienated youth [J]. Society and Leisure, 1995, 18 (1): 143 –156.

[18] Caltabiano M L. Main and stress-moderating health benefits of leisure [J]. Society and Leisure, 1995, 18 (1): 33 –52.

[19] Caltabiano M L. Measuring the similarity among leisure activities based on a perceived stress-reduction benefit [J]. Leisure Studies, 1994, 13 (1): 17 –31.

[20] Carter M J, Van Andel G E, Robb G M. Therapeutic recreation: A practical approach [M]. Illinois, United States: Waveland Press, 2011.

[21] Castobguay L G, Gottfried M R, Halperin G S, Reid J J. Psychotherapy Integration [M]. //In I. B. Weiner (Ed.). Handbook of psychology (Vol. 8). New York: Wiley, 2003.

[22] Chang L H. A study on bank employees' job stress, leisure coping,

physical and mental health [J]. Asian Journal of Management and Humanity Science, 2006, 1 (1): 161-174.

[23] Charles Dickens. Tale of Two Cities [M]. New York: Airmont Publishing Company, Incorporated, December, 1964.

[24] Chong A, Kileen O and Clarke T. Work-related stress among pediatric non-consultant hospital doctors [J]. Irish Medical Journal, 2004, 97 (7): 200-205.

[25] Chuck Y Gee and Sergio M Vicente-Serrano. An analysis and assessment of environmental operating practices in hotel and resort properties [J]. Tourism Management, 2007, 26 (3): 711-723.

[26] Cobb. Social support as a moderator of life stress [J]. psycosomatic medicine, 1976, 38 (5): 300-314.

[27] Cohen S, Williamson G M. perceived stress in a probability sample of the United States [M]. //In S. Spacapan, S. Oskamp. The social psychology of health. Newbury park, CA: Sage, 1988: 31-67.

[28] Coleman D. Leisure based social support, leisure dispositions and health [J]. Journal of Leisure Research, 1993, 25 (4): 350-361.

[29] Coleman D, Iso-Ahola S. Leisure and health: The role of social support and self-determination [J]. Journal of leisure Research, 1993, 25 (2): 111-128.

[30] Compass B E, Connor-Smith J F, Saltzman H, Thomsen A H, Wadsworthm E. Coping with stress during childhood adolescence: problems, progress and potential in theory and research [J]. psycological Bulletin, 2001, 27 (1): 87-127.

[31] Cooper C L, Sloan S, Williams S. Ocupational stress indicator: Management guide [M]. Windsor: NFER-Nelson, 1988.

[32] Dann G M S. Anomie. Ego-enhancement and Tourism [J]. Annals of Tourism Research, 1977, 4 (4): 184-194.

[33] David L. Hammes. Resort development impact on labor and land markets [J]. Annals of Tourism Research, 1994, 21 (4): 729-744.

[34] Deci E L, Schwartz A J, Sheinman L, Ryan R M. An instrument to assess adults orientations toward control versus autonomy with children: Reflections on intrinsic motivation perceived competence [J]. Journal of education psychology, 1981, 73 (5): 642 -650.

[35] Deci E L, Ryan R M. Handbook of self-determination research [M]. Rochester NY: university of Rochester press, 2002.

[36] Deci E L, Ryan R M. Intrinsic motivation and self-determination in human behavior [M]. New York: Plenum, 1985.

[37] Driver B L, Brown P J, Peterson G L. Benefits of leisure [M]. State College. PA: Venture, 1991.

[38] Ross E L D and Iso-Ahola S E. Sightseeing tourists' motivation and satisfaction [J]. Annals of Tourism Research, 1991, 18 (2): 226 -237.

[39] Eduardo Remor. psychometric properties of a European Spanish version of the Perceived Stress Scale (PSS) [J]. The Spanish Journal of psychology, 2006, 9 (1): 86 -93.

[40] Edward C. Chang, Lawrence J. Sanna, Kye-Min Yang. Optimism, pessimism, affectivity and psychological adjustment in US and Korea: a test of a mediation model [J]. Personality and Individual Differences, 2003, 34 (7): 1195 -1208.

[41] Edward Inskeep. Tourism Planning: an integrated and sustainable development approach [M]. New York: VanNost rand Rein-Hold, 1991.

[42] Engel G L. The need for a new medical model: a challenge for biomedicine [J]. Science, 1977, 19 (6): 129 -136.

[43] Floyd Allport. Social psychology [M]. Boston, MA: Houghton Mifflin, 1924.

[44] Folkman S and Moskowitz J T. Coping: Pitfalls and promises [J]. Annual Review of psychology, 2004, 55 (55): 740 -745.

[45] Fox P G, Burns K R, Popovich J M, Belknap R A, Frank-Stromborg M. Southeast Asian refugee chidren: self-esteem as a preditor of depression and scholastic achievement in the U. S [J]. International Journal of Psychiatric

Nursing Research, 2004, 9 (2): 1063 –1072.

[46] Fornell C and Larcker D. Evaluating Structure Models and Unobservable Variable and Measuremene Errors. Journal of Marketing Research, 1981 (18): 39 –50.

[47] Friedman M, Rosenman R. Type A behavior and your heart [M]. New York: Knopf, 1974.

[48] Geoffrey Wall. Perspectives on tourism in selected Balinese villages [J]. Annals of Tourism Research, 1996, 23 (1): 123 –137.

[49] Engel G L. The need for a new medical model: A challenge for biomedicine [J]. Science, 1977, 196 (4286): 129 –136.

[50] Glass David C, Jerome E Singer. Urban Stress: Experiments on noise and social stressors [M]. New York: Academic Press, 1972.

[51] Gorazd Sedmak, Tanja Mihalic. Authenticity in mature seaside resorts [J]. Annals of Tourism Research, 2008, 35 (4): 1007 –1031.

[52] Greben D H. Integrative dimensions of psychotherapy training [J]. Canadian Journal of psychiatry, 2004, 49 (4): 238 –248.

[53] Hans Selye. A syndrome produced by diverse nocuous agents [J]. Nature, 1936, 138 (7): 32 –35.

[54] Hans Selye. The Stress of Life [M]. New York: Mcgraw-Hill Education, 1978 (First Pulished 1956).

[55] Heffner K L, Loving T J, Robles T F, Kiecolt-Glaser J K. Examining psychosocial factors related to cancer incidence and progression: In search of a silver lining [J]. Brain, Behavior and Immunity, 2003, 17 (Supplement 1): 109 –111.

[56] Holmes Thomas H, Rahe Richard H. The Social Readjustment Rating Scale [J]. Journal of Psychosomatic Research, 1967, 11 (2): 213 –218.

[57] Hull Ⅳ R B, Michael S E. Nature-based recreation, mood change, and stress restoration [J]. Leisure Sciences, 1995, 17 (1): 1 –14.

[58] Hull Ⅳ R B. Mood as a product of leisure [J]. Journal of Leisure Research, 1990, 22 (2): 99 –111.

[59] Iso-Ahola S E. Toward a social psychological theory of tourism motivation: A rejoinder [J]. Annals of Tourism Research, 1982, 9 (2): 256-262.

[60] Iso-Ahola S, Mannell R. Social and psychological constraints on leisure [M]. //In M. Wade (Ed.). Constraints on leisure. Springfield, IL: Charles C. Thomas Publishing, 1985.

[61] Iso-Ahola S E. A psychological analysis of leisure and health [M]. //In. J. T. Haworth (Ed.). Work, leisure and well-being. London: Routledge, 1997.

[62] Iso-Ahola S E, Crowley E D. Adolescent substance abuse and leisure boredom [J]. Journal of Leisure Research, 1991, 23 (3): 260-271.

[63] Iso-Ahola S E, Park C J. Leisure-related social support and self-determination as buffers of stress-illness relationship [J]. Journal of Leisure Research, 1996, 28 (3): 169-187.

[64] Iwasaki Y, Bartlett J, O'neil J. Coping with stress among aboriginal women and men with diabetes in Winnipeg, Canada [J]. Social Science and Medicine, 2005, 60 (5): 977-988.

[65] Iwasaki Y. Contributions of leisure to coping with daily hassles in university students' lives [J]. Canadian Journal of Behavioural Science, 2001, 33 (2): 128-141.

[66] Iwasaki Y, Mannell R C. The effects of leisure beliefs and coping strategies on stress-health relationships: A field study [J]. Leisure: The Journal of the Canadian Association for Leisure Studies, 1999, 24 (1-2): 3-57.

[67] Iwasaki Y, Smale B J A. Longitudinal analyses of the relationships among life transitions, chronic health problems, leisure, and psychological well-being [J]. Leisure Sciences, 1998, 20 (1): 25-52.

[68] James Campbell Quick, Charles D Spielberger. Walter Bradford Cannon: Pioneer of stress Research [J]. International Journal of Stress Management, 1994, 1 (2): 141-143.

[69] Janisse H C, Nedd D, Escamilla S, Nies M A. Physical activity,

social support, and family structure as determinants of mood among European-American and African-American women [J]. Women and Health, 2004, 39 (1): 101 -116.

[70] John B Watson. Psychology from the Standpoint of a Behaviorist [M]. Philadelphia: J. B. Lippincott, 1919.

[71] John Urry. Consuming Places [M]. London: Routledge, 1995.

[72] Pais-Ribeiro J, Martins da Silva A, Meneses R F, Falco C. Relationship between optimism, disease variables and health perception and quality of life in individuals with epilepsy [J]. Epilepsy & Behavior, 2007, 11 (1): 33 -38.

[73] Kanner A D, Coyne J C, et al. Comparison of two modes of stress measurement: daily hassles and uplifts versus major life events [J]. Journal of Behavioral Medicine, 1981, 4 (1): 1 -39.

[74] Kenneth E Hart, Chris W Hope. Cynical hostility and the psychosocial vulnerability model of disease risk: confounding effects of neuroticism (negative affectivity) bias [J]. Per-sonality and Individual Differences, 2004, 36 (7): 1571 -1582.

[75] Kiecolt-Glaser J K, Preacher K J, MacCallum R C, Atkinson C, Malarkey W B, Glaser R. Chronic stress and age-related increases in the proinflammatory cytokine IL -6 [J]. Proceedings of the National Academy of Science, USA, 2003 (a), 100 (15): 9090 -9095.

[76] Kiecolt-Glaser J K, Robes T F, Heffner K L, Loving T J, Glaser R. Psycho-oncology and cancer: Psychoneuro immunology and cancer [J]. Annals of Oncology, 2003 (b), 13 (Supplement4): 166 -169.

[77] Kimata H. Effect of humor on allergen-induced wheal reactions [J]. Journal of the American Medical Association, 2001, 285 (6): 737 -738.

[78] Kimball A, Freysinger V J. Leisure, Stress and Coping: The sport participation of collegiate student-athletes [J]. Leisure Sciences, 2003, 25 (2 -3): 115 -141.

[79] Kobasa S C, Maddi S R, Kahn S. Hardiness and health: A pro-

spective study [J]. Journal of Personality and Social Psychology, 1982, 42 (1): 168 -177.

[80] Kurt Lewin. Dynamic theory of personality [M]. New York: McGraW-Hill, 1935.

[81] Kurt Lewin. Principles of topological psycology [M]. New York: Mc-Graw-HiLL, 1936.

[82] Kurt Lewin. Resoling social conflict [M]. New York: Harper & Row, 1948.

[83] Landau M J, Meier B P, Keefer L A. A metaphor-enriched social cognition [J]. Psychological Bulletin, 2010, 136 (6): 1045 -1067.

[84] Lazarus R S, Kanner A D, Folkman S. Stress, Appraisal and coping [M]. New York: Springer, 1984.

[85] Lazarus R S. Coping theory and research: past, present and future [J]. Psychosomatic Medicine, 1993, 55 (3): 234 -247.

[86] Lazarus R S. Psychological stress and coping in adaptation and illness [M]. //In Z. J. Lipowski, Don R. Lipsi and Peter C. Whybrow (eds.). Psychosomatic Medicine: Current Trends. New York: Oxford University Press, 1977: 14 -26.

[87] Lazarus R S. Psychological Stress and the Coping Process [M]. New York: McGraw-Hill, 1966.

[88] Lazarus R S. Toward better research on stress and coping [J]. American psychologist, 2000, 55 (6): 665 -673.

[89] Leiper L. Tourism and leisure: the significance of tourism in the leisure spectrum [C]. //In: Issues in tourism research in the South Pacific, 1985: 1 -5. Proceedings of the meeting of the Sub-commission on Tourism in the South West Pacific, Christchurch, 23 -25 January, 1983.

[90] Leiter M P. and Maslach C. Burnout and health [M]. //In A. Baum, T. A. Revenson, J. E. Singer (Eds). Handbook of health Psychology. Mahwah, NJ: Erlbaum, 2001.

[91] Lester N, Smart L, Baum A. Measuring coping flexibility [J].

Psychology and Health, 1994, 9 (6): 409 –424.

[92] Linda L Caldwell. Leisure and health: why is leisure therapeutic? [J]. British Journal of Guidance & Counselling, 2005, 33 (1): 7 –26.

[93] Lovibond S H, Lovibond P F. Manual for the depression anxiety stress scales (2nd ed.) [M]. // In Psychology Foundation. Sydney: Norton, P. J, 1995.

[94] Maddi S R. Hardiness [M]. //In H. S. Friedman (Ed.). Ency-copedia of mental health (Vol. 3). San Diego: Academic Press, 1998.

[95] Malkin M J, Howe C Z. Research in therapeutic recreation: concepts and methods [M]. Venture Publishing Inc, 1993.

[96] Mannell R C, Kleiber D A. A social psychology of leisure [M]. State College, PA: Venture publishing, 1997.

[97] Martin R A. Is laughter the best medicine? Humor, laughter and physical health [J]. Current Directions in psychological Science, 2002, 11 (6): 216 –220.

[98] McHarg I. Design with nature [M]. New York: Natural History Press, 1969.

[99] Miller N E. Personality and the behavior disorders [M]. New York: Ronald Press, 1944: 431 –465.

[100] Miller N E. Liberalization of basic S-R concepts: Extension to conflict behavior, motivation, and social learning [M]. //In S. Koch (Ed.). Psychology: A study of science. New York: McGraw-Hill, 1959.

[101] Mimura C, Grifths P. A Japanese version of the perceived stress scale: translation and preliminary test [J]. International journal of nursing studies, 2004, 41 (4): 379 –385.

[102] Moen P, Dempster-McClain D, Williams R M, Jr. Social integration and longevit: An event history analysis of women's roles and resilience [J]. American Sociological Review, 1989, 54 (4): 635 –647.

[103] Muzafer Sherif. The psychology of social norms [M]. New York: Harper, 1936.

[104] Neil Carr. A study of gender differences: young tourist behavior in a UK coastal resort [J]. Tourism Management, 1999, 20 (2): 223 –228.

[105] Nelson D L, Quick, J C, Simmons B L. Preventive management of work stress: Current themes and future challenges [M]. //In A. Baum, T. A. Revenson, J. E. Singer (Eds). Handbook of health Psychology. Mahwah, NJ: Erlbaum, 2001.

[106] Niedenthal P M, Barsalou L W, Winkielman P, Krauth-Gruber S, Ric F. Embodiment in attitudes, social perception, and emotion [J]. Personality and Social Psychology Review, 2005, 9 (3): 184 –211.

[107] O'Morrow G S. Therapeutic recreation: A helping profession [M]. Reston: Reston Publishing Company, 1976.

[108] Park C L, Folkman S. Meaning in the context of stress and coping [J]. Review of General Psychology, 1997, 1 (1): 115 –144.

[109] Parry N J. Theories of Culture and Leisure. In Smith, Ma (ed): Leisure and Urban Society. Leisure Studies Association, 1977, P81.

[110] Patterson I, Carpenter O. Participation in leisure activities after the death of a spouse [J]. Leisure Sciences, 1994, 16 (2): 105 –117.

[111] Patterson I, Coleman D. The impact of stress on different leisure dimensions [J]. Leisure, 2000, 25 (3 –4): 203 –223.

[112] Pearce D G. Form and function in French resorts [J]. Annals of Tourism Research, 1995, 5 (1): 142 –156.

[113] Pearce D G. Tourism Today: a geographical analysis (Second edition) [M]. Singapore: Longman Group Limited, 1995.

[114] Phyllis Passa Riello. Never on Sunday? Mexican tourists at the beach [J]. Annals of Tourism Research, 1983, 1 (10): 109 –122.

[115] Pine Ⅱ B J, Gilmore J H. Welcome to the experience economy [J]. Harvard Business Review, 1998, 76 (4): 97 –105.

[116] Poon A. The new tourism revolution [J]. Tourism Management, 1994, 15 (2): 91 –92.

[117] Price Watkins. Resort and theme hotels [M]. London: Laurence

King Publishing Ltd. , 1998.

[118] Pullman M, Gross M. Welcome to your experience: Where you can check out anytime you'd like, But you can never leave [J]. Journal of Business & Management, 2003, 9 (3): 215 -232.

[119] Renata T, Bill Faulkner. Tourism and older residents in a sunbelt resort [J]. Annals of Tourism Research, 2000, 27 (1): 93 -114.

[120] Richard S Lazarus. From psychological stress to the emotions: A history of a changing outlook [J]. Annual Review of psychology, 1993, 44 (1): 1 -21.

[121] Richard S Lazarus. Toward better research on stress and coping [J]. American Psychologist, 2000, 55 (6): 665 -673.

[122] Rodrigo de Azeredo Grü newald. Tourism and cultural revival [J]. Annals of Tourism Research, 2002, 29 (4): 1004 -1021.

[123] Rook K S. Social support vs companionship: Effects on life stress, loneliness, and evaluations by others [J]. Journal of Personality and Social Psychology, 1987, 52 (6): 1132 -1147.

[124] Rotter J B. Generalized expectancies for internal versus external control of reinforcement [J]. Psychological Monographs, 1966, 80 (1): 1 -28.

[125] Sachs B C. Coping with stress [J]. Stress Medicine, 1991, 7 (1): 61 -63.

[126] Martin E P S. Helplessness: on depression, development and death [M]. San Francisco: W. H. Freeman, 1975.

[127] Seppo E Iso-Ahola. Toward a social psychological theory of tourism motivation: A rejoinder [J]. Annals of tourism research, 1982, 9 (2): 256 -252.

[128] Sharp A, Mannell R C. Participation in leisure as a coping strategy among bereaved women [C]. //In D. Dawson (Ed.). Eighth Canadian Congress on Leisure Research. Ottawa: University of Ottawa, 1996: 241 -244.

[129] Sheldon Cohen, Tom Kamarck, Robin Mermelstein. A global

measure of perceived stress [J]. Journal of health and social behavior, 1983, 24 (4): 385 –396.

[130] Sheng-Hshiung Tsaur, Ya-Yun Tang. Job stress and well-being of female employees in hospitality: The role of regulatory leisure coping styles [J]. International Journal of Hospitality Management, 2013, 32 (4): 302.

[131] Sigmund Freud. The Ego and the Id [M], New York: W. W. Norton & Company, 1990.

[132] Stone A A, Cox D S, Valdimarsdottir H, Jandor L, Neale J M. Evidence that secretory IgA antibody is associated with daily mood [J]. Journal of personality and Social Psychology, 1987, 52 (5): 988 –993.

[133] Strapp J D. The resort cycle and second home [J]. Annals of Tourism Research, 1988, 15 (4): 504 –516.

[134] Stumpf and Cozens. Some aspects of the role of game, sports and recreational activities in the culture of modern primitive people [J]. Research Quarterly for Exercise and Sport, 1947, 18 (3): 198 –218.

[135] Susan L Hutchinson, David P Loy, Douglas A Kleiber, John Dattilo. Leisure as a coping resource: variations in coping with traumatic injury and illness [J]. Leisure Sciences, 2003, 25 (2 –3): 143 –161.

[136] Taylor S E. The tending instinct [M]. New York: Times Books, 2002.

[137] Walter Bradford Cannon. Bodily changes in pain, hunger, fear and rage [M]. New York: Appleton-Century-Crofts, 1929 (2nd Pulished).

[138] Warr P Work, well-being and mental heath [M]. //In J. Baring, E. K. Kelloway, M. R. Frone (Eds). Handbook of work stress. Thousand Oaks, CA: Sage Publications, 2004.

[139] Weissinger E, Bandalos D L. Development, reliability and validity of a scale to measure intrinsic motivation in leisure [J]. Journal of Leisure Research, 1995, 27 (4): 379 –400.

[140] Wheel R, Frank M. Identification of stress buffers [J]. Behavioral Medicine, 1988, 14 (14): 78 –89.

[141] William McDougall. An introduction to social psychology [M]. London, UK: Methuen, 1908.

[142] Xavier Font. Environmental certification in tourism and hospitality: progress, process and prospects [J]. Tourism Management, 2002, 3 (1): 197 -205.

[143] Yoshi Iwasaki, Ingrid E Schneider. Leisure, Stress and Coping: An Evolving Area of Inquiry [J]. Leisure Sciences, 2003, 25 (2 - 3): 107 -113.

[144] Yoshi Iwasaki, Roger C Mannell. Hierarchical dimensions of leisure stress coping [J]. Leisure Study, 2000, 22 (3): 163 -181.

[145] Yoshi Iwasaki. Examining rival models of leisure coping mechanisms [J]. Leisure Sciences, 2003, 25 (2 -3): 183 -206.

[146] Zhao L, Chan K, Leung K F, et al. The conceptual framework of the Chinese Quality of Life (ChQOL) instrument [J]. Chinese Medicine — Modern Practice, 2005, (1): 187 -195.

[147] Zuzanek J, Robinson J P, Iwasaki Y. The relationships between stress, health, and physically active leisure as a function of life-cycle [J]. Leisure Sciences, 1998, 20 (4): 253 -275.

后　记

本书是在我的博士论文《旅游度假对城市居民生活环境压力及整体健康的调适作用研究》基础上修改完成的，提出并验证了旅游度假休闲（压力、健康）调适理论。

作为追求"真、善、美、爱、乐"的"五字"达人，本着"活到老、学到老、锻炼到老、乐观到老、自省反思到老"的"五老"精神，在四十不惑之际，我毅然报读暨南大学管理学博士，期望鞭策自己在实践体验的基础上，梳理出旅游学、休闲学的若干理论问题，以不负兴趣爱好。其间为评教授，尽管完成了国家社科基金一般项目，但为了寻找自己感兴趣又有价值的研究领域，还是果断放弃了以国家社科基金项目结题成果作为博士论文的选择，重启一个全新领域作为博士论文的研究选题。加上工作及家庭压力，正如本书内容所揭示的一样，人到中年，真是"压力山大"！但幸而一路从压力环境中走来，养成了一种自我减压抗压的体格人格特征，加上社会关系网络支持，终得以顺利完成博士课程的学习与博士论文的撰写。

应用型学科的学术研究不仅需要从"学"到"问"，更需要从"问"到"学"，从实践体验中发现具有研究价值的问题、找到学术研究的兴趣。为什么选择旅游度假休闲（压力、健康）调适作为研究问题？这一方面缘于我之于生活压力感受及旅游度假休闲体验，发现生活压力与休息休闲、旅游度假其实相伴而生，如影随形，推动人们通过间歇性休闲调适使身心不断从失衡走向平衡、从新失衡走向新平衡；另一方面，经历数次产业革命后人类社会逐步迈入现代工商业社会，全球化、工业化、城市化既解放了人类，也压抑了人类，而游憩休闲、旅游休闲、旅游度假恰恰有助于压力释放、身心自由、人格独立、人性解放，从而促进整体健康。当然，也期望在旅游学、休闲学领域做出一点带有普适性的理论贡献，以回应那些

“旅游、休闲不过是吃喝玩乐而已”的说法！我始终认为未来社会人类的健康幸福与创意创新程度，将决定于摆脱压力压抑束缚、走向独立自由的旅游休闲发展程度。正如胡适先生所言，看一个国家的文明，要看他们怎样对待小孩、妇女，以及如何利用闲暇时间，可见闲暇旅游休闲的重要。

阅读思考、体验思考都一样是学问之道。自从在广西师范大学读硕被恩师——周作明教授领入旅游教育、旅游研究、旅游规划策划领域以来，经过20多年的教学、研究，以及规划策划实践，在原有历史学、民俗学功底的基础上，一方面阅读不懈，进修不止，努力领悟经济学、管理学理论，广泛涉猎地理学、健康学、心理学、行为学、社会学、人类学、文化学、哲学等学科知识，期望兼收并蓄、融会贯通，跳出“旅游休闲”来研究“旅游休闲”；另一方面实践不懈，求学不止，坚持参与产业实践及社会实践，主持、负责、参与了近百项文旅、经管有关的科学研究、调查研究、规划策划等纵横向课题项目，希望能做到知行合一、理论与实践合一、思考与体验合一，达到“基于学术的实践，基于实践的学术”境界。故此，反复再三，最终选择了旅游度假休闲（压力、健康）调适研究这一前沿领域。在老师、同学、同事、朋友、学生、家人的帮助下，才得以顺利完成，尽管尚需进一步完善、延伸，但总算有了一个雏形、开了一个好头，明晰了深耕学问的另一个新领域、新方向。

因此，首先要感谢导师梁明珠教授的开明与对弟子的信任，其以丰富的行业、教学、研究经验，充分相信弟子开拓新领域的独立研究能力而予以积极鼓励支持，并不厌其烦地指导，才使弟子产生了探索的动力、毅力。同时，还要感谢暨南大学管理学院的各位任课老师，包括刘人怀院士与林福永、董观志、傅云新、温碧燕、刘益、文吉、王华教授等，以及旅游管理系文彤、廖卫华、梁彦明、蒲阳博士等。其中既有德高望重、严谨求实的院士，也有行业、教学、研究经验丰富的教授，更有热爱旅游、思维活跃的博士，尽管有些比我年轻，但“闻道有先后，术业有专攻”，与他们平等交流、切磋学术，激荡大脑，收获满满。

其次，要感谢暨南大学旅游管理系博士同门——郑敏庆、伍峰、郭华、刘小蓓、王伟、易婷婷、梁江川、李卫飞、胡其波、刘志宏、徐松浚、廖永麒、邹蔚菲、王婧雯、卓友森、陈薇、陈小芳、王明森等，以及硕士同门——王琦、杨剑、管培新、黄玉玲、王观娣、刘莉、王丛丛、蒋璐、申艾青、王刚、赵思佳、高志洋、于晓灿等，他们不仅经常与我一同开展实践考察，交流心得、切磋学术，还为我这个在职博士提供了诸多生活上的帮助。

再其次，要感谢广东财经大学文旅与地理学院、岭南文旅研究院的同事们，包括张伟强教授、秦学教授、袁亚忠教授、桂拉旦博士、骆泽顺博士、颜咏华博士，以及李秀斌、桂清波、黄小燕老师等，他们不仅为本书的理论梳理、问卷设计提供了诸多启发，还为数据采集提供了很多帮助。另外，也要感谢硕士生唐唯、金鑫、翟玉洁、郭平、黄贵平、司有山、陈丽丹、汪星星等同学为本书数据采集、录入提供的帮助。

这里还要感谢为本书数据采集提供了极大便利的清远佛冈聚龙湾温泉度假村总经理助理兼人力资源总监邓灿烂先生、清远英德奇洞温泉小镇总经理罗宇浩先生、从化碧水湾温泉度假区副总经理张彦浩先生、清远佛冈熹乐谷温泉度假区总经理张子明先生、惠州大亚湾艾美国际度假酒店招聘经理黄珍女士，以及东莞青旅人力资源总监吕惠敏女士等。

最后，深深感谢夫人何丽新女士、大姐何丽珍女士，以及儿子刘儒墨。我在读博期间，特别是撰写论文期间早出晚归，是夫人、大姐的全力支持鼓舞了我；而刘儒墨以其阳光开朗的言行转移了我一边工作一边求学的压力。如果没有家人的理解支持，我无法顺利完成学业，亦无法攀登学术殿堂。

感恩所有帮助我的人，愿自由、健康、幸福与君长伴！

是为记！

刘少和

广东财经大学岭南旅游研究院翛然轩

2021年5月12日重修

图书在版编目（CIP）数据

旅游度假：如何调适生活压力并增进整体健康/刘少和著. —北京：经济科学出版社，2021.3
（现代服务管理研究丛书）
ISBN 978-7-5218-2438-4

Ⅰ.①旅…　Ⅱ.①刘…　Ⅲ.①地方旅游业-旅游业发展-研究-广东、香港、澳门　Ⅳ.①F592.765

中国版本图书馆CIP数据核字（2021）第044491号

责任编辑：齐伟娜　赵　蕾
责任校对：杨　海
责任印制：李　鹏　范　艳

旅游度假：如何调适生活压力并增进整体健康
刘少和/著
经济科学出版社出版、发行　新华书店经销
社址：北京市海淀区阜成路甲28号　邮编：100142
总编部电话：010-88191217　发行部电话：010-88191540
网址：www.esp.com.cn
电子邮箱：esp@esp.com.cn
天猫网店：经济科学出版社旗舰店
网址：http://jjkxcbs.tmall.com
北京季蜂印刷有限公司印装
710×1000　16开　15印张　230000字
2021年6月第1版　2021年6月第1次印刷
ISBN 978-7-5218-2438-4　定价：66.00元
（图书出现印装问题，本社负责调换。电话：010-88191510）